SOPHIE JONES

# Erlöse mich von dem Bösen

Titel auch als Hörbuch erhältlich

**Über die Autorin:**

Sophie Jones, geboren 1995, war bis zu ihrem achtzehnten Lebensjahr Mitglied der extremistischen Religionsgemeinschaft der Zeugen Jehovas. Mit dreiundzwanzig Jahren outet sie sich auf YouTube als Sektenaussteigerin und klärt seither auf. Sophie Jones hat einen Bachelor in Bibliothekswissenschaften und genießt ihr Leben in der Nähe von Leipzig.

SOPHIE JONES

# ERLÖSE MICH VON DEM BÖSEN

Meine Kindheit im Dienste der Zeugen Jehovas

lübbe

Dieser Titel ist auch als Hörbuch und E-Book erschienen

Die Bastei Lübbe AG verfolgt eine nachhaltige Buchproduktion. Wir verwenden Papiere aus nachhaltiger Forstwirtschaft und verzichten darauf, Bücher einzeln in Folie zu verpacken. Wir stellen unsere Bücher in Deutschland und Europa (EU) her und arbeiten mit den Druckereien kontinuierlich an einer positiven Ökobilanz.

MIX
Papier aus verantwortungsvollen Quellen
FSC® C014496

Vollständige Taschenbuchausgabe
der bei Bastei Lübbe erschienenen Paperbackausgabe

Die in diesem Buch getroffenen Aussagen und Zitate beziehen sich auf den Stand der Veröffentlichungen, die ich damals, während meiner Zeit bei den Zeugen Jehovas, genutzt habe.



Titelbild: © Robert Müller, Wurzen
Umschlaggestaltung: Manuela Städele-Monverde
Satz: hanseatenSatz-bremen, Bremen
Gesetzt aus der Minion Pro
Druck und Verarbeitung: GGP Media GmbH, Pößneck
Printed in Germany
ISBN 978-3-404-61734-0

2 4 5 3 1

Sie finden uns im Internet unter:
luebbe.de
Bitte beachten Sie auch: lesejury.de

# INHALT

# GOTTES ALBTRAUM

Stell dir vor, es ist Sonntagmorgen, halb zehn, und du sitzt gerade mit deiner Familie am Küchentisch. Heißer Kaffee, frische Brötchen und in deiner Hand die Zeitung. Es klingelt an der Haustür, und du hast keine Ahnung, wer an diesem schönen Tag deine Ruhe stört. Du gehst in deiner Jogginghose und dem ausgeleierten Shirt zur Tür und schluckst den Rest deines Brötchens im Gehen hinunter. Du öffnest die Haustür und starrst verwundert die fremden Menschen an, die in deinem Vorgarten stehen. Zwei Frauen mit blassen Gesichtern in langen grauen Röcken, Handschuhe an den Händen, Mützen auf dem Kopf, und ein kleines Mädchen. Es sind keine zehn Grad draußen, und auf deinen nackten Armen macht sich Gänsehaut breit. Du zitterst einen Moment von dem eisigen Wind, der dir von draußen entgegenweht. Hinter dir die wohlige Wärme des Hauses – und vor dir diese drei wildfremden Menschen. Wer ist das, und was wollen die von mir?, denkst du.

Du ziehst die Schultern hoch und verschränkst die Arme vor der Brust, in der Hoffnung, dich gleich wieder deiner Kaffeetasse widmen zu können. Eine der Frauen kramt in ihrer dunkelbraunen Ledertasche, die andere ergreift das Wort.

»Guten Tag. Glauben Sie, dass das Leid auf der Welt irgendwann ein Ende hat?«, fragt sie dich, und bevor du verdutzt nach einer Antwort suchst, redet sie schon weiter: »Wir würden Ihnen gern zeigen, was dazu in der Bibel steht.«

Dann wendet sie sich an das Mädchen und fordert es auf: »Lies doch einmal den Text, den wir herausgesucht haben.«

Die Kleine, die sich in ihrem dunkelroten Wollmantel und der großen Bommelmütze hinter den Frauen kleinmacht, tritt zögernd einen Schritt nach vorn, auf dich zu, und beginnt, langsam und holprig aus der aufgeschlagenen Bibel zu lesen, die ihr die andere der beiden älteren Frauen gegeben hat.

»Und er wird jede Träne von ihren Augen abwischen, und der Tod wird nicht mehr sein, noch wird Trauer, noch Geschrei, noch Schmerz mehr sein. Die früheren Dinge sind vergangen. Das steht in Offenbarung 21:4«, murmelt die Kleine leise und schüchtern vor sich hin, während sich eine widerspenstige dunkelblonde Strähne aus der Mütze hervordrängelt. Nachdem sie verstummt ist, blickt sie erst die Frauen und dann dich mit ihren großen braunen Augen für einen Moment an und geht einen Schritt zurück.

»Gut. Ist das nicht eine wunderbare Hoffnung, die unser liebevoller Schöpfer uns hier zusichert?«, fragt die Frau, die dem Mädchen die Bibel überreicht hat, dich mit sanfter, aber eindringlicher Stimme.

Du bist so überrascht von der Situation, dass du immer noch nicht weißt, was du sagen sollst. Du nickst bloß. Dir wird von Sekunde zu Sekunde kälter, und du möchtest wieder rein.

»Also, was kann ich für Sie tun?«, fragst du die Frau, die dich eben angesprochen hat. Das Mädchen in seinem roten Mantel hält die Bibel nah an seinem Körper, wie ein Schutzschild.

»Die Frage ist eher, was wir für Sie tun können? Wir möchten Ihnen Gottes Hoffnung näherbringen und Ihnen ein kostenloses Heimbibelstudium anbieten.« Die Frau mit der Handtasche spricht nun voller Begeisterung, sie scheint davon überzeugt zu sein, dass du ein solches Angebot bitter nötig hast.

»Danke, aber kein Interesse. Schönen Sonntag noch«, erwiderst du bestimmt und gehst einen Schritt zurück, in den Flur hinein, um die Tür zu schließen.

»Aber es ist wirklich wichtig, dass Sie sich mit Gottes Wort beschäftigen, denn das Ende naht«, sagt die Frau energischer und tritt auf dich zu. Sie hat einen größeren Schritt gemacht als du und steht nun fast im Türrahmen. Unangenehm.

»Nein danke! Und schließen Sie bitte das Gartentor hinter sich«, sagst du laut und lässt die Tür hinter dir ins Schloss fallen, bevor sie noch etwas sagen kann.

Zurück in der Küche fragt dich deine Familie, wer denn das da an der Tür war. Du erzählst ihnen von den zwei Frauen mit dem Bibelgeschwafel und dem Mädchen. Ein Mädchen, nicht älter als sieben oder acht, das nervös versucht hat, fehlerfrei einen Bibeltext vorzulesen. Es kann einem leidtun. Du stehst auf und schaust aus dem Fenster, ob die Truppe auch wirklich weg ist. Du siehst, wie die drei jetzt vor dem Haus gegenüber stehen und mit deinem Nachbarn reden. Du trinkst einen Schluck Kaffee, und schon morgen werden diese drei Minuten deines Lebens nichts weiter als ein seltsamer Vorfall sein, der schnell in Vergessenheit gerät. Eine kleine Kuriosität ohne jegliche Bedeutung.

Wenn du diese Situation schon mal erlebt hast, dann kennst du mich vielleicht. Denn dieses kleine Mädchen, das war ich. Ich wurde in eine Welt hineingeboren, die nicht für mich gemacht ist. Eine Welt, für die ich nicht gemacht bin. Und genau so habe ich mich immer gefühlt. Anders. Ich war anders als die Menschen um mich herum. Klassenkameraden, Lehrer, einfach jeder. Keiner war wie ich. Ich war etwas ganz Besonderes. Auserwählt. Darauf war ich stolz. Nur wenige Menschen teilten dieses Schicksal. Ich gehörte zu einer kleinen Gruppe von Menschen, die auf den ersten Blick harmlos, freundlich und sehr konservativ erscheinen. Nette Menschen, die in ihrer eigenen Welt leben und deswegen oft Ablehnung erfahren. Menschen, die Gutes wollen und sich an den hohen Wertmaßstäben und Moralvorstellungen Gottes orientieren. Menschen, die viele Opfer bringen, um am Ende dafür belohnt zu werden.

Ich war Teil von etwas ganz Großem. Dachte ich. Sagte man mir. Ständig. Wenn man von Geburt an konsequent und eindringlich Ansichten, Werte und Regeln vermittelt bekommt, an die man sich zu halten hat, stellt man nichts in Frage, denn man kennt es nicht anders. Und was man nicht kennt, kann man auch nicht vermissen. In meinem Leben als Zeugin Jehovas habe ich nie einen Weihnachtsbaum geschmückt, Ostereier gesucht oder ein Geburtstagslied gesungen. Zu Halloween habe ich mich nie verkleidet und an Silvester keine Raketen gezündet. Diese heidnischen Feste und Bräuche waren nicht Teil meines Lebens. Meine Zeit war gefüllt mit den wirklich wichtigen Dingen. Dinge, die einem das ewige Leben schenken. Predigen, in der Bibel lesen und sie studieren, beten, Zusammenkünfte besuchen und sich darauf vorbereiten, persönliches Studium. In meiner Freizeit habe ich mich oft mit den Brüdern und Schwestern aus der Versammlung getroffen und Gottgefälliges getan. Was aber ist gottgefällig? Ich kann dir sagen, was es nicht ist: gewaltverherrlichende, materialistische und unmoralische Filme sehen, Musik hören oder Bücher lesen. Wer sich mit Sachen beschäftigt oder sich mit ihnen umgibt, die Gottes Maßstäben widersprechen, spielt dem Teufel in die Hände und vergiftet seinen Geist. Das schließt auch ein, sich von Menschen fernzuhalten, die solche falschen und gefährlichen Dinge tun. Hat jemand nicht dieselben Werte und Moralvorstellungen wie ich, bringt er mich meinem Ziel nicht näher. Und was war mein Ziel? Eine gottgefällige, treue Christin zu sein. Jemand, der mich mit seinem Denken und Handeln in eine andere Richtung lenkt, ist kein guter Einfluss. Egal, ob er es nur gut meint oder ob ich die Person eigentlich mag.

Es gab für mich nur zwei Arten von Menschen: die, die treue Diener Gottes sind und mich meinem ewigen Leben näherbringen, und die, die es nicht sind. Ungläubige Weltmenschen, die mich in Versuchung führen und eine Gefahr für meine geistige Gesundheit darstellen. Das heißt: kein *The Fast and the Furious* im Kino mit Klassenkameraden anschauen und keine Songs hören, in denen vorehelicher Sex und Gewalt vorkommen oder in denen geflucht wird. Keine Discobesuche und auf keinen Fall mit einem Schulkameraden auf dem Netto-Parkplatz knutschen. Ja, das engt die Möglichkeiten der Freizeitgestaltung ziemlich ein. Es war leichter für mich, gar keine *weltlichen* Freunde zu haben und allen aus dem Weg zu gehen, denn dann wird man auch nicht eingeladen und muss sich keine Ausreden überlegen, warum man nicht mitmachen kann.

Schwerer wurde es, als mein Vater plötzlich auch zu denen zählte, die als schlechter Einfluss für mich galten. Als immer mehr der »Guten« plötzlich böse wurden und ich anfing, mich mit den vermeintlich »Bösen« sehr gut zu verstehen. Zwischendrin ich. Eine Christin, die perfekt sein wollte, es aber nicht konnte. Meine Welt war nicht mehr nur schwarz und weiß, sondern es entstanden Grauzonen. Grauzonen, in denen ich mich wohlfühlte und aufblühte, um danach von Schuldgefühlen und Paranoia geplagt zu werden. Der nicht enden wollende Kreislauf aus Schuld und Sühne. Ein gepflegtes Doppelleben, was mich irgendwann zum Aufwachen bewegte. Wenn man von einem Albtraum erwacht, benötigt man ein paar Momente, um zu realisieren, dass alles nicht echt war. Illusion. Ein paar Minuten Ruhe, um die verwirrten Gedanken zu ordnen und sich wieder selbst zu fühlen. Als ich aus meinem Albtraum erwachte und mich endgültig befreite, war ich achtzehn Jahre alt. Aber ich war nicht sofort wach und bei klarem Verstand. In meinen Augen war Sand, sodass ich die Realität nur verschwommen wahrnahm. Ich brauchte auch ein paar Momente, um richtig wach zu werden. Diese Momente dauerten Jahre. Jetzt bin ich fünfundzwanzig Jahre alt und wach. Klar und fokussiert. Auch wenn sich die Vergangenheit oft wie ein Traum anfühlt, so weiß ich doch, dass alles echt war, obwohl ich mir manchmal wünsche, es wäre nicht so.

# GOLDENER SCHATTEN

Familie. Was ist Familie? Für dich ist das womöglich einfach: Familie sind die Menschen, deren Blut durch deine Adern fließt. Oder zumindest die, die dazugehören. Bei mir ist das etwas anders. Ich hatte den Großteil meines Lebens eine Familie, mit der ich nicht blutsverwandt war. Eine Familie, mit der ich durch wichtigere Dinge als einfach nur Blut verbunden war. Viele Menschen, mit denen ich etwas ganz Besonderes teilte. Menschen mit denselben Ansichten, Werten und Lebensinhalten wie ich. Ein Glaube, dazu bestimmt, eine Einheit zu schaffen, die sich von allen anderen unterscheidet. Ein Glaube, der mehr ist als nur das. Ein Glaube, der mein ganzes Leben formte. Dieser Glaube verbindet Menschen aller Nationen, aller Ethnien und aller Bildungsniveaus. Dieser Glaube ist die Wahrheit. Die einzige Wahrheit. Denn wir wurden von Gott auserwählt und zu seiner Nation ernannt. Eine große irdische Familie, vereint im Glauben an Jehova Gott und seinen Sohn Jesus Christus. Erschaffen und auserwählt, um Gottes Willen auf Erden auszuführen, Menschen zu retten und seine Botschaft zu verkündigen. Denn Harmagedon, der Krieg Gottes, bei dem die Welt gesäubert und eine neue Ordnung entstehen wird, kommt bestimmt, und nur die treuen Diener Gottes werden diese große Schlacht überleben. Meine Glaubensfamilie und ich gehörten dazu.

Aber abgesehen von meinen Glaubensschwestern und -brüdern hatte ich noch eine echte Familie. Die, denen eine Religion, ein Beruf oder eine Haarfarbe nichts ausmacht. Die,

die einem ein Muttermal mitgeben, unangemeldet auftauchen und die sich normalerweise nicht verschrecken lassen von seltsamen Lebensphasen oder mehrmaligem Danebenbenehmen. Eine Familie eben. Verbunden durch Blut anstatt durch den heiligen Geist.

Zwar sind diese Familienverhältnisse heute kompliziert, aber das war nicht immer so. Die ersten Jahre meines Lebens war ich wahrscheinlich ein recht glückliches Kind. Wahrscheinlich? Vieles aus meiner Kindheit existiert nicht mehr. Nicht in meiner Erinnerung und nicht in meinem Herzen. Und das ist gut so. Aber ein paar Erinnerungen sind geblieben. Als meine Eltern noch verheiratet waren, verbrachte ich viel Zeit mit ihnen. Diese Momente waren für mich wunderschön. Meine Eltern waren die Einzigen in unserer Familie, die ihr Leben streng nach der Bibel und ihren Lehren gestalteten. Mein Vater interessierte sich in jungen Jahren für die Bibel und fand Gefallen an der engen Gemeinschaft und dem Zusammenhalt von Jehovas Zeugen. Er war schon immer ein fröhlicher, aufgeschlossener Mensch und fand dort schnell Freunde. Als er meine Mutter im Zeichenzirkel kennenlernte und sie später viel Zeit verbrachten, begann auch sie sich für die *Wahrheit* zu interessieren. Da es Jehova Gott wichtig ist, nur *im Herrn* zu heiraten, war das ein Pluspunkt. Mein Vater wollte sich an die Regeln der Organisation halten und wählte somit eine Frau, die dem Glauben aufgeschlossen war und sich später ebenfalls taufen ließ. Meine Mutter ging ekstatisch in der Religion auf, während mein Vater immer etwas entspannter war. Irgendwann nach der Hochzeit kam dann ich.

Der Rest der Familie hielt nicht viel vom Glauben meiner Eltern und schon gar nichts davon, dass sie mich so erzogen. So bekam ich Geburtstags- und Weihnachtsgeschenke von meiner Großmutter und meinem Großvater, auch wenn meine Mutter versuchte, das zu unterbinden. Der Glaube an Jehova war ihr Lebensinhalt geworden, und sie wollte auch mich streng nach den Lehren der Bibel erziehen. Sie sagte meinen Großeltern, dass wir doch solche Feste nicht feierten und sie mir nichts schenken sollten, aus Respekt vor unserer Religion. Daraus wurden des Öfteren hitzige Diskussionen, bei denen meine Großeltern den Standpunkt vertraten, man könne mich nicht darunter leiden lassen, dass meine Eltern sich eine fragwürdige Religion ausgesucht hätten. Zum Glück hielten sich meine Großeltern nicht an die Vorschriften meiner Mutter zum Thema Geschenke. Als Kleinkind bekam ich von ihnen einen Ball, der aussah wie ein Marienkäfer, und von da an hießen die Eltern meiner Mutter für mich nur noch Balloma und Ballopa.

Seit ich lesen konnte, liebte ich Bücher. Wie schön für mich, dass mein Großvater seinen Elektroladen neben einer Buchhandlung hatte. Wenn ich ihn besuchte, ging ich oft nach nebenan und stöberte in den neuen Kinderbüchern. Ein Buch hatte es mir besonders angetan: *Hexe Lilli und der Ritter auf Zeitreise* von Knister. Das Problem an diesem Buch war die Hexe Lilli. Denn Hexe Lilli ist, wie der Name schon sagt, eine Hexe, und Hexen gibt es doch eigentlich nicht. Ich war acht Jahre alt, war fasziniert von dem Buch mit dem spannenden 3D-Einband und wollte es unbedingt haben. Also hat Ballopa mir das Buch gekauft. Ich war überglücklich und begann sofort damit, die Abenteuer von Hexe Lilli und dem verrückten Ritter Don Quichotte auf seinem Pferd Rosinante zu lesen. Als meine Mutter dann das Buch sah, war sie alles andere als begeistert.

»Hexen stehen nicht im Einklang mit der Bibel und sind eine Erfindung Satans«, sagte sie. »So etwas zu lesen schadet deinem christlichen Glauben, denn Spiritismus ist ein Hauptinstrument des Teufels.« Sie sah mich mit großen Augen an, und auf ihrer Stirn bildeten sich Falten. Erst in diesem Moment wusste ich, dass ich einen Fehler gemacht hatte, und fühlte mich etwas schlecht. In unseren Versammlungen hatte ich schon ab und zu etwas von Spiritismus gehört, aber ich wusste nicht, was es bedeutete, und dachte nicht, dass ich beim Lesen eines Buchs etwas falsch machen könnte. Es war doch so witzig und ganz und gar nicht böse. Ja, ich hatte eine Riesenangst vor Satan und seinen Dämonen, doch ich konnte mir einfach nicht vorstellen, dass sie mich mit diesem tollen bunten Buch ködern wollten.

»Aber ich mag die coole Lilli mit ihrem kleinen Drachen und dem witzigen zerstreuten Ritter«, protestierte ich. »Was soll denn daran falsch sein? Das ist doch nur eine Geschichte. Sie ist eigentlich ein normales Mädchen wie ich und erlebt lustige Abenteuer. Ich weiß doch, dass das erfunden ist.«

Meine Mutter seufzte.

»Mama, die Hexe ist nicht böse, sondern lustig. Außerdem hat Opa mir das Buch geschenkt. Warum darf ich das nicht lesen?«

Abermals seufzte meine Mutter und sagte mir, wir würden später noch mal darüber reden, sie müsse erst mal mit Opa sprechen. Dann verließ sie mein Kinderzimmer und schnappte sich das schnurlose Telefon. Der arme Ballopi tat mir leid, ich wollte nicht, dass er wegen mir Ärger mit Mama bekam. Ich fühlte mich schlecht, weil ich nicht darüber nachgedacht hatte, als ich mir ausgerechnet dieses Buch ausgesucht hatte. Vielleicht hätte ich doch einfach eines mit Pferden nehmen sollen, dachte ich. Aber ein paar Minuten später war mein schlechtes Gewissen vergessen, und ich las weiter in meinem *Hexe-Lilli*-Buch, damit ich die Geschichte noch zu

Ende schaffte, falls meine Mutter es mir später wegnehmen wollte.

Mein Ballopa kaufte mir in der nächsten Zeit noch mehr *Lilli*-Bücher, es war ihm wohl gelungen, sich durchzusetzen. Trotzdem passte ich von nun an besser auf meine Bücher auf und versteckte sie vorsichtshalber ganz unten im Schrank. Ich wollte keinen Ärger von meiner Mutter oder dass sie sich wieder mit meinem Großvater stritt. Ich wollte einfach nur lesen.

Im Winter war ich oft bei meiner Balloma, und wir haben zusammen Plätzchen gebacken. Weihnachtsplätzchen. So haben sie zumindest die anderen Kinder in der Schule genannt, aber für mich waren es einfach nur Plätzchen. Ich stanzte den Lebkuchenteig mit den Backformen aus und bemalte die Kekse mit einer besonderen Zitronenglasur, wenn sie aus dem Ofen kamen und noch nicht ganz abgekühlt waren. Das Geheimrezept war von meiner Urgroßmutter, und ich freute mich jedes Jahr darauf. Im Haus meiner Großeltern standen in fast jedem Fenster erzgebirgische Schwibbögen, und handgeschnitzte Räuchermännchen füllten das Haus mit einem beruhigenden Duft. Es war Tradition, nicht nur bei meinen Großeltern. Wenn ich manchmal im Winter draußen und schon nachmittags alles dunkel war, sah ich in den vielen Fenstern fremder Leute die Schwibbögen stehen. Große, kleine, mit Kerzen oder elektrischen Lichtern beleuchtete Schwibbögen. Erzgebirgische handgeschnitzte Holzkunst.

Einmal fragte ich: »Oma, warum feiern du und Opa eigentlich Weihnachten und wir nicht?«

»Du weißt doch, mein Kind, deine Eltern sind Zeugen Jehovas und wir nicht.« Nun seufzte meine Großmutter.

»Aber glaubt ihr denn nicht an Gott?«, fragte ich.

»Doch, natürlich, wir sind Christen, und wir gehen auch manchmal in die Kirche. Besonders gern an Weihnachten, da gibt es einen schönen geschmückten Baum.«

Nachdenklich schaute ich meine Balloma an: »Aber meine Eltern sagen, dass das mit dem Baum und den Heiligen Drei Königen alles gar nicht stimmt und falsch ist. Und die anderen in der Versammlung sagen das auch.«

Eine Weile musste meine Großmutter überlegen, bevor sie antwortete, schaute vorher noch in den Ofen und überprüfte die Plätzchen. Dann sagte sie: »Deine Eltern glauben etwas anderes als wir. Sie glauben, dass nur ihr überlebt, wenn ein Weltuntergang kommt, und wir sterben, weil wir die falsche Religion haben. Wir glauben, dass wir nach dem Tod in einen Himmel kommen, aber ihr glaubt das nicht. Das ist aber nur ein Beispiel. Wir müssen das akzeptieren, aber trotzdem haben wir euch lieb. Auch wenn deine Mutter oft versucht, uns zu überreden, oder es etwas Zank gibt, wenn wir dir etwas schenken. Aber du freust dich doch darüber, oder nicht?«

»Ja, sehr, Omi.«

»Na siehst du. Mir ist es wichtig, dass die Familie zusammenhält, egal wer was glaubt.«

»Und warum glaubst du nicht das, was wir glauben, Omi?«

Meine Großmutter lachte und schüttelte dann den Kopf. »Nein, das ist mir alles viel zu streng.«

Der Geruch der Plätzchen erfüllte die Küche. Er lenkte mich von dem ab, was ich eben gehört hatte. Irgendwie klang es beunruhigend, aber ich konnte nicht verstehen, warum es so war.

Meiner Balloma war das Zusammensein mit der Familie immer sehr wichtig gewesen. Sie sorgte dafür, dass eine angenehme Stimmung herrschte, es wurde in ihrer Gegenwart kaum gestritten, auch wurde der andere nie ignoriert, egal, was er dachte und sagte. Dabei ließen sich in meiner Familie die unterschiedlichsten Charaktere ausmachen. Sie legte Wert darauf, dass alle zu bestimmten Anlässen an einem Tisch saßen, miteinander redeten und zusammen den liebevoll gekochten Braten aßen. Mit ihrem Tod starb diese Tradition.

Manchmal bin ich mir nicht sicher, ob mich meine kindliche Erinnerung trügt und ob diese Familientreffen wirklich so harmonisch abliefen, wie ich es im Gedächtnis habe. Im Vergleich zu allem, was danach geschah, wirken diese Gedankenfetzen fast unglaubwürdig süßlich und irreal. War damals wirklich alles gut, oder war ich nur zu klein, um die Probleme zu bemerken, die vielleicht schon wie ein regenschwerer Himmel über dem Familiensegen hingen?

Ich war in einem Alter, in dem man sich noch darauf ausruhen konnte, ein Kind zu sein. Natürlich wussten alle von meinem Glauben, auch meine Mitschüler und die Lehrer.

Glücklicherweise erwartete noch niemand von mir, mich den Erwachsenen zu widersetzen, wenn etwas im Widerspruch zu dem Glauben meiner Eltern stand. Sicher, es war auch mein Glaube, aber noch sah ich es nicht so. Ich fand es toll, wenn mir Freunde etwas zu meinem Geburtstag schenken wollten oder wenn meine Großmutter mich dazu aufforderte, bunte Glaskugeln an ihren Weihnachtsbaum zu hängen. All die verbotenen Sachen waren absolut aufregend und machten ungeheuer Spaß. Und ich bekam auch kaum Ärger, denn meine Eltern gaben nicht mir die Schuld, sondern meinen Großeltern. In ihren Augen war ich noch zu klein, um Rechenschaft ablegen zu müssen. Leider konnte ich mich nicht ewig hinter meinen ungläubigen Familienmitgliedern verstecken, denn immerhin studierte ich inzwischen die Bibel und besuchte mit meinen Eltern, seit ich mich erinnern kann, die Zusammenkünfte der Zeugen Jehovas.

Wir trafen uns zweimal pro Woche im Königreichssaal in unserem Nachbarort und einmal pro Woche zum Buchstudium. Der Königreichssaal ist ein Anbetungshaus, wie bei Christen die Kirche. Unsere Versammlung bestand ungefähr aus 120 Verkündigern. Zu jeder Zusammenkunft kamen immer alle adrett gekleidet, Frauen in Röcken und Männer in Anzügen, so wie Jehova es verlangt. Das Gebäude, in dem unsere Ortsversammlung regelmäßig zusammenkam, verfügte über zwei große Säle mit kleinen angrenzenden Räumen, die »zweite Klasse«, die durch eine Glaswand einen Blick in den Hauptsaal hatte. Im Foyer gab es eine große Garderobe und einen riesigen Eingangsbereich, in dem an Pinnwänden die Neuigkeiten für jede Ortsversammlung hingen. In der oberen Etage gab es eine Bibliothek, natürlich nur mit Literatur, die von der Wachtturm Bibel- und Traktat-Gesellschaft der Zeugen Jehovas e. V. herausgegeben wurde, also von Jehovas Zeugen. Wer denkt, dass diese Veröffentlichungen nicht mehr als ein Bücherregal, geschweige denn eine ganze Bibliothek füllen könnten, täuscht sich. Mehrere hundert Bücher haben Jehovas Zeugen schon veröffentlicht, dazu kommen Broschüren und Zeitschriften. Allem voran natürlich der *Wachtturm*, die auflagenstärkste Zeitschrift weltweit, mit, laut eigener Angabe auf jw.org, über zweiundvierzig Millionen Ausgaben pro Auflage, die seit 1879 ohne Unterbrechung erscheint. *Erwachet!* ist die zweite Zeitschrift von Jehovas Zeugen, mit einundvierzig Millionen Exemplaren pro Ausgabe rangiert sie weltweit auf Platz zwei. Da diese Zeitschriften in über 230 Ländern und Territorien angeboten werden, sind sie in fast jeder Sprache verfügbar. Die anderen Bücher und Broschüren werden ebenfalls regelmäßig überarbeitet und neu aufgelegt. Dazu kommen auch neue Veröffentlichungen. Es war für uns immer ein besonderes Highlight, wenn zu den

Kongressen neue Publikationen veröffentlicht wurden, und ich wollte immer eine der Ersten sein, die ein Exemplar eines neuen Buchs oder einer Broschüre in den Händen hielt.

Das *Buchstudium* war, wie der Name schon sagt, das Studium eines der von Jehovas Zeugen veröffentlichten Bücher. Dazu wurde die Versammlung in Gruppen von Verkündigern, die in derselben Region wohnten, unterteilt, die sich einmal pro Woche trafen, um ein paar Abschnitte aus dem Buch, welches einem helfen soll, die Lehren der Bibel besser zu verstehen, gemeinsam zu studieren. Sobald ein Buch fertig studiert war, kam das nächste dran. Irgendwann wurden diese Gruppen vonseiten der Organisation aufgelöst, und das Buchstudium fand von nun an gemeinsam für alle Verkündiger als Programmpunkt zu den regulären Zusammenkünften statt. Die Vorbereitung auf die einzelnen Programmpunkte nahm immer viel Zeit in Anspruch.

Oft war ich unruhig, weil ich nicht so lange stillsitzen wollte und die ganzen schwierigen Wörter nicht verstand. Manchmal malte ich nebenbei, aber das fand meine Mutter gar nicht lustig. Sie ermahnte mich, immer aufmerksam zu sein, schließlich ging es um mein ewiges Leben. Vieles von dem, was ich lernte, verstand ich nicht richtig. Die Geschichte von Gottes Volk Israel, die schwierigen Namen der Propheten und Könige und die seltsamen Formulierungen der Bibel. Da es vielen Kindern so ging, gab es eine Veröffentlichung, die Eltern helfen sollte, die Wahrheit besser ins Herz ihrer Kinder zu pflanzen: *Mein Buch mit biblischen Geschichten*. Dieses bebilderte Buch behandelte kurz die wichtigsten Bibelinhalte für Kinder. Wir sollten verstehen, wie Gott die Erde schuf, warum eines seiner Geschöpfe plötzlich zu Satan, dem Teufel, wurde und wie wir aus den Fehlern all derer lernen, die Jehova seit Beginn der Menschheitsgeschichte enttäuscht und verraten haben. Stattdessen sollten wir uns an seinen treuen Dienern – Moses, Hiob, Rahab oder den Aposteln – ein Beispiel nehmen, um schließlich Jesus, seinen Sohn, der nur für uns gestorben ist, nachzuahmen. Das Buch endete mit der großen Schlacht um Harmagedon und der neuen Weltordnung danach. Alle treuen Diener Gottes leben endlich in einem Paradies auf der Erde, ohne Trauer, Tod und Krankheiten. Ein Happy End.

Ich las sehr oft in diesem Buch, aber ein paar Kapitel machten mir auch furchtbare Angst. Die Spezies der bösen Nephilim, eine Kreuzung aus Engel und Mensch, die auf der Erde als gewalttätige Riesen lebten. Lots Frau, die zur Salzsäule erstarrte, als sie sich umdrehte, während Sodom und Gomorra in der Ferne untergingen. Oder die Vergewaltigung von Dina, einer Israelitin, die sich die falschen Freunde suchte. Die Bilder waren grausam und so Furcht einflößend, dass ich manchmal nachts Albträume von ihnen bekam. Aber meine Mutter versicherte mir, dass ich nichts zu befürchten hätte, wenn ich mich nur brav an Gottes Gebote hielte. Dann würde mir die Hoffnung auf das Paradies bevorstehen, und ich könnte dort für immer glücklich leben, ohne jemals zu sterben. Das wollte ich unbedingt. Die Bilder vom Paradies waren bunt und wunderschön. Viele Bäume mit Früchten, überall lachende Menschen und ganz viele zahme Tiere. Das wollte ich mir auf keinen Fall kaputtmachen, indem ich Jehova enttäuschte, weil ich unüberlegt etwas täte, was ihm nicht gefiele. Letztlich wusste ich schon sehr früh in meinem Herzen, was falsch und was richtig war.

Das spürte ich auch bei einem anderen Erlebnis, das lange Zeit düster und dunkel in der hintersten Ecke meines Kopfes versteckt war. Verpackt in einer Schachtel mit der Aufschrift »Nicht öffnen!«. Aber diese Erinnerung drängte nach vorn, wurde dominant und damit unauslöschlich. Es war das erste Mal, dass ich tiefe Trauer in mir wahrnahm, nicht nur einen Moment flüchtigen Traurigseins. Es war ein Gefühl, das für Erwachsene bestimmt ist, nicht für Kinder. Ich besuchte erst die zweite Klasse, und in meiner kleinen Welt gab es eigentlich keinen Grund, eine solche Verstörung zu empfinden. Bisher war ich unbeschwert gewesen. Doch dann kam dieser Abend.

Ich lag in meinem Bett und hörte meine Eltern in der Küche streiten. Draußen war es dunkel, die Rollos waren heruntergezogen, und ich hätte schon längst schlafen sollen. Nur konnte ich einfach nicht einschlafen. Es war unmöglich. Mein Zimmer lag weit am anderen Ende des Flurs, mit vielen Wänden dazwischen, und dennoch hörte ich sie schreien. Weil ich bei diesem Lärm nicht schlafen konnte, versuchte ich zu lauschen, obwohl ich gar nicht wissen wollte, worum es bei dieser Auseinandersetzung ging. Ich war mir sicher, dass ich es sowieso nicht verstanden hätte. Weder die Worte noch ihren Sinn. Ich lag einfach nur da in meinem Bett, und auf einmal fing ich an zu weinen. Unendlich viele heiße Tränen kullerten über meine Wangen auf mein Kopfkissen – bis es völlig nass war. Was passierte da? Ich presste beide Hände auf meine Ohren, hielt sie zu, hörte das Geschrei aber immer noch. Laut und deutlich in meinem Kopf. Schließlich fing ich selbst an zu schreien. Niemand hörte mich. Es war wie ein Albtraum, aus dem ich nicht erwachte. Gefühle von großem Schmerz und großer Verzweiflung überrollten mich. Aber warum? Was war die Ursache? Was bedeutete das?

Irgendwann, als ich es nicht mehr aushalten konnte, stand ich auf und schlich den langen Flur hinunter. Er erschien mir endlos. In meiner Hand Ela, mein Plüschhund, den ich von Sanitätern geschenkt bekommen hatte, als ich zwei Jahre zuvor ins Krankenhaus musste. An diesem Tag besuchte ich meine andere Großmutter auf dem Dorf und rannte stundenlang mit meiner Cousine durch Felder mit meterhohen Gräsern. Es war herrlich. Manchmal ließ ich mich fallen und schaute kichernd in den Himmel. Als ich dann abends heimkehrte, juckten meine Augen, und ich bekam nur ganz schwer Luft. Meine Großmutter sah mich komisch an. Ich schaute in den Spiegel, und mir blickte ein völlig fremdes Gesicht entgegen. Ich war total rot und hatte riesige geschwollene Lider mit winzigen Augen. Meine Oma machte sich Sorgen und rief meinen Vater an. Da meine Mutter Migräne hatte, kam er alleine und holte mich ab. Eigentlich war geplant, dass ich bei meiner Großmutter übernachten sollte. Aber mein Vater packte mich ein, und wir fuhren zurück.

Zu Hause riefen meine Eltern den Notarzt. Ich konnte mittlerweile nur noch ganz schwer atmen, und meine Augen tränten aus zugeschwollenen Lidern. Zwei Sanitäter erschienen mit einem riesigen Koffer und neonorangen Uniformen. Sie brachten mir einen Plüschhund mit großem Kopf mit, um mich von der Spritze abzulenken, die sie in meinen Arm piksten. Als sie entschieden, mich mit ins Krankenhaus zu nehmen, bekam ich Angst. Einer der beiden Sanitäter nahm mich hoch auf seinen Arm und trug mich im Schlafanzug, mit meinem neuen Plüschhund in der Hand, in den Rettungswagen. Da lag ich also allein und festgeschnallt auf der Liege im Rettungswagen, der mit Blaulicht in den nächstgelegenen Ort düste. In meiner Hand immer noch der Plüschhund, dem ich den Namen Ela gegeben hatte. Nach ein paar Tagen wurde ich dann wieder entlassen und hatte von nun an eine Allergie und eine neue flauschige Freundin.

Ela begleitete mich seit jenem Tag. Sie war auch bei mir, als ich die Küchentür öffnete und meine Eltern sich vor meinen Augen anbrüllten. Ich hatte ihre wilden Gesten schon verschwommen durch die Glastür gesehen, aber ich hatte meinen ganzen Mut zusammengefasst, um in den Raum hineinzugehen. Doch sie bemerkten mich nicht, als ich leise die Klinke hinunterdrückte und mich langsam in die Küche schob, sondern stritten weiter.

Angst stieg in mir hoch. Ich fühlte mich klein und mit jeder Sekunde noch kleiner. Um mich herum war alles laut, hell und schrill.

»Ich kann nicht schlafen«, sagte ich in das Laute hinein, um mich bemerkbar zu machen.

Für einen Moment war es still. Mein Vater und meine Mutter schauten mich mit ihren erhitzten Gesichtern an. »Geh wieder ins Bett«, sagte meine Mutter in einem Ton, der keinen Widerspruch duldete.

Ich gehorchte, verließ die Küche und schloss die Tür hinter mir. Ich schlich zurück in mein Zimmer, legte mich wieder ins Bett und drückte meine Nase an Elas plüschigen Bauch. Wieder liefen mir Tränen übers Gesicht. Wieso schrien sich meine Eltern so an? So hatte ich sie noch nie gesehen. Wieso waren sie so laut und Furcht einflößend? Irgendwann schlief ich erschöpft ein, in der Hoffnung, dass alles gut werden würde und es bloß ein böser Traum war, von dem morgen nichts mehr übrig sein würde.

Es war nicht der letzte Streit. Einmal kam meine Mutter in mein Zimmer gerannt, aber schon vorher, als ich ihre keifenden Stimmen hörte, hatte ich mich aus lauter Angst hinter meinem hohen braunen Schrank versteckt. Mein Vater war meiner Mutter gefolgt, und nun ging ihre Auseinandersetzung in meinem Zimmer weiter. Ich presste mich an die Wand und hielt mir die Ohren zu. Als mein Vater mich entdeckte, trat er zu mir.

»Wovor versteckst du dich?«, fragte er mich.

»Ich … ich«, stotterte ich und brachte kein weiteres Wort heraus. Ich hätte sagen können: »Ich verstecke mich vor dir.« Ja, ich versteckte mich vor meinem eigenen Vater. Und ich weiß bis heute nicht, warum. Meine Mutter behauptete oft, mein Vater hätte sie *mit Worten geschlagen*. Ich aber hatte nie eine Beleidigung von ihm gehört und verstand diese Aussage nicht, doch sie jagte mir Angst ein. Das Geschrei jagte mir Angst ein.

Tage und Wochen vergingen, die aggressiven Anfeindungen wiederholten sich, und irgendwann riefen mich meine Eltern in die Küche.

»Sophie, wir haben dir etwas mitzuteilen«, sagte meine Mutter. »Papa zieht aus unserem Haus aus.«

Ich starrte auf die Mikrowelle. Die Worte hallten in meinem Kopf wider. Ich war traurig, weil ich nicht wollte, dass mein Vater uns verließ. War verzweifelt, weil ich nicht mit meiner Mutter allein sein wollte. Sie hatte oft schlecht über ihn gesprochen, so oft, dass ich mich tatsächlich vor ihm fürchtete, obwohl er weder ihr noch mir jemals wehgetan hatte. *Er hat mich mit Worten geschlagen*. Ich wusste nicht, wem ich was glauben sollte. Ich wollte nur noch zurück in mein Zimmer, wollte allein sein.

Mein Vater suchte sich eine kleine Wohnung im benachbarten Ort. Eigentlich wollte er nur vorübergehend für ein wenig Abstand sorgen, damit sich die Lage etwas entspannte. Da seine Firma weiterhin in unserem Haus war und meine Mutter nach wie vor im Büro mitarbeitete, sahen sie sich fast täglich. Für mich war es schön, dass er oft da war, dass ich zu ihm ins Büro gehen konnte, wenn ich aus der Schule nach Hause kam. Leider hatte die neue Wohnungssituation nicht zu einer Verbesserung des Verhältnisses meiner Eltern beigetragen. Die Streitereien führten sie im Büro weiter, und meine Mutter hatte oft schreckliche Laune. Irgendwann ging sie aufs Einwohnermeldeamt unserer Gemeinde und meldete meinen Vater aus unserer Wohnung ab. Er hatte keine Ahnung davon gehabt. Ohne es zu merken, verwandelte sich die kleine Einzimmerwohnung, die er nur als vorübergehenden Rückzugsort vorgesehen hatte, in seinen Hauptwohnsitz.

Bevor sich ein Ehepaar der Zeugen Jehovas trennt, ist es ein langer Weg. In der Gemeinschaft gibt es kein Privatleben, wie es bei »normalen« Menschen üblich ist. Es ist nicht normal, mit vermeintlich fremden Männern Gespräche über die intimsten Probleme in der Partnerschaft zu führen. Hat man Schwierigkeiten in der Ehe, werden die *Hüter der Herde Gottes* um Rat gefragt. Auch andere Glaubensgeschwister erteilen gern und oft Ratschläge, sodass die Beziehung nichts Privates mehr ist. Das Problempaar führt also Unterredungen mit den Aufsehern der Versammlung, *Älteste* genannt, und diese schlauen, von Gott auserwählten Männer geben dem Paar biblische Anweisungen. Gehorsame, treue Christen setzen diese in die Tat um, erhalten Gottes Segen, und die Herausforderungen sind gelöst, die Krise ist abgewendet.

Meine Eltern waren diesbezüglich eine Ausnahme. Eines Tages kamen zwei der Ältesten aus unserer Versammlung und führten ein langes Gespräch mit ihnen. Die Bibel nennt zwei Gründe für eine Scheidung, die vor Gott als rechtskräftig gilt: Hurerei und Tod. Da weder das eine noch das andere bei ihnen der Fall war, galten meine Eltern vor Jehova Gott nach wie vor als verheiratet, womit es als Verstoß gegen Gottes Gebote gewertet würde, sich nach der Scheidung einen neuen Partner zu suchen.

Selbst ich verstand langsam, dass es nicht besser werden würde. Es gab häufig Streit, und ich konnte mich kaum an eine Zeit erinnern, in der es nicht so war. Meine Mutter genoss die Gunst der Glaubensbrüder und -schwestern, von allen Seiten wurde ihr Mitleid entgegengebracht, denn sie hatte sich ja offensichtlich so um eine gute Ehe bemüht, sonst wäre sie auch nicht zu Glaubensbrüdern oder gar den Ältesten gegangen und hätte um Rat gefragt. Sie war das hilflose, verzweifelte Opfer, das sich natürlich an Jehovas Gebote halten wollte, und mein Vater der Böse, weil er der Ansicht war, seine Ehe müsse nicht mit der Hälfte der Versammlung diskutiert werden. Sie gab ihm die Schuld für alles, immerhin hatte er sich eine Wohnung gesucht und sie mit mir allein gelassen. Alle glaubten ihr die verdrehten Tatsachen, und das Schicksal meines Vaters war von da an nur noch eine Formalität. Er konnte nicht länger Teil der Versammlung bleiben, und ihm wurde nahegelegt, aus der Gemeinschaft auszutreten.

Nach einigen Gesprächen tat er es auch. Er wurde ausgeschlossen. Von diesem Moment an galt er als Abtrünniger, was noch schlimmer war als ein Ungläubiger. Er hatte sich bewusst Jehovas Geboten widersetzt, und folglich musste er mit den Konsequenzen leben. Ab dem Zeitpunkt der Bekanntmachung seines Ausschlusses vor der ganzen Versammlung änderte sich alles. Von der Bühne verkündete der Redner, dass mein Vater von nun an kein Zeuge Jehovas mehr sei. Damit wussten alle, was zu tun war. Man würde ihn ächten. Jedem treuen Diener Gottes war es fortan untersagt, ihn, den Abtrünnigen, auch nur zu grüßen, geschweige denn, mit ihm zu reden und Zeit zu verbringen. Mein Vater verlor sein komplettes soziales Umfeld, seine Familie und die Hoffnung auf ein ewiges Leben im Paradies. Wie sich das auf unser Verhältnis auswirkte, bekam ich erst später in voller Härte zu spüren.

Endgültig zog er in die kleine Einzimmerwohnung im Nachbarort ein, und ich lebte mit meiner Mutter weiterhin in unserem Haus. Ich ging nun allein mit ihr zu den Zusammenkünften, doch es gefiel mir dort nicht mehr. Die früheren Freunde und Glaubensbrüder meines Vaters redeten schlecht über ihn und erklärten mir, er würde nicht mehr nach den Maßstäben der Bibel leben, er sei kein guter Umgang mehr für mich. Ich sah ihn zwar weiterhin, aber ich hatte das Gefühl, zwischen den Stühlen zu sitzen. Meine Mutter erntete Mitleid von den Brüdern und Schwestern der Versammlung, während sich niemand mehr für meinen Vater interessierte. Ich konnte nicht verstehen, warum er mit einem Mal böse war und von allen verachtet wurde. Ich dachte, wir seien eine große Glaubensfamilie? Hatte ich das nicht oft genug gehört? Ging man so mit seiner Familie um? Ich verstand die Welt nicht mehr.

Die Brüder und Schwestern in der Versammlung, die sich meiner Mutter und meiner annahmen, um uns in dieser schwierigen Zeit mit theokratischer Aufmunterung zu unterstützen, kamen oft in unser Haus und hielten auch dort Predigtdiensttreffs oder das Buchstudium ab. Wenn sie meinem Vater im Haus begegneten, weil er wegen der Arbeit in der Firma war, grüßten sie ihn tatsächlich nicht, so, wie es vorher angekündigt worden war. Das bloß zu hören war jedoch etwas anderes, als es real zu erleben. Die Nichtbeachtung, das konsequente Ignorieren führte natürlich dazu, dass sich meine Eltern erneut stritten. Schließlich war es sein Haus. Im Nachhinein kann die Trennung meiner Eltern nur als hässlich bezeichnet werden. Das Einzige, was ich wollte, war, dass sich alle verstanden. Mein Vater, meine Mutter und meine große Glaubensfamilie. Das war der Wunsch eines kleinen Mädchens, das nicht begriff, was da vor sich ging. Erwachsenenprobleme.

Die Situation spitzte sich weiter zu, als mein Vater eine neue Frau kennenlernte. Ich war mittlerweile in der dritten Klasse und gespannt auf meine neue Stiefmutter. Da ich mir als Einzelkind immer eine Schwester gewünscht hatte, freute ich mich, dass sie eine dreijährige Tochter hatte. Wenn ich die Wochenenden mit ihnen verbrachte, machten wir Ausflüge zu Schlössern, Burgen und in Tierparks. Das war eine schöne Abwechslung zu meinem anstrengenden Alltag. Studieren, Bibellesen und Zusammenkünfte waren nicht halb so spannend, wie alte Kettenhemden von Burgrittern anzuschauen.

Ein weiteres Highlight bei meinem Vater war, dass ich bei ihm fernsehen durfte. Zwar nur den Kinderkanal zusammen mit meiner kleinen Schwester, aber zu Hause, bei meiner Mutter, durfte ich nicht einmal das. Zwar gab es bei uns einen Fernseher, aber meine Mutter schaltete ihn fast nie an. Sie war der Meinung, dass es gefährlich sei, fernzusehen, es würde meinen Geist vergiften. Also konnte ich nur stumm dasitzen, wenn meine Klassenkameraden über Sendungen auf Super RTL sprachen. Ich konnte nicht mitreden. Ich erinnere mich an ein Gespräch im Speisesaal der Grundschule, als sich die anderen am Tisch über eine Zeichentrickserie namens *Typisch Andy!* unterhielten, deren Hauptcharakter ein Junge namens Andy war, der leidenschaftlich gern seinen Lehrern und Mitschülern Streiche spielte.

»Das macht Andy nur, weil er in Lori verknallt ist, er will sie mit seinen Streichen beeindrucken«, sagte Tim.

»Seine arme Schwester Jennifer, die ist so oft Opfer seiner Taten«, bemerkte mitleidig Vanessa, die Banknachbarin von Lara.

»Ich mag Danny lieber als Andy«, erklärte Lara.

Wer war denn nun wieder Danny?, dachte ich, denn ich hatte nicht eine einzige Folge gesehen.

Ein weiterer seltsamer Moment war, als sich alle in der Schule für Harry Potter interessierten. Einmal haben sich nach der Schule im Hort sämtliche Kinder einen *Harry-Potter*-Film auf DVD angeschaut. Doch ich ging ins Hausaufgabenzimmer, da ich wusste, dass ich mir das nicht angucken durfte. Es war wie bei der Hexe Lilli, nur dass mein Großvater mich nicht mehr verteidigen konnte. Meine Mutter hatte mir eindringlich zu verstehen gegeben, dass Jehova es hasse, wenn wir uns solche bösen Sachen ansähen. Magie gäbe es nicht. Der Teufel warte nur darauf, in meinen Kopf zu kommen. Weil ich brav war und das, was meine Mutter sagte, nicht in Frage stellte, wollte ich mir auch nicht heimlich die Geschichten über den Schüler aus dem Zauberinternat Hogwarts zu Gemüte führen. Ich hütete mich inzwischen sogar vor allem, was irgendwie von Satan kommen könnte. In den Versammlungen wurde ständig über den Teufel gesprochen, und er machte mir Angst.

»Wir sind das auserwählte Volk, und Jehova wird seine himmlische Armee schicken, um alles Böse auf der Erde zu vernichten.«

»Satan geht umher wie ein brüllender Löwe und versucht uns zu verschlingen.«

»Wir stammen von Gott, aber die ganze Welt liegt in der Macht dessen, der böse ist.«

»Satan ist der Gegner des allmächtigen Gottes Jehova, sein größter Widersacher.«

All diese Sätze hatten sich in mir eingenistet. Ich hatte viel zu viel Furcht davor, dass, sollte der Teufel einmal in meinem Kopf sein, ich ihn nie wieder loswerden würde. Als mir das bewusst wurde, musste ich mir eingestehen: Ich bin anders als meine Mitschüler. Sie sahen sich unbeschwert *Harry-Potter*-Filme an, sie hatten keine Angst vor dem Teufel, sie hätten mich nur ausgelacht, wenn ich ihnen von meiner erzählt hätte.

In meiner Klasse gab es noch einen Jungen, Anton, dessen Eltern ebenfalls Zeugen Jehovas waren. Aber seine Eltern waren nicht so streng wie meine Mutter. Sie waren cool, lustig und gaben ihm viele Freiheiten. Deshalb konnte er mitreden und war beliebter bei den Mitschülern. Mich hielt man für komisch, weshalb kaum jemand mit mir etwas zu tun haben wollte. Überhaupt waren Freundschaften zu Mitschülern oder Kindern aus meiner Nachbarschaft unerwünscht. Anton durfte mit anderen Kindern spielen und feiern, er hatte Glück, und ich beneidete ihn oft darum.

# ZERSTÖRTES PÜPPCHEN

Im Laufe des dritten Schuljahres zog eine Freundin meiner Mutter bei uns ein. Marianne war eine Glaubensschwester aus Norddeutschland. Sie war Mitte vierzig und ebenfalls von ihrem Mann getrennt, der genau wie mein Vater auch ein Ausgeschlossener war. Sie selbst hatte eine erwachsene Tochter und wollte meiner Mutter bei meiner Erziehung helfen. Marianne hatte langes, lockiges Haar, das sie meist zu einem Zopf gebunden trug, und eine unangenehm laute, fistelnde Stimme. Sie war umhüllt von einem beißenden, stechenden Geruch, der wohl ihr Parfum sein sollte. Ihre Kleidung war eher bäuerlich und maskulin, was zu ihrer herrischen Art passte. Marianne strafte mich des Öfteren mit einem strengen Blick, wenn ich nicht gehorchte, und versorgte meine Mutter mit Erziehungsratschlägen. Es dauerte nicht lange, und ich fühlte mich von ihr dauernd bevormundet und gemaßregelt. Bald schon fürchtete ich mich vor ihr. Fast jeden Abend las sie mir aus demselben Buch vor. Ich werde es nie vergessen. Es hieß *Allein vor dem Löwen. Ein kleines Mädchen widersteht dem NS-Regime* und handelt von einem Zeugen-Jehovas-Mädchen während der Hitlerzeit.

Diese Autobiografie sollte mir Mut machen und zeigen, dass man sich nicht für seinen Glauben schämen und dass man trotz schrecklichster Umstände Jehova Gott immer an die erste Stelle im Leben setzen und an seinen Geboten festhalten sollte. Die Eltern und das Kind, das Simone hieß, widersetzten sich den Nazis und ihren »Rassengesetzen«, dem

Treueschwur auf Hitler und der Pflicht, für Deutschland in den Krieg zu ziehen. Tausende deutsche Zeugen Jehovas, damals bekannt als Bibelforscher, wurden eingesperrt, und einige von ihnen kamen in Konzentrationslager. Simones Vater wurde ebenfalls festgenommen und in ein KZ gebracht. Sie stand weiterhin unter Druck, sich dem Schulsystem anzupassen, und als sie sich weigerte, wurde sie in eine Erziehungsanstalt gebracht. Kurz darauf wurde ihre Mutter ebenfalls in ein Konzentrationslager abtransportiert. Simones Alltag in der Erziehungsanstalt bestand aus Zwangsarbeit, Unterernährung und furchtbaren Bestrafungen, mit dem Ziel, ihren Willen zu brechen und sie zu zwingen, ihren Glauben aufzugeben.

Die Geschichte dieses Mädchens verstörte mich nur. Sie sollte mir als Vorbild dienen, da Simone so treu für ihren Glauben gekämpft hatte. Aber das Einzige, was sich in mir regte, war ein schlechtes Gewissen. Wie konnte ich im Gegensatz zu diesem heroischen Mädchen, das allem getrotzt hatte, noch mit meinem bösen abtrünnigen Vater Kontakt haben und in der Schule bei satanistischen Filmen und Serien mitreden wollen? Ich war eine Enttäuschung für Gott.

Während Marianne mir diese furchtbaren Dinge vorlas, musste ich oft weinen. Die Bilder, die beim Zuhören in meinem Kopf entstanden, waren zu schrecklich. Ich wollte all das nicht mehr hören. Eines Abends wehrte ich mich endlich.

»Ich will nicht mehr, dass du mir die Geschichte vorliest. Es ist so grausam«, sagte ich, als Marianne sich auf mein Bett setzte und das Buch an der Stelle aufschlug, bei der sie den Abend zuvor das Lesezeichen hineingesteckt hatte.

Darauf erwiderte Marianne, dass ich mir ein Beispiel an dem Mädchen nehmen solle. Sie erklärte mir, dass Simone Jehova immer untertan und sogar bereit war, für ihn zu sterben. Ich solle dankbar sein, dass es mir so gut gehen und ich nicht in solch einer Erziehungsanstalt sei.

»Das bin ich auch, aber ich will, dass du was anderes vorliest.«

Aber Marianne wies mich erneut zurecht. Ich solle meiner Mutter besser gehorchen, sie mehr ehren und mich von meinem Vater fernhalten. Das hätte die treue Simone jedenfalls getan. Sie habe nicht daran gedacht, was sie selbst wolle, sondern, wie sie für Jehova selbstlos Opfer bringen könne. Ich solle auch nicht versuchen, mit meinen ungläubigen Klassenkameraden mitzuhalten und befreundet sein zu wollen, denn sie erfüllten nicht Gottes Willen. Danach schlug sie das Buch auf und setzte ihr Vorlesen fort.

Als ich kurz darauf wieder einmal ungehorsam war, nahm sie meiner Mutter die Bürde ab, mir den Hintern zu versohlen, und tat es selbst. Gute Freundin. Die beiden Frauen bildeten eine mir haushoch überlegene Allianz und straften mich hart für meinen kindlichen Übermut. Wenn ich nicht mit in die Zusammenkünfte wollte, hieß es: »Keine Widerrede«, und wenn ich während der Versammlung herumzappelte, ging meine Mutter mit mir in den Nebenraum, in die zweite Klasse, um mich zu strafen. Die Geräusche drangen bis nach draußen, und ich schämte mich dafür, dass es die anderen aus der Versammlung mitbekamen. Also versuchte ich, gehorsam und ruhig zu sein, damit mir weitere Peinlichkeiten erspart blieben. Ich sehnte mich nach meinem Vater, er hatte mich nie so behandelt, war immer großzügig gewesen und mein Ruhepol in stressigen Zeiten. Umso schlimmer war es für mich, dass er für alle als schlechter Umgang galt und meine Mutter in der Versammlung über ihn herzog.

Auch ohne ihre negativen Bemerkungen fand ich die Versammlungen nervig. Die Zusammenkünfte waren eine Art

Gottesdienst, bei denen man zuerst ein Lied sang und betete. Anschließend wurden verschiedene Programmpunkte behandelt, aus der Bibel vorgelesen, hinterher sprach man darüber, wie man das Gelesene im eigenen Alltag umsetzen und wie man sich von der Bibel leiten lassen konnte.

Es war wieder Winter gewesen, als es in unserer Zusammenkunft darum ging, dass man sich immer gut kleiden solle und wie wichtig es doch sei, auf das äußere Erscheinungsbild zu achten.

»Warum legen wir so großen Wert auf unsere Kleidung?«, fragte der Redner.

»Unsere Kleidung verrät Achtung vor Gott«, kam eine Meldung aus der Runde. »Uns ist bewusst, dass für Jehova Äußerlichkeiten nicht ausschlaggebend sind. Doch wenn wir uns versammeln, um ihn anzubeten, liegt es uns am Herzen, durch unsere Kleidung Achtung vor unserem Gott und unseren Glaubensbrüdern zu zeigen. Wäre man vor Gericht geladen, würde man dort wahrscheinlich auch gepflegt erscheinen wollen. Jehova ist *der Richter der ganzen Erde*. Durch die Art und Weise, wie wir uns bei unseren Zusammenkünften kleiden, beweisen wir, dass wir ihn und unsere Anbetungsstätte sehr schätzen.«

Eine Schwester hob die Hand und sagte, als man ihr das Mikrofon brachte: »Die Bibel fordert uns Frauen auf, uns mit Bescheidenheit zu kleiden. Wir sollen uns nicht mit aufwendigem Flechten der Haare und mit Gold oder Perlen oder sehr kostspieligen Gewändern schmücken. Das steht in 1. Timotheus 2:9.« Sie gab das Mikrofon wieder zurück an den Mikrofondiener. Es klang sehr einstudiert.

Der Redner auf der Bühne ergriff wieder das Wort: »Das stimmt. Bescheidenheit bedeutet, sich nicht so anzuziehen, dass man durch auffällige, aufreizende oder enthüllende

Kleidung alle Blicke auf sich zieht. Und gutes Urteilsvermögen hilft dabei, ansprechende Kleidung zu finden, die weder schlampig noch extravagant wirkt. Diese Grundsätze erlauben eine Menge Spielraum. Ein gepflegtes, geschmackvolles Äußeres kann ohne ein Wort Gott verherrlichen. Unser Erscheinungsbild bei unseren Zusammenkünften hat zudem Einfluss darauf, welches Bild andere von uns als Zeugen Jehovas haben.«

Auch meine Mutter hatte darauf bestanden, dass ich zu den Zusammenkünften Rock und Bluse und wie jetzt im Winter darüber einen Pullover trug und dass meine dunkelblonden Haare ordentlich frisiert waren. Die anwesenden Jungs hatten Hemden an, um ihre Hälse schlangen sich Krawatten. Einige Kinder schien ihr Kleidungsstil nicht sonderlich zu stören, aber anderen sah man an, dass es ihnen lästig war und sie viel lieber in T-Shirts und Jeans gekommen oder am besten gleich zu Hause geblieben wären, um zu spielen, statt hier artig herumzusitzen und sich zu langweilen. Ich sah aus dem Fenster, wie im Wind kleine Schneeflocken tanzten und langsam auf die Autodächer vor dem Königreichssaal fielen. Ich liebte es, im Winter draußen zu spielen und aus den links und rechts an den Straßenrändern aufgetürmten Schneebergen kleine Schlösser zu bauen. Ich dachte an meinen Vater und daran, wie er die lange, zugefrorene Einfahrt vor unserem Haus von der dicken Eisschicht befreien musste, da er sonst mit seinen Baufahrzeugen nicht in die Garagen kam. Aus den auf einen Haufen geräumten Eisplatten hatten wir mir manchmal gemeinsam ein Eisschloss errichtet.

Das war eine von vielen Zusammenkünften, bei denen ich mich in Tagträume flüchtete, damit die Zeit schneller verging, und am Ende konnte ich mich kaum noch erinnern, was sonst noch besprochen wurde. Obwohl ich kein Weihnachten feierte, gefiel es mir in der Schule besser als in den Zusammenkünften.

In unserem Klassenzimmer war es fast so gemütlich wie bei meiner Balloma. Das Potpourri auf dem Tisch der Lehrerin erfüllte den Raum mit einem angenehmen Duft nach Apfel und Zimt. Wenn der Unterricht begann, war es draußen noch dunkel. Kam unsere Klassenlehrerin in den Raum, zündeten wir unsere mitgebrachten Teelichter an, die wir in selbst gebastelte Pappschablonen stellten, in die wir mit der Schere Muster geschnitten und diese mit rotem Papier überklebt hatten. Aufregende Schatten tanzten auf unseren Tischen. Der ganze Raum war in ein orangefarbenes Licht getaucht, und von draußen durch die Fenster schien nur ein mattes Dunkelblau. Unsere Lehrerin betätigte danach den CD-Player, und jeden Tag sangen wir zuerst ein Lied. Ich hoffte immer, dass es ein Lied über Winter und Schneemänner war, denn die konnte ich aus vollem Halse mitsingen. Kam in einem Lied das Wort »Weihnachten« vor, sang ich nicht mit, sondern summte bloß vor mich hin und schaute nach unten auf den Boden. Es war mir unangenehm. Die meisten Texte von typischen Weihnachtsliedern kannte ich sowieso nicht, und ich war erleichtert, als unsere Lehrerin wieder das Licht anmachte und mit der Stunde begann.

# GESTOHLENE ERINNERUNGEN

In der darauffolgenden Zusammenkunft ging es um das Thema Blut. Wir lernten, dass Blut heilig ist. Nur Gott darf Leben geben und Leben nehmen. Blut symbolisiert das Leben. Jehovas Zeugen dürfen auch kein Blut essen. Keine Blutwurst. Das ist gegen Gottes Willen. Vampire sind sowieso Blödsinn. Man ist unrein, wenn man Blut zu sich nimmt. Eine Sünde. Wenn die Menschen das tun, verstoßen sie gegen Gottes Gebote.

Bei der Vorbereitung auf diesen Programmpunkt hatte ich meine Mutter gefragt: »Was passiert denn, wenn ich aus Versehen etwas esse, wo Blut drin ist? In rohem Fleisch ist doch manchmal auch noch etwas Blut zu sehen, oder nicht?«

Sie riet mir, dass ich es gut abwaschen oder wegschneiden und entsorgen solle.

»Und wenn ich am Finger blute und ihn aus Versehen ablutsche?«, fragte ich weiter.

Ich dürfe das eben nicht ablecken und müsse ein Pflaster draufmachen. Sollte mir das doch mal unabsichtlich passieren, hätte Gott schon Gnade mit mir.

Egal, wohin ich ging, ob zur Schule, in den Predigtdienst oder zu meinen Großeltern, ich hatte immer ein besonderes Dokument dabei. Entweder befand es sich im Schulranzen oder in meinem kleinen pinkfarbenen Beutel, der um meinen Hals baumelte. Ich hatte in meinem Alter noch keinen Personalausweis oder eine Versicherungskarte, aber ich besaß etwas, das viel wichtiger war als alles andere: ein Stück Papier, das im Ernstfall über mein Leben entscheiden konnte. Mein sogenannter Blutausweis. Als ich in die Schule kam, sagten mir meine Eltern, dass es wichtig sei, dieses Schriftstück immer bei mir zu tragen, und dass ich, falls ich mal einen Unfall haben sollte, auf gar keinen Fall Blut im Krankenhaus erhalten dürfte. Ein ernstes Thema für ein kleines Kind. Damals hatte ich die Bedeutung dieser Worte aber noch nicht richtig verstanden, hatte mir nichts dabei gedacht, sondern darauf vertraut, dass meine Eltern sicher wüssten, was am besten für mich sei. Bei jedem Schulausflug, jeder Unternehmung und jedem Schritt, den ich tat, war dieses Dokument dabei. Ich vergaß es nie. Immer griffbereit, es im Fall der Fälle zur Hand zu haben, um mein Leben zu retten. Mein ewiges Leben, nicht mein irdisches, wohlgemerkt! Ich wusste, falls mir etwas geschehen würde, dürfte ich auf gar keinen Fall, wirklich niemals eine Bluttransfusion bekommen. Auch wenn das bedeuten würde, dass ich sterben müsste. Kein Blut. Das hätte ich den Ärzten genau so gesagt. Lieber sterben, als etwas zu tun, was Gott verbietet. Lieber ein ewiges Leben im Paradies als ein kurzes und bedeutungsloses irdisches Leben in Ungnade, so war es mir gesagt worden. Blut ist heilig. Und nur Gott darf über Leben und Tod entscheiden. Ich lernte Bibeltexte auswendig, mit denen ich meine Entscheidung begründen konnte: »Nur Fleisch mit seiner Seele – seinem Blut – sollt ihr nicht essen« (1. Mose 9:3,4); »Enthaltet euch von Hurerei und von Erwürgtem und von Blut« (Apostelgeschichte 15:19–21). Ich zweifelte nie daran, dass diese Entscheidung richtig war. Ich hatte keine Angst. Nicht vor dem Tod.

Nach der Zusammenkunft unterhielten sich die Erwachsenen wieder einmal über Dämonen. Gespannt lauschte ich. Meine Brüder und Schwestern erzählten manchmal Geschichten, wie Dämonen aus Gegenständen in Menschen einfuhren und von ihnen Besitz ergriffen. Am Ende würden diese Menschen immer tot sein. Schwester Marianne, die Freundin meiner Mutter, hatte mir von einem Buch berichtet, dass eine Frau auf einem Flohmarkt gekauft habe. In ihm sei ein Dämon gewesen. Aber das hatte die Frau nicht gewusst. In ihrem Haus geschahen dann immer mehr seltsame Dinge. Spiegel zerbrachen, Glühbirnen platzten und manche Gegenstände fingen auf unerklärliche Weise Feuer. Marianne erzählte, die Frau habe sich ebenfalls total verändert und dachte, man würde sie beobachten und verfolgen. Sie wurde manisch. Sah die Dämonen als Schatten und erzählte anderen davon. Weil sie pausenlos zu ihr gesprochen hätten, konnte sie es nicht mehr ertragen und sprang schließlich aus dem Fenster. Erschreckend. Gänsehaut machte sich auf meinem ganzen Körper breit, als ich diese Geschichte hörte oder später auch nur daran dachte. Ich zweifelte nicht daran: Geschichten wie diese waren wahr. Sie waren kein Märchen, sondern Realität. Meine blühende Fantasie half mir bei dieser Vorstellung. Dämonen lauerten einfach überall, das sagten schließlich auch die Erwachsenen nach der Versammlung. Sie warteten nur darauf, ihr Spiel mit uns zu spielen. Erfreuten sich am Bösen und daran, Menschen zu quälen. Und niemand sei in der Lage, sie zu kontrollieren. Man könne sich nur mit einem starken Glauben vor ihnen schützen. Das war auch ein Hinweis in meine Richtung, auch ich konnte mich nur so schützen, indem ich fest in meinem Glauben war.

Wie schon ein Bruder während der Versammlung gesagt hatte: »Ein starker Glaube ist die einzige Waffe im Kampf gegen den Teufel. Jeder Einzelne von uns muss die Waffenrüstung Gottes anlegen. Wir alle sind eine große Familie und müssen gegenseitig aufeinander achten. Überall lauern Gefahren. Deswegen dürfen wir auch nicht versäumen, die geistige Speise zu uns zu nehmen, die Jehova uns zur Verfügung stellt. Regelmäßiges Bibellesen, der Predigtdienst und der Besuch der Versammlungen sind zwar ein guter Anfang, aber das kann uns noch lange nicht vor Satan und seinen Dämonen retten. Das Wichtigste ist, die geistige Waffenrüstung Gottes anzulegen. Sein Wort, die Bibel, zu verinnerlichen und so zu sein, wie Gott es von uns erwartet. Dann erhalten wir seinen Segen und Schutz. Es ist wichtig, ihn und seine Organisation im Leben an die oberste Stelle zu setzen. Über Allem und Jedem steht nur Jehova.

Genau, dachte ich, er kann in mein Herz sehen. Er kann sehen, ob ich wirklich seiner würdig oder eine elende Sünderin ohne Reue bin und den Tod in Harmagedon verdiene, nicht anders als die ahnungslosen Weltmenschen.

Publikationen wie der *Wachtturm*, *Erwachet!* und die Bücher, die ich lesen musste, waren mit vielen leuchtenden und verstörenden Illustrationen versehen. Von Harmagedon, dem Weltuntergang, von entsetzlichen Gewalttaten und schreienden Menschen. Am allerschlimmsten war das Buch *Die Offenbarung. Ihr großartiger Höhepunkt ist nahe!* Noch nie hatte ich so furchtbare Bilder gesehen! Babylon, die Hure, ritt auf einem Tier mit sieben Köpfen. Menschen inmitten einer Feuersbrunst, verheerende Kriege und gruselige Fantasiewesen. Der abgetrennte Kopf von Johannes dem Täufer auf dem Silbertablett oder der gesteinigte Paulus. So viele schockierende Szenen hatten sich in meinen Geist eingebrannt. Auch sie waren für mich absolute Realität. Die Engel waren echt. Die Dämonen waren echt. Satan, der Teufel, war echt. Und wilde Tiere mit mehreren

Köpfen waren ebenfalls echt. Was ich nicht auf den Bildern sah, wurde von meiner Fantasie ergänzt. Meine größte Angst galt tatsächlich dem Verlust der Wahrheit, also meines Glaubens. Denn mein Glaube war die Wahrheit und schützte mich vor allem, was da kommen konnte: vor ungläubigen Menschen, dem Weltuntergang und sogar vor dem Tod. All das konnte nichts bewirken, wenn man zu Jehova Gott hielt. Dieses Bewusstsein der Erhabenheit gab mir trotz aller Furcht ein Gefühl von Allmacht. Ich wusste ja, ich war von Gott auserwählt, um ihm zu dienen. Und Gott war allmächtig, also konnte mir niemand etwas anhaben. Mein Glaube und meine Kraft waren grenzenlos. Ich hatte Hoffnung. Und Hoffnung und Wahrheit waren die Grundpfeiler meines Glaubens.

Bei Jehovas Zeugen unterscheidet man zwischen einer irdischen und einer himmlischen Hoffnung. Die irdische Hoffnung bedeutet, dass man nach dem Tod in einem Paradies auf der Erde aufersteht und ein ewiges, glückliches und erfülltes Leben führt. Vorausgesetzt natürlich, man hat sich vorher Jehova Gott durch die Taufe hingegeben und als vollwertiger Christ bekannt, der sein ganzes Leben in den Dienst Gottes stellen will. Die himmlische Hoffnung haben wiederum nur sehr wenige Christen. Und zwar genau 144 000. Keiner mehr und keiner weniger. Diese 144 000 haben die Ehre, nach Harmagedon mit Jesus Christus im Himmel, im tausendjährigen Königreich, zu regieren und über die Erde zu herrschen. Diese Auserwählten nennt man auch die Gesalbten, denn sie als Einzige sind mit Gottes heiligem Geist gesalbt.

Als ich meine Mutter einmal fragte, wer denn gesalbt werde, sagte sie, dass das Jehova entscheide. Der gesalbte

Diener Gottes würde es tief in sich spüren, dass er auserwählt und etwas ganz Besonderes sei.

»Aber wenn ich es nun auch spüre? Wie kann ich wissen, ob ich zu den 144 000 gehöre?«

Darauf erklärte sie mir, dass Gott und seine Gesalbten eine sehr tiefe Verbindung miteinander hätten. Und wenn ich gesalbt wäre, würde ich dies wissen und nicht solche Fragen stellen.

Ich war also keine der Gesalbten, aber wahrscheinlich wünschte sich jeder Christ in seinem Innersten, einer dieser ausgewählten Diener Gottes zu sein. Ich war jedoch nichts weiter als ein normales Mädchen, das in der Wahrheit erzogen wurde. Aber auch das war eine große Ehre. Denn alle anderen Menschen würden in Harmagedon sterben, wenn sie sich gegen Jehova entschieden. Mir wurde gesagt, ich würde in der »Zeit des Endes« leben. Die Zeit des Endes ist eine kurze Periode, die dem Weltuntergang vorangeht. Mit einem Wimpernschlag konnte es so weit sein.

Diese eher metaphorisch gedachte Äußerung vom Weltuntergang nahm ich als Kind wörtlich. Lange bestand mein morgendliches Ritual darin, nach dem Aufwachen aus dem Fenster zu schauen. Ich wollte überprüfen, ob Harmagedon schon gekommen war. In meinem Kopf hatte ich das Bild einer verwüsteten Welt vor Augen, brennende Häuser, sterbende Menschen, es krachte, und es regnete Feuer vom Himmel. Und mittendrin meine quicklebendige geistige Familie. Dass Gott so, in dieser Brutalität, ein Massenmörder wäre, dieser Gedanke kam mir nicht. Nein, stattdessen war da ein anderer: Endlich greift er ein!

Mit den Jahren wurde aus meinem morgendlichen Sprint ans Fenster ein schleppender, langsamer Gang. Nach endlosen enttäuschenden Blicken nach draußen sparte ich mir irgendwann diese Routine und warf der Welt jenseits meines Zimmers keinen Blick mehr zu. Warum Enttäuschung? Jeder vernünftige Mensch sollte sich doch freuen, wenn der Untergang der Welt ausgeblieben war. Aber ich wurde bei dem Anblick der grünen Bäume, der Sonne und der Häuser nur traurig. Schließlich schlug die Trauer in Verbitterung um. Harmagedon und die Zeit danach waren das, wofür ich lebte. Meine Erlösung. Denn in Harmagedon würden endlich alle bösen Menschen umkommen, danach gäbe es nur noch gute Menschen, Zeugen Gottes wie uns, mit rechtschaffenem Herzen, loyale Diener des Herrn. Die Erde, auf der ich lebte, war ein böser Ort und wurde vom Teufel regiert. Wir waren seine Gefangenen und mussten ausharren, bis Gott bestimmte, dass nun die Zeit gekommen war.

Aber ich war ungeduldig. Ständig wurde mir das Gefühl gegeben, alles könnte morgen schon zu Ende sein und ich müsste mich beeilen.

»Also warum dauert das so lange?« Natürlich hatte ich nachgefragt.

Die Antwort, die ich erhielt: »Jehova will so vielen Menschen wie möglich die Chance auf ein ewiges Leben im Paradies geben. Deswegen predigen wir.«

Und da nur Jehovas Diener gerettet werden, wollte ich vor Harmagedon noch so viele Menschen wie möglich erlösen. Meine Großeltern, meine Klassenkameraden, meine Lehrer. Der Gedanke, sie alle könnten bald sterben, machte mich traurig. Plötzlich war ich froh, dass Harmagedon noch nicht da war und ich etwas Zeit hatte, die Menschen, die ich liebte, von der Wahrheit zu überzeugen. Also versuchte ich, ihnen zu predigen und sie vor dem Tod zu beschützen. Ich zog los, um mit meiner Mutter und Marianne die frohe Botschaft zu verkünden.

In meinem Kinderkopf machte das Sinn, und ich war Feuer und Flamme. Mein Vater durfte nicht sterben, weil er sich gegen die Wahrheit entschieden hatte.

Mehrmals hatte ich meinen Vater gefragt: »Papa, kannst du nicht wieder zurückkommen?«

Sanft hatte er jedes Mal über meine Haare gestrichen und gesagt: »Sophie, das geht leider nicht. Man kann nicht einfach so zurückkehren. Ich wollte ja auch gar nicht unseren Glauben verlassen, aber die Regeln haben mir damals keinen anderen Ausweg gelassen. Und mittlerweile sehe ich das Ganze mit anderen Augen.«

»Aber dann wirst du sterben!«

»Ich werde nicht sterben, mach dir keine Sorgen«, hatte er mich dann zu trösten versucht. Ich bemerkte nach und nach, dass er nicht mehr an die Wahrheit glaubte.

Aber auch meine Mitschüler hatte ich versucht zu überzeugen.

»Lara, du musst dich taufen lassen, so wird dich Jehova retten, und du wirst nicht sterben müssen.«

Lara hatte mit dem Kopf geschüttelt. »Ich glaube nicht, dass Jehova existiert. Meine Eltern sind aus der Kirche ausgetreten und haben mir gesagt, dass das mit den Zeugen Jehovas nur Unfug sei.«

»Aber du kommst dann nicht ins Paradies, es ist wirklich dringend. Ich meine das ganz ernst«, hatte ich verzweifelt in meinem Wunsch, alle retten zu wollen, geantwortet.

»Sophie, ich lebe schon in einem Paradies. Du hast es nur noch nicht bemerkt. Du redest nichts als Blödsinn.«

Blödsinn? Das Wort hatte mich aufgewühlt. Ich hatte gehofft, Lara würde mir für meine Warnung danken und verstehen, dass Jehova der einzig wahre Gott ist. Aber das hatte sie nicht getan.

Und jetzt vernahm ich in der Zusammenkunft auch, warum meine Bemühungen vergebens waren: »Die meisten Menschen sind blind für die Wahrheit. Wollen sie nicht hören. Sie wollen nicht erweckt werden. Wollen lieber sterben.«

Ein unglaublicher Schmerz packte mich. Mir wurde plötzlich klar: Die Menschen, die ich liebe und die nicht Zeugen Jehovas sind, werden sterben. Ich betete zu Gott, bat ihn, er möge ihnen doch Einsicht und Verständnis schenken. Es gab noch einen Silberstreif am Horizont, Harmagedon war noch nicht da. Es konnten noch Menschen erwachen und gerettet werden. Zugleich erfasste mich tiefe Trauer, denn wer sich bewusst gegen Gott stellte, so begriff ich, hatte sich offenbar endgültig entschieden. Der wollte nicht gerettet werden.

Nun wurde wieder aus der Bibel gelesen, aus dem ersten Buch Mose. Dazu hieß es: »Hirte im alten Israel zu sein, war anstrengend. Er war Hitze und Kälte ausgesetzt und musste die Herde vor Räubern und wilden Tieren schützen. Er untersuchte die Schafe regelmäßig und versorgte kranke und verletzte. Besonders achtete er auf die Lämmer, denn sie waren anfällig und nicht so kräftig wie ausgewachsene Schafe. In mancher Hinsicht gleichen christliche Eltern Hirten. Sie müssen die Eigenschaften eines guten Hirten haben und tragen die Verantwortung, ihre Kinder in der Zucht und in der ernsten Ermahnung Jehovas aufzuziehen. Das ist keine leichte Aufgabe! Kinder sind satanischen Einflüssen ausgesetzt und haben unvollkommene Neigungen. Wie könnt ihr als Eltern euren Kindern helfen? Es gibt drei Bereiche, auf denen ihr euch als Hirten eurer Kinder erweisen könnt: sie kennen, sie geistig ernähren und sie anleiten.«

Danach wurde abermals gesungen, was bedeutete, dass die Zusammenkunft beendet war, in drei Tagen würden wir uns alle wieder treffen. Ich sang aus tiefstem Herzen mit.

Anfangs hatte ich zu dem Glauben meiner Eltern noch keine eigene Meinung gehabt. Ich hatte meine Mutter als zu streng empfunden, hatte nicht nachvollziehen können, warum man meinen Vater nach der Trennung verstoßen und isoliert hatte. In meinen Augen war er ungerecht behandelt worden. Aber von einer Zusammenkunft zur nächsten änderte sich meine Haltung. Ich dachte daran, wie meine Mutter zu diesem Glauben gefunden hatte, denn ihre Mutter, meine Balloma, hatte nicht den Zeugen Jehovas angehört. Sie musste eine Erleuchtung gehabt haben, überlegte ich. Und dann war sie von dem Glauben fasziniert gewesen, von Gott und seiner Macht – und verängstigt von dem Teufel. So wie ich. Irgendwann war ich regelrecht besessen von unserem Glauben. Ich fühlte mich auserwählt und gesegnet, als würde ich als Teil von Gottes Nation über allen anderen stehen. Ich hatte eine Einsicht, hatte ein Verständnis, das andere Menschen nicht hatten. Dachte ich. Aber eigentlich war ich nur indoktriniert und manipuliert. Gehirnwäsche. Alle um mich herum hatten es gemerkt, nur ich nicht.

Jeder in meiner Familie, bis auf meine Mutter, war ein »normaler« Mensch, niemand ein Zeuge. Meine Mutter wurde für ihren Glauben von meiner Familie belächelt und nicht ernst genommen, doch ich wurde von ihr und dem Umfeld der Glaubensfamilie sehr stark beeinflusst, nicht von den »Normalen«. Meine Großeltern und andere Verwandte, meine Lehrer und die Eltern meiner Klassenkameraden hatten oft Mitleid mit mir, wenn sie erfuhren, dass mich meine Mutter mit in die Zusammenkünfte und den Predigtdienst schleifte. Da ich als leicht zu beeinflussendes Kind vom Glauben meiner Mutter überzeugt war, konnte ich das nicht nachvollziehen. Die anderen Brüder und Schwestern glaubten schließlich auch an Jehova. Auf der ganzen Welt gab es über acht Millionen Mitglieder unserer Religionsgemeinschaft, eine riesige Familie. So viele Menschen konnten doch unmöglich falschliegen. Sicher, diese anderen Menschen hatten Mitleid mit mir, aber ich hatte Mitleid mit ihnen, weil sie nicht die Wahrheit hatten.

# EINSAMER HIMMEL

Es war Samstag, der 18. Juli 2005. Ich sollte noch eine Woche in die Grundschule gehen, danach würden endlich die großen Ferien beginnen. Auch der Umzug stand kurz bevor. Wir zogen aus unserem großen Haus in eine kleine Wohnung ein paar Ortschaften entfernt, in der ich von nun an mit meiner Mutter tagtäglich allein sein sollte. Marianne suchte sich ein Appartement in unserer Nähe, doch meine Mutter und sie hatten weiterhin viel Kontakt. Unser Umzug hatte damit zu tun, dass mein Vater wieder in unserem Haus einziehen wollte, aber auch mit meiner neuen Schule. Ich sollte nach der vierten Klasse aufs Gymnasium gehen, und diese Schule befand sich in unserem neuen Wohnort. Ich war aufgeregt, da ich noch nie woanders gewohnt hatte, zugleich wusste ich, dass mir das große Haus mit dem riesigen Garten fehlen würde.

An diesem Sonnabend, zehn Tage vor meinem zehnten Geburtstag, klingelte das Telefon. Ich nahm das Gespräch auf unserem tollen schnurlosen Telefon an. In diesen Momenten war ich immer etwas nervös, weil ich erst vor Kurzem geübt hatte, ans Telefon zu gehen. Meine Mutter saß im Büro und erledigte zusammen mit meinem Vater den Papierkram der letzten Woche, deshalb griff ich zum Hörer.

»Hier ist dein Opa«, sagte mein Großvater.

»Oh, das ist schön, dich zu hören, Ballopa.« Ich freute mich über seinen Anruf. Aber irgendetwas war komisch. Die Stimme meines Großvaters klang merkwürdig schwach und dünn.

»Ich möchte mit deiner Mutter sprechen.«

»Die ist im Büro«, erklärte ich. »Was ist denn los?«

»Oma ist tot.« Drei kurze Wörter.

Er hatte leise geredet, und ich hatte ihn kaum verstanden. »Opa, was hast du gesagt? Ich hab nicht ganz mitgekriegt, was du gesagt hast.«

Er wiederholte es: »Oma ist tot.«

Es dauerte ein paar Sekunden, bis die Worte sich in eine Information verwandelt hatten und in meinem Kopf angekommen waren. Bis ich ihre Bedeutung verstand. In diesem Augenblick brach meine Welt zusammen. Schreiend rannte ich die Stufen hinunter, die ins Büro führten, und gab meiner Mutter das Telefon. Ich schrie ihr diese drei Wörter in einer Endlosschleife entgegen: »Oma ist tot. Oma ist tot. Oma ist tot.« Schmerz übermannte mich. Ich schrie und heulte, denn ich wusste, ich würde sie niemals wiedersehen. Sie war krank gewesen, das hatte man mir gesagt, aber dass sie sterben könnte, das war für mich unvorstellbar. Ich hatte gedacht, alles würde wieder gut werden. Was ist schon so ein Krebs? Ja, sie hatte eine Zeit lang keine Haare gehabt wegen der Chemotherapie und musste Kopftücher und Perücken tragen. Aber trotzdem war ich mir sicher, sie würde wieder gesund werden. Bisher waren doch alle immer wieder gesund geworden. Warum also nicht auch meine geliebte Balloma? Aber so kam es nicht. Sie starb mit gerade einmal sechzig Jahren an den Folgen der Krankheit.

Die Beerdigung war kurz darauf, aber ich wollte nicht hingehen. Ich wollte es nicht wahrhaben. Meine Mutter und ich steckten mitten im Umzug. Wir sollten von nun an in einem Plattenbau leben, der nur zehn Minuten Fußweg von meiner neuen Schule entfernt war. In unserem Hauseingang, direkt gegenüber, Tür an Tür, wohnte die Oma einer Freundin aus unserer Versammlung. Hanna war so alt wie ich und hatte krause braune Locken, einen athletischen Körperbau und ein hübsches Gesicht mit spitzer Nase. Ich freute mich schon, dass ich sie jetzt noch öfter sehen konnte. Aber auch meine Großeltern wohnten ganz in der Nähe des Plattenbaus. Ich hatte mich riesig darauf gefreut, jeden Tag nach der Schule zu meiner Großmutter zum Mittagessen zu gehen und den Tag mit ihr zu verbringen. Doch das war nun nicht mehr möglich. Stattdessen verbrachte ich den Großteil meiner Ferien bei Hanna und ihrer Oma, wenn meine Mutter beschäftigt war. Ich war traurig und wollte eigentlich lieber alleine sein, aber meine Mutter meinte, das gehe nicht.

Ich vermisste meine Balloma furchtbar. All die wunderschönen Momente, die wir zusammen hatten, gingen mir durch den Kopf. Wie wir gemeinsam Ausflüge in den Tierpark machten, mit meinem Großvater nach Glashütte in den Urlaub fuhren, weil ich verrückt nach bunten Glasfiguren war, und wie sie mir zeigte, wie man mit einer Serviettentechnik Blumentöpfe beklebt. All das würden wir nie wieder tun können, denn sie hatte sich gegen Jehova entschieden und würde nicht ins Paradies kommen.

Kurz vor ihrem Tod war ich noch bei ihr gewesen, wir wollten zusammen in die Stadt gehen, sie trug ihre Perücke, denn ihre Haare waren noch nicht richtig nachgewachsen. Wir verließen das Haus und schafften nur ein paar Meter. Nach wenigen Minuten stoppte sie plötzlich und meinte, ihr gehe es nicht gut, wir müssten eine Pause machen. Zuvor hatte sie immer versucht, ihre Krankheit vor mir zu verbergen, aber in diesem Moment waren wir allein, und ich machte mir wirklich Sorgen. Wir kehrten um, und in ihrem Haus trank sie ein Glas Wasser. Ich sagte ihr, dass wir nicht in die Stadt gehen müssten, es sei okay, wenn wir zu

Hause blieben. Aber sie entgegnete, es sei alles in Ordnung. Wir warteten noch ein paar Minuten. Dann fuhren wir mit ihrem kleinen roten Opel Corsa in die Stadt. Sie fühlte sich sicherer, wenn sie nicht laufen musste. Ich selbst hatte ein beklemmendes Gefühl, aber es war dann schnell vergessen, weil zu viele Gedanken in meinem Kopf waren. Ich dachte: Es kommt doch immer mal wieder vor, dass sich Erwachsene nicht gut fühlen, das geht bestimmt wieder weg.

Nach dem Tod meiner Großmutter besuchte ich oft mit meiner Mutter Ballopa. Wir halfen ihm dabei, ein paar Sachen aufzuräumen, kümmerten uns um das Haus. Es war so schrecklich leer und still. Es war ein seltsames Gefühl zu wissen, dass sie nicht plötzlich in einem der Zimmer auftauchen würde. Egal, in welchen Raum ich auch schaute, sie war nicht da. Ballopa zeigte mir ein paar Bilder von der Beerdigung. Oma im Sarg. Geschminkt, mit Perücke und ordentlich angezogen. So, wie ich sie kannte. Aber mit geschlossenen Augen. Sie lag friedlich da, doch ich fühlte mich schrecklich. Ich sah aus dem Küchenfenster, betrachtete das Vogelhaus im Vorgarten und weinte. So fühlte sich Leere an. Verlust. Noch nie hatte ich mich so gefühlt. Es war unangenehm, bedrückend und angsteinflößend.

Als ich mit meiner Mutter den Kleiderschrank meiner Großmutter aussortierte, suchte ich mir ein T-Shirt von ihr aus. Es roch nach ihr, und ich wollte etwas von ihr haben. Ein Andenken. Wenn ich später traurig war, was ich oft war, und sie vermisste, nahm ich dieses T-Shirt mit ins Bett und hielt es an mein Gesicht. Weinend schlief ich dann ein. Ihr Parfum hatte ich ebenfalls an mich genommen, aber ohne sie roch es anders. Sie war weg. Und egal, was ich tat, sie kam nicht zurück, würde niemals zurückkommen.

Nach ihrem Tod entfremdete sich unsere Familie. Nicht

sofort, eher schleichend. Die Leere, die sie hinterließ, war zu groß, und die Familie zerbrach Stück für Stück. Jeder war mit sich selbst beschäftigt und lebte sein eigenes Leben. Meine Mutter war sowieso strikt gegen weltliche Feste wie Geburtstag und Weihnachten, und ich konnte ja nicht alleine zu meinen Verwandten hingehen. Und auch das Verhältnis zu meinem Großvater änderte sich, denn als er irgendwann eine neue Freundin hatte, konnte ich ihm das nicht verzeihen. Ich wollte keine Ersatzoma. Ich wollte nur meine Balloma. Später fuhr ich oft mit dem Fahrrad zum Friedhof und stand lange an ihrem Grab und betete. Manchmal zu Jehova, aber meistens stellte ich mir vor, ich würde mit ihr reden. Ich erzählte ihr, dass ich sie vermisste und dass ohne sie alles furchtbar sei. In schwierigen Situationen stellte ich mir vor, sie würde mich sehen, mir zuhören und mir einen Rat geben.

Manchmal hatte ich sogar das Gefühl, sie würde vom Himmel auf mich herabsehen. Aber das war nicht möglich, schließlich war sie nicht im Himmel. Denn als Zeugen Jehovas glaubten wir nicht, dass die Menschen nach ihrem Tod in den Himmel kommen. Wenn sie tot sind, dann sind sie einfach tot. Keine unsterblichen Seelen, die irgendwo herumschwirren, sondern nur Leere und reines Nichts. Ewiger Tod oder ewiges Leben. Dann nämlich, wenn endlich Harmagedon kommt und die Guten wiederauferstehen. Aber ich glaubte nicht, dass meine Großmutter auferstehen würde. Sie war keine Zeugin Jehovas gewesen. Im »Krieg des großen Tages Gottes, des Allmächtigen«, in dieser Schlacht werden die bösen Menschen vernichtet und die guten Menschen, die nach den göttlichen Regeln der Zeugen Jehovas gelebt haben, überleben. Diese treuen Diener Gottes dürfen für immer im Paradies auf Erden leben, wo es keine Tränen, keine Gewalt und keine Krankheiten gibt. Die vernichteten Ungläubigen kommen allerdings in keine Hölle und werden dort weiter bestraft, sondern bleiben für immer tot.

Auch wenn meine Großmutter für mich eine von den Guten war, sah Jehova Gott das vermutlich anders, das konnte ich nicht verdrängen. Er würde sie bestimmt nicht auferwecken. Ich hätte in diesen Augenblicken an ihrem Grab so gerne an einen Himmel geglaubt. Einen Himmel, in den alle guten Menschen nach ihrem Tod kamen. Es wäre leichter gewesen zu denken, sie würde mir immer zusehen, würde irgendwo sein. Aber ich wusste leider genau, wo sie war. Hier unter der Erde. Hier auf dem Friedhof begraben. Vor meinen Füßen. Aber da ich nicht bei der Beerdigung gewesen war und sie nicht leibhaftig in dem Sarg liegen gesehen hatte, klammerte ich mich insgeheim an den Gedanken, sie wäre noch irgendwo am Leben. Auch wenn es nur ihre Seele war. Aber das konnte und durfte ich niemals jemandem sagen, denn daran glaubten wir nicht.

Je älter ich wurde, umso mehr musste ich selbst die Verantwortung für mein Handeln übernehmen. In der Grundschule wussten meine Lehrer und Mitschüler von meinem Glauben, doch es hatte sie nicht sonderlich interessiert. Aber auf dem Gymnasium hatte ich neue Mitschüler und neue Lehrer, denen ich erst davon erzählen musste. Darauf hatte ich nicht wirklich Lust. Aber ich konnte auch nicht so tun, als wäre ich wie die anderen und könnte alles mitmachen, denn dann würde ich Jehova verleugnen. Und Jehova sieht alles, das wusste ich. Er sah, als ich auf dem Gymnasium ein Gedicht über Ostern schrieb, weil ich mich nicht traute, dem neuen Lehrer zu sagen, dass ich das nicht durfte. So wie Weihnachten feierten wir kein Ostern, denn auch Ostern fehlte die biblische Grundlage. Jehova würde es als respektlos empfinden, wenn sich in seine Anbetung Praktiken einschlichen, die für ihn inakzeptabel waren oder Elemente aus der Verehrung anderer Götter enthielten.

Gott sah auch, wenn ich meinen Klassenkameraden zum Geburtstag gratulierte, weil alle anderen es ebenfalls taten und ich das Gefühl hatte, es würde sich gehören. Danach hatte ich so ein schlechtes Gewissen, dass ich nie wieder gratulierte. Er sah, wenn ich mich schämte, weil ich die Einzige war, die auf ihrem Stuhl sitzen blieb, während alle anderen aufstanden und ein Weihnachtslied sangen. Diese Scham bedeutete aber, dass ich nicht zu meinem Glauben stand. Als würde es nicht reichen, dass die anderen mich manchmal komisch ansahen. Stattdessen wurde ich von Schuldgefühlen zerfressen, weil ich Gott enttäuschte. Ich hatte die Ehre, auserwählt zu sein, und keinen Grund, mich für meinen Glauben zu schämen. Ich musste Stellung beziehen und mich rechtfertigen. Vor meinem Gott und vor mir selbst.

Die Erwachsenen, die mir begegneten, ob in der Schule oder im Alltag, sie hatten eines gemeinsam: diesen Blick, wenn ich stolz verkündete, ich sei eine Zeugin Jehovas. Dieser Blick war meist getränkt von Mitleid, manche waren auch für einen Moment peinlich berührt oder gar verärgert. Am Anfang konnte ich es nicht deuten, aber je älter ich wurde, umso mehr verstand ich. Als Kind sagt einem niemand: »So ein Unsinn, daran kannst du doch unmöglich glauben.« Aber wird man langsam erwachsen, kann man nicht mehr ignorieren, dass über einen geredet wird.

Genau wie meine Mutter es prophezeit hatte, musste ich nun mehr für meinen Glauben einstehen, für das, was ich tat oder nicht tat. Und das war hart. Denn das, was ich praktizierte, war gar nicht so normal, wie ich immer angenommen hatte. Es war nicht normal, keinen Geburtstag oder kein

Weihnachten zu feiern. Es war nicht normal, vor jedem Essen zu beten, auch in der Schule. Es war nicht normal, schulfrei zu haben, wenn ein großer überregionaler und mehrtägiger Kongress der Zeugen stattfand, und auf Ausflügen einen Zettel dabeizuhaben, auf dem stand, dass man keine Bluttransfusion möchte. Es war nicht normal, in langen Röcken mit Zeitschriften und einer Bibel in der Hand an die Haustür der Mitschüler zu klopfen. Ich war nicht normal. Ich war ein Freak. Und das haben sie mich spüren lassen. Die meisten meiner Mitschüler und Lehrer hatten eine deutliche Ablehnung gegen meinen Glauben, der eine mehr und der andere weniger. Vielfach hing das von Lebensumständen ab, mit denen ich mich bis dahin noch nicht beschäftigt hatte. Und diese Umstände hatten mit Familienverhältnissen, Geld und Markenklamotten zu tun.

Mit der Zeit merkte ich, dass sich mit dem Umzug auch mein Status geändert hatte. Meine Mutter war nicht ansatzweise so großzügig wie mein Vater, der mir kaum einen Wunsch abschlagen konnte. Als früher all die anderen Mädchen in meiner Klasse diese glitzernden Gelstifte in sämtlichen Farben hatten, die neueste Diddl-Figur oder die aktuelle CD von der Girlgroup No Angels, fuhr mein Vater mit mir los und kaufte mir diese Sachen, auf die ich so versessen war. Er hatte schon immer viel gearbeitet, während meine Mutter lieber Aufgaben verteilte. Ich denke, sie hat nie gelernt, ihren Unterhalt selbst zu verdienen. Ich hatte immer den Eindruck, dass sie lieber andere Menschen herumschickte, als selbst etwas zu tun. Nach der Trennung arbeitete sie weiterhin im Büro meines Vaters, aber ich glaube, es war eher aus Gewohnheit, als dass sie ihm viel genützt hätte. Ein Jahr nach dem Umzug entschied er, sie müsse nun endlich selbst Geld für unseren Lebensunterhalt verdienen und sich einen anderen Job suchen. Nun konnte sich meine Mutter nicht mehr auf die Großzügigkeit meines Vaters verlassen. Sie versuchte, einen Job zu finden, der nicht allzu anstrengend war. Nur: Es schien, als rissen sich nicht gerade massenhaft Arbeitgeber um sie, vielleicht weil sie keine ausreichenden Qualifikationen hatte?

Nach ein paar fehlgeschlagenen Anläufen, die meist vonseiten des Arbeitgebers vorzeitig beendet wurden, wurde meine Mutter eine Hartz-IV-Empfängerin. Da mein Vater sie nicht mehr finanzierte, übernahm der Staat diese Aufgabe. Natürlich bezahlte mein Vater regelmäßig Unterhalt für mich, aber unseren gewohnten Lebensstandard konnten wir nicht beibehalten. Meine Mutter erschien mir unzufrieden und unglücklich. Vielleicht lag es daran, dass sich ihr Leben um hundertachtzig Grad gedreht hatte: Sie war nun keine Autoritätsperson mehr, nicht mehr die Frau eines Geschäftsinhabers, sie wohnte nicht länger in einem großen Haus, hatte keine intakte Familie mehr vorzuweisen und musste auf viele Privilegien verzichten. Stattdessen lebte sie in einer kleinen Dreizimmerwohnung mit einem rebellischen Kind, ohne Job, ohne Geld und ohne Mann. Es war fast nachvollziehbar, dass sich ihre Motivation, noch einmal von vorne anzufangen, in Grenzen hielt. Zugleich schien sie weniger sich selbst zu reflektieren, und dafür umso mehr die anderen. Mein Vater war nicht mehr da, um als Sündenbock herzuhalten, also musste wohl jemand anderes der Grund für ihr Unglück sein. Und dieser jemand war ich. Offenbar war ich an allem schuld. Für mich fühlte es sich so an, als wäre all ihr Unglück meinetwegen: Wegen mir hatte sie keinen Job. Weil sie zu Hause sein musste, wenn ich von der Schule kam. Wegen mir hatte sie keinen Mann. Weil keiner der netten ledigen Glaubensbrüder eine Glaubensschwester mit so einem aufmüpfigen und ungehorsamen Kind heiraten mochte. Alles meine Schuld.

Schon damals konnte ich keine ihrer Äußerungen nachvollziehen. Alles, was sie sagte, erschien mir falsch und unlogisch. Aber wenn man etwas oft genug hört, glaubt man es irgendwann. Ich war also nicht nur unglücklich mit meinem eigenen Leben, sondern fühlte auch noch die Schuld am Elend meiner Mutter. Und das machte sie mir oft genug und unmissverständlich klar. Ich kann mich nicht erinnern, dass sie mir auch nur ein Mal bei den Hausaufgaben geholfen oder mit mir etwas unternommen hätte. Kam ich von der Schule heim, lag sehr oft ein großer Zettel mit Aufgaben auf dem Küchentisch, die ich zu erledigen hatte. Staubsaugen, Schuhe putzen, kochen, bügeln, die Küche aufräumen und das Bad putzen. Sie ließ mich spüren, dass sie mich für faul hielt, und es war ihr wichtig, meine Zeit mit ausreichend Arbeit zu füllen, damit ich nicht sinnlos den Tag mit Dingen wie Lesen, Spielen oder Musikhören vertrödelte. Hatte ich die aufgetragenen Aufgaben nicht rechtzeitig erledigt, wenn sie zurückkehrte, bekam ich eine Strafe. Sie verbot mir, in der Schule an der Kunst- oder Hockey-AG teilzunehmen, oder sie entfernte meine Zimmertür. Nie werde ich den Moment vergessen, als ich von der Schule nach Hause kam, die Wohnung betrat und mein winziges Loch von Zimmer keine Tür mehr hatte. Sie hatte sie aus den Angeln gehoben und in den Keller geräumt. Erziehungsmaßnahme.

Als weitere Erziehungsmaßnahme bekam ich des öfteren ihre Hand zu spüren. Wie praktisch, dass sie ihre Taten mit Bibelstellen rechtfertigen konnte. Wenn sie mich schlug, sagte sie oft den Satz: »Wer sein Kind liebt, der züchtigt es.« Er war eine Kurzversion der Bibelstelle aus Sprüche 13:24: »Wer seine Rute zurückhält, hasst seinen Sohn, wer ihn aber liebt, der sucht ihn sicherlich heim mit Züchtigung.« Gottes Wort, die Bibel, oder besser gesagt deren Auslegung von Jehovas Zeugen, eröffnete bestimmte Möglichkeiten der Kindererziehung. Und das frei von Schuldgefühlen und Rechtfertigungen. Immerhin waren Schläge ja in Gottes Sinn.

Ich erinnere mich noch an eine unserer unzähligen Auseinandersetzungen. Ihre Stimme wurde immer lauter, und ihre Augen waren so weit aufgerissen, dass sie schon fast hervortraten. Sie kam mir immer näher, und weil ich befürchtete, sie würde gleich zuschlagen, hob ich aus Reflex meine Arme vors Gesicht, um sie abzuwehren.

»Erhebst du etwa deine Hand gegen mich? Gegen deine eigene Mutter?«, schrie sie mich an.

»Nein, natürlich nicht! Das würde ich niemals tun«, beteuerte ich. »Ich wollte mich nur schützen, weil ich dachte, du schlägst mich gleich«, erwiderte ich leise. Und als diese Worte aus meinem Mund kamen, hatte ich einen kurzen Moment der Klarheit. Es war das erste Mal, dass ich ihr gegenüber äußerte, dass sie mich schlug, aber sie schien es gar nicht zu bemerken. Diese Situation war völlig falsch und surreal. Wie unnatürlich war es doch, dass ich mich vor meiner Mutter rechtfertigen musste, nur weil ich mich vor ihren Ohrfeigen schützen wollte. Eigentlich erwartete sie noch eine Entschuldigung, weil ich ihrer Meinung nach meine Hand gegen sie erhoben hatte. Denn so was gehörte sich nicht und wäre eine riesige Sünde vor Gott. Nie aber hätte ich auch nur daran gedacht, zurückzuschlagen oder sie zu beleidigen. Schimpfwörter befanden sich nicht in meinem Wortschatz, und Gewalt wäre mir nie in den Sinn gekommen. Abgesehen davon war sie sowieso viel stärker als ich.

In einer Zusammenkunft wurde einmal gesagt: »Eltern sind oft zu gut und lassen sich bei der Kindererziehung von

Gefühlen leiten, ohne darüber nachzudenken, wie sich das auswirkt. Viele Eltern mögen ihre Kinder auf diese Weise verwöhnen, sie mögen zu nachgiebig sein, ja, sie verziehen. Vielleicht lassen sie zu, dass sie ihre eigenen Wege gehen, oder sie gewähren ihnen eine größere Freiheit, als es vernünftig wäre. Sie mögen denken, ihre Kinder würden dadurch glücklich. Doch allzu oft führt es dazu, dass sie frustriert sind und in Schwierigkeiten geraten, wenn sie älter und selbstbewusster werden. Deshalb: Wenn Eltern ihren Kindern wirklich Liebe erweisen möchten, werden sie diese Liebe mit Standhaftigkeit und Züchtigung paaren. Zucht ist selbstverständlich nichts Erfreuliches. Ja, jede Züchtigung scheint für die Gegenwart nicht erfreulich, sondern betrüblich zu sein. Nachher aber trägt sie denen, die durch sie geübt worden sind, eine friedsame Frucht ein, nämlich Gerechtigkeit.«

Heute bin ich froh, dass ich nicht als Erstgeborene im Schlaf von einem Engel getötet wurde oder man mich durchs Feuer gehen ließ – die Bibel ist voll mit solchen Disziplinarmaßnahmen.

Nun war Geld bei uns zu Hause immer knapp. Ich glaube, dass meine Mutter das wenige Geld vom Arbeitsamt oder aus ihren von mitleidigen Glaubensbrüdern angebotenen Gelegenheitsjobs für Heilpraktiker, Friseurbesuche und esoterische Nahrungsergänzungsmittel ausgab. Für mich war kaum etwas übrig. Glaubensbrüder und -schwestern brachten oft Tüten gefüllt mit abgelegten Kleidungsstücken mit in die Versammlung. Ich freute mich immer riesig, wenn ich diese Beutel auspackte, in der Hoffnung, ein tolles Teil zu finden, was mir gefiel. Ich kann mich nur an eine einzige Gelegenheit erinnern, bei der meine Mutter mit mir einkaufen ging, zu C&A. Ansonsten waren alle meine »neuen«

Klamotten Kleiderspenden. Doch ich kannte es nicht anders und fand es auch nicht schlimm. Als meine Eltern noch zusammen waren, war es die Aufgabe meiner Mutter gewesen, mich einzukleiden. Schon damals ging sie nicht mit mir shoppen (das tat nur meine Balloma oder ab und zu mein Vater), sondern stöberte in den Klamottentüten der Glaubensschwestern.

Aber als meine Großmutter dann tot war und in der Schule Äußerlichkeiten plötzlich eine Rolle spielten, merkte ich, dass es bei den anderen Kindern anders lief als bei mir. Ich kannte keinen einzigen Laden im Shoppingcenter in der nächsten Großstadt. Ich kannte keine Marken, und bis dahin war es mir auch völlig egal gewesen. Aber als die »reichen« Kids plötzlich Bench trugen und die »armen« die Fälschungen aus Tschechien, wusste ich nicht, wovon sie redeten und wo ich stand. Mit mir war noch nie jemand nach Tschechien gefahren, um gefälschte Bench-Sachen zu kaufen, obwohl die Grenze nur sechzig Kilometer von unserem Wohnort entfernt war.

Ich weiß noch, wie ich einmal meine Klassenkameradin Michaela fragte, was für ein Schriftzug da auf ihrem T-Shirt stehe. Sie machte sich wegen meiner Frage lustig über mich, weil ich noch nie zuvor von der Marke gehört hatte. Peinlich. Ein paar Monate später passierte mir fast das Gleiche mit einem anderen Mädchen, einer Freundin von Michaela, die zwei Klassen unter mir auf meine Schule ging. Obwohl ich älter als sie war, fühlte ich mich in dem Moment, als sie mich so missbilligend anblickte, wie eine Versagerin. Man sollte meinen, ich hätte nach dem ersten Mal dazugelernt, aber scheinbar bemerkte ich oft viel zu spät, in was für eine beschämende Situation ich mich gebracht hatte. Manchmal hätte ich einfach die Klappe halten sollen.

Natürlich erzählte Michaela den anderen davon, und als mich meine Mitschüler mit überheblichen Blicken durchbohrten und ich in ihren Augen Schadenfreude funkeln sah – endlich hatten sie wieder einen Schwachpunkt gefunden, den sie mir genüsslich unter die Nase reiben konnten –, spürte ich diese entsetzliche Demütigung. Selbst den Jüngeren war ich absolut unterlegen, und das wussten sie. Ich fühlte mich wie ein hilfloses Würmchen, bereit, zerquetscht zu werden. Diese Welt war einfach nichts für mich. Wut stieg in mir auf, weil ich wusste, ich verdiente Besseres als die Demütigung von einer Horde Ungläubiger wegen belangloser Nichtigkeiten. In mir brodelte es, weil ich gegen negative Attacken nicht gewappnet und absolut wehrlos war. In der Versammlung hatte niemand solchen unwichtigen Dingen Bedeutung beigemessen oder sich gar nur darüber unterhalten. Wir beschäftigten uns mit den wirklich wichtigen, den essentiellen Dingen.

Innerhalb der Glaubensfamilie wurde auch niemand so vorgeführt, wie es mir in der Schule passiert war. Wir waren angehalten, immer alles mit Liebe zuzudecken. Es gab so gut wie nie Streit, und wenn doch einmal Unstimmigkeit herrschte, wurde sie unter Gebet und Gottes Geist beigelegt. Jehova will nicht, so wurde mir erklärt, dass sich seine Diener streiten und sich gegenseitig das Leben schwer machen. Alles wurde besprochen. Immer. So lange und so oft, bis es endlich wieder gut war. Wir lernten zu verzeihen, zuzuhören, zu lieben und langmütig zu sein. Güte. Selbstbeherrschung. Demut. Göttliche Eigenschaften, die wir uns aneignen sollten. Nur halfen mir diese Eigenschaften im gehässigen weltlichen Schulumfeld rein gar nichts. Im Gegenteil: Sie machten mich nur noch angreifbarer und schutzloser. Ich wünschte mir oft, cool und schlagfertig zu sein, stattdessen bekam ich kein Wort heraus. In meinem Hals entwickelte sich ein Kloß, und ich spürte, dass ich den Tränen nahe war. Wie so oft. Das machte mich nur noch wütender. Wie armselig, dachte ich, dass ich nicht mit Ablehnung umgehen kann. Stattdessen war meine Haut so dünn wie Papier, ich war schnell verletzt und gekränkt, sogar von Menschen, die mir eigentlich egal waren.

Meine Mutter unternahm mit mir kaum Ausflüge, außer in Predigtdienstgebiete und andere Versammlungen. Mein Vater arbeitete viel, und ich sah ihn nur ab und zu an den Wochenenden. Also erlebte ich auch nichts, worüber ich meinen Klassenkameraden hätte berichten können. Ich versuchte, möglichst wenig aufzufallen, damit ich in Ruhe gelassen wurde. Oft saß ich nach dem Unterricht in einem kleinen Raum im Keller unseres Schulgebäudes und zeichnete Porträts in meinen Skizzenblock. Da war meistens niemand außer mir, und das Zeichnen beruhigte mich.

Mit der Zeit spürte ich aber deutlich die immer größer werdende Kluft zwischen den coolen Kids und mir. Coole Kids, das waren die, die den Sommer am Strand verbrachten und Chartmusik hörten. Daneben ich, die sich fragte: Was sind Charts? Zu Hause hörte ich zwangsläufig die CDs meiner Mutter oder die Königreichslieder. Lieder der Zeugen Jehovas, die Mut machen sollten, die Paulus und Silas für Jehova sangen, als sie eingesperrt waren, und die unsere Glaubensbrüder sangen, als sie in der Nazizeit im Konzentrationslager waren. Manchmal, wenn meine Mutter nicht da war, hörte ich die alten No-Angels-CDs.

Ab der fünften Klasse lernte ich im Musikunterricht, Flöte zu spielen, und schon bald konnte ich im Versammlungsorchester mitspielen. Zu jeder Zusammenkunft im

Königreichssaal wurden Lieder zum Lobpreis Jehovas gesungen, und meine Heimatversammlung verfügte über ein Orchester, das die Lieder auf Instrumenten spielte, anstatt nur den CD-Player laufen zu lassen. Das war die Musik, die ich kannte. Nicht die von US5, Justin Timberlake oder Tokio Hotel. Dieses mangelnde Allgemeinwissen machte mich in der Schule ebenfalls schnell zum Außenseiter. Aber letztlich, so sagte ich mir, waren die Dinge, über die die Mitschüler redeten, sowieso keine, die mich Gott nähergebracht hätten. Dennoch tat es weh, nicht dazuzugehören. Zwar hatte ich in der Versammlung ein paar Freunde, aber das war eher den Umständen geschuldet. Wir verbrachten durch den Dienst für Jehova zwangsläufig viel Zeit miteinander, und da weltliche Jugendliche als schlechter Umgang galten, freundeten wir uns gezwungenermaßen an. Aber ich wollte auch in der Schule gemocht werden. Doch meine Mitschüler machten es mir nicht leicht. Ich kann mich noch an eine weitere schlimme Mobbingaktion erinnern. Meine Sporttasche mit meinen Sportklamotten wurde von den anderen Mädchen in der Umkleide unter die Dusche gestellt. Alles war hinterher so nass, dass ich die Sachen nicht mehr anziehen konnte.

Warum genau sie das taten, weiß ich nicht mehr. Wahrscheinlich, weil ich einfach zu uncool war. In mir brodelte es, Schmerz und Wut machten sich breit. Ich verstand nicht, warum ich als eine von Gottes Auserwählten so etwas über mich ergehen lassen musste. Meine Klassenlehrerin zwang die verantwortlichen Mädels zu einer Entschuldigung, und danach kam so etwas zum Glück nie wieder vor. Dumme Sprüche blieben natürlich weiterhin an der Tagesordnung. Bei jeder sich bietenden Gelegenheit wurde gekichert und gestichelt. Ich war das Opfer – und konnte mich nicht wehren. Ich fühlte mich nicht in der Lage, mich zu verteidigen, denn Schimpfwörter und Beleidigungen existierten in meinem christlichen Sprachgebrauch nicht. Und so konnte ich mit diesem rauen Ton der Weltmenschen, wie Nicht-Zeugen bei uns genannt wurden, nicht umgehen. Meine Unwissenheit und Schutzlosigkeit erkannten meine Mitschüler und nutzten sie aus. Immer saß da diese Angst im Nacken, dass die anderen über mich redeten, sobald ich den Raum verließ.

Redete ich in der Versammlung mit meinen Glaubensschwestern darüber, nannten sie mir viele biblische Beispiele von Dienern Gottes, die ebenfalls verspottet oder sogar körperlich misshandelt worden waren. »Selbst Jesus wurde an den Pfahl genagelt und von seinem Apostel verraten«, versuchten sie, mich zu trösten. Erfolglos. Es war eine andere Zeit, und Jesus war vollkommen. Wenn er gewollt hätte, dann wären alle mit nur einem Fingerschnippen tot umgefallen. Er hätte sich wehren können, hatte sich aber bewusst dagegen entschieden. Ich hingegen wollte mich gern wehren, konnte es aber nicht. Ich musste es ertragen. Es machte mich zornig, dass ich so schwach war. Wegen jeder Kleinigkeit fing ich zu heulen an. Über jede Äußerung, jede Tat meiner Mitmenschen machte ich mir unendlich viele Gedanken.

Doch selbst in der Versammlung war ich bei den anderen Jugendlichen nicht wirklich beliebt. Hanna war eine meiner wenigen Freundinnen. Wir verbrachten viel Zeit miteinander, aber letztlich auch deswegen, weil ihre Oma neben uns wohnte, meine Mutter mich so besser im Auge behalten konnte und weniger Aufwand hatte. Es gab nicht so viele andere Zeugen-Mädchen in meiner Nähe, und Hanna galt automatisch als guter Einfluss. Mit den anderen in meinem Alter hatte ich nicht so viel zu tun.

Ich suchte mir deshalb Bezugspersonen, die älter als ich waren und eine Vorbildfunktion hatten. Glaubensschwestern, die Verständnis für mich hatten und mir das gaben, was meine Mutter mir nicht gab. Mitgefühl, Akzeptanz und Liebe. Dadurch fühlte ich mich nicht mehr so allein und einsam.

# WAHRE OBSESSION

Eines Tages war meine Mutter mit ihren Freundinnen unterwegs. Ich sollte in ihrer Abwesenheit die Küche auf Vordermann bringen.

Eindringlich warnte sie mich, dass alles sauber sein müsse, bevor sie die Wohnungstür hinter sich zuzog.

Große Lust zum Putzen hatte ich nicht, aber ich wollte auch keinen Ärger. Also riss ich mich zusammen, ging in die Küche und machte Musik an. Ich trocknete das Geschirr ab und räumte es ein. Messer hatten schon immer eine große Anziehung auf mich gehabt. Gefährlich. Wunderschöne scharfe Klingen. Sie konnten mit einem kleinen Schnitt Blut hervorlocken. Gottes heiliges Blut. Lebenselixier. Sie konnten aber auch ein Werkzeug sein, mit dem man sündigt. Ich drückte die Spitze der Klinge eines Messers gegen die Kuppe meines Zeigefingers. Die Haut war prall und spannte unter der Spitze der Klinge. Noch etwas mehr Druck. Ein Schreck durchfuhr mich. Ein kleiner oberflächlicher, nahezu schmerzloser Schnitt. Hellrotes Blut füllte langsam die Kerbe in meiner Haut auf. Ich sah dabei zu. Es war nicht viel Blut. Der Schnitt war kaum zu sehen. Ich zögerte einen Moment, dann steckte ich mir den Finger in den Mund. Saugte daran. Kostete das Blut. Ich hatte früher schon mal kleine Wunden abgeleckt, wenn ich mich verletzt hatte. Aber das war automatisch passiert. Ein Reflex. Da wusste ich noch nicht, dass ich das nicht durfte. Es war aus Versehen geschehen. Wie es kleine Kinder so tun. Inzwischen war ich älter und versuchte, meinen Glauben besser zu verstehen. Ich wollte nicht aus Versehen Fehler machen, wegen denen ich nicht ins Paradies kommen würde. Aber irgendwie faszinierten mich diese verbotenen Dinge. Es war mein eigenes Blut. Konnte es wirklich Sünde sein, wenn ich meinen Finger ablutschte?

Mit den Schwestern aus meiner Versammlung studierte ich einmal wöchentlich die Bibel, um so die Lehren Gottes besser zu verstehen. Jehovas Zeugen hatten unzählige Bücher veröffentlicht, die einem dabei helfen sollten. Eine der Glaubensschwestern war Katharina, die Ehefrau eines der Ältesten, die ihre endlosen schwarzen Haare meist in einem geflochtenen Zopf mit Pony trug, bevor sie sie eines Tages zu einer Kurzhaarfrisur schnitt. Ihre strahlenden blauen Augen waren hinter einer Brille mit dicken Gläsern versteckt, die sie noch größer wirken ließen. Katharina mochte ich besonders gern. Sie hatte zwei erwachsene Söhne, tat sich durch einen großen Eifer hervor und war immer freundlich. Sie war bei uns Pionierin, was bedeutete, sie war eine Vollzeitpredigerin, die keiner Arbeit nachging und mindestens siebzig Stunden monatlich im Predigtdienst verbrachte. Sie war die einzige Pionierin in unserer Versammlung, und somit waren sie und ihr Ehemann das Vorzeigeehepaar. Er hatte einen tiefen erzgebirgischen Dialekt, der oft für kleine Lacher sorgte. Beide waren sehr herzliche und lustige Menschen, und ich mochte sie wahnsinnig gern.

Katharina konnte so viele Bibeltexte auswendig, wusste immer eine Lösung und war für mich fast wie eine Heldin. Ich war überglücklich, mit dieser Frau nun studieren zu dürfen. Trotz ihrer Position als Pionierin und Frau eines angesehenen Ältesten war sie absolut bodenständig, aufrichtig und kein bisschen überheblich. Zu ihr hatte ich ein enges Vertrauensverhältnis, mit ihr konnte ich über all die negativen Gedanken, Gefühle und Zweifel sprechen. Sehr oft fragte ich sie um Rat.

»Was kann ich denn gegen negative Gedanken tun?«, wollte ich einmal von ihr nach unserem Studium wissen.

Statt einer Antwort fragte sie mich, was meine negativen Gedanken wären.

»Ich glaube, dass ich schwach bin«, gestand ich und dachte an meine Messergeschichte. Und ich dachte an meine Mutter. Ich war davon ausgegangen, dass jeder Zeuge Jehovas automatisch ein guter Mensch sei. Ich hatte keine Ahnung, wie falsch ich damit lag. Aus diesem Grund habe ich mich auch nie getraut, mich gegen die Peinigungen meiner Mutter zur Wehr zu setzen. Eine der Bibelstellen, mit denen meine Mutter jede ihrer Taten rechtfertigte, lautete: »Ehre deinen Vater und deine Mutter, welches das erste Gebot mit einer Verheißung ist: Damit es dir gut geht« (Eph. 6:2,3). Eingebrannt in der Tiefe meines Geistes. Eigentlich sollte ich ihr vertrauen und sie ehren. Aber sie demütigte mich, tat mir weh und schrie mich tagtäglich an.

Die Pionierin erklärte mir, dass ich von mir keine Perfektion erwarten könne. In der Bibel stehe, dass kein Mensch so rechtschaffen sei, dass er immer richtig handeln und nie einen Fehler machen würde. Fehler und Schwächen würden nicht bedeuten, dass ich ein Versager, sondern einfach nur, dass ich ein unvollkommener Mensch sei. Ich solle einfach realistisch sein und an meiner Persönlichkeit arbeiten. Ich solle versuchen, aus meinen Fehlern zu lernen, und es das nächste Mal besser machen, dann sei Jehova auch stolz auf mich. Er gäbe mir so viele Hilfen, aus seinem Wort, der Bibel, und es läge an mir, sie anzuwenden.

»Ich denke, wenn ich so schwach bin, dann finde ich auch keine Freunde«, gestand ich weiter.

Sie fragte mich, wen ich als Freund ansehen würde und was für mich wahre Freundschaft ausmachen würde. Ich überlegte für einen Moment, aber ich wusste, worauf sie hinauswollte. Als Kind teilt man mit Spielkameraden seine Zeit, aber als Jugendlicher mit Freunden seine Ansichten und Werte. Das Thema hatten wir erst vor Kurzem im Buchstudium.

Sie schlug mir vor, dazu einen Bibeltext zu lesen, während ich noch in Gedanken versunken war. Sie öffnete ihre Bibel in Sprüche 17:17. Ich war beeindruckt, dass sie immer genau wusste, wo welcher Text stand. Sie gab mir die Bibel und ließ mich vorlesen.

»Ein wahrer Gefährte liebt allezeit und ist ein Bruder, der für die Zeit der Bedrängnis geboren ist.« Ich klappte die Bibel wieder zu und sah sie an.

Genau das seien wahre Freunde. Menschen mit anziehenden Eigenschaften, die einen positiven Einfluss auf mich ausübten und hohe Prinzipien hätten. Auf diese Kriterien sollte ich bei der Wahl meiner Freunde achten. Dann würde ich *wahre* Freunde finden, die mich in der *Zeit der Bedrängnis* nicht allein lassen würden. Auch sie sei meine Freundin, obwohl sie etwas älter sei, fügte Katharina schmunzelnd hinzu. Sie deutete auf den Saal und sagte, dass ich von Menschen umgeben wäre, die dieselben Ansichten und Werte wie ich verfolgen würden. Und dass es doch gelacht wäre, wenn ich hier keine richtigen Freunde finden würde. Sie sah mich fragend an, und in ihren Augen, die durch das dicke Brillenglas viel größer wirkten, machte sich ein zuversichtliches Strahlen breit. Ich nickte und ließ mich von ihrer Freude und Gelassenheit beruhigen, sodass meine Sorge, keine Freunde zu finden, für einen Moment wie weggeblasen schien.

Ein anderes Mal sagte ich zu Katharina: »Alle Mitschüler erleben immer so Spannendes, aber ich bin nie dabei. Ich finde das frustrierend, und ich beneide sie sogar manchmal um ihr aufregendes Leben.«

Katharina lächelte mich an, nahm meine Hand und sagte mir, dass nicht immer alles so sei, wie es scheine. Dass das, was mir so toll erscheine, oft nur die halbe Wahrheit sei. Ich solle mich nicht mit den anderen vergleichen. Im Brief des Paulus an die Galater stehe: »Lasst uns nicht ichsüchtig werden, indem wir miteinander wetteifern und einander beneiden.«

»Aber sie lachen über mich!«

Dann wären sie zynisch, hätten einen durch und durch negativen Charakter. Da sei es nur gut, wenn ich mich von ihnen fernhalten würde, meinte sie darauf.

All ihre Worte halfen mir, meine Schwächen zu überwinden, mich nicht mehr verunsichern zu lassen. So lernte ich auch, meine Emotionen mehr unter Kontrolle zu halten. Zumindest für den Moment.

Tanja war eine andere Glaubensschwester, mit hellblonden, lockigen Haaren und einem schmalen, hübschen Gesicht. Sie spielte Gitarre in unserem Orchester, und unsere Mütter waren eng befreundet. Beide waren alleinerziehend und Teil einer Gruppe von ledigen Zeugen, die viel Zeit miteinander verbrachten. Tanja war wie eine große Schwester für mich. Sie war so, wie ich immer sein wollte, stark in ihrem Glauben, gottgefällig, eine Person, zu der man aufschauen konnte. In ihrem Zimmer hatte sie Lautsprecherboxen, und daraus kamen keine Königreichslieder, sondern moderne Musik. Trotzdem hatte ich nicht den Eindruck, dass daran etwas falsch war. Sie trug lange flippige Röcke und war bei allen in der Versammlung beliebt. Sie war einfach total cool.

Tanja studierte später mit mir die Jugendbücher. Diese Jugendbücher heißen eigentlich *Fragen junger Leute* und wurden von Jehovas Zeugen extra für jugendliche Christen veröffentlicht, um wichtige Fragen anhand der Bibel zu beantworten. Es waren Ratgeber zu den Themen Familie, Freundschaft, Sex, Liebe und Moral sowie Freizeitgestaltung. Für mich waren sie gleichzusetzen mit der Bibel. In Gottes Heiliger Schrift waren manche Verhaltensweisen und Ratschläge oft unverständlich ausgedrückt und nur schwer auf die heutige Zeit anzuwenden. Damit man in jeder Situation wusste, was richtig und falsch war, wurden die Jugendbücher veröffentlicht, um die Lehren Jehovas unverkennbar und deutlich zu formulieren und klare Regeln und Erwartungen festzusetzen. So gab es kaum Grauzonen, und für jede mögliche Versuchung Satans hatte die Organisation eine passende Lösung parat. Leitende Beispiele wie von Joseph, Lydia, den drei Hebräern oder König Hiskia waren so gewählt, dass sie zum Lehrinhalt des Kapitels passten und uns Jugendlichen Mut machen sollten.

Auch Tanja bemerkte, dass ich unzufrieden war, und so behandelten wir gemeinsam das Beispiel von Hiob.

»Gott gestattete Satan, Hiob alles wegzunehmen, zuerst seinen Besitz und seine Kinder und dann auch noch seine Gesundheit. Hiob wusste nicht, dass Satan dahintersteckte. Ihm war unbegreiflich, warum Gott das alles zuließ. Doch er sagte sich von Jehova nie los«, las sie mir vor, und ich hörte aufmerksam zu.

Sie erklärte mir, dass Hiob Besuch von drei falschen Freunden bekommen hatte und dass deren lange Reden im Bibelbuch Hiob viele Seiten füllen würden. Sie wollten Hiob weismachen, Gott bestrafe ihn für irgendwelche geheimen Sünden. Auch meinten sie, Gott liege nichts an seinen Dienern und er vertraue ihnen nicht. Hiob widersprach ihnen. Voller Überzeugung erklärte er, er werde Gott bis in den Tod treu bleiben. Sie ermunterte mich, mit ihr einmal Hiob 10:1 zu lesen. Ich schlug die Bibel auf. »Meine Seele empfindet bestimmt Ekel vor meinem Leben. Ich will meiner Besorgnis um mich freien Lauf lassen. Ich will in der Bitterkeit meiner Seele reden!« Laut las ich den Bibeltext vor. Ja, genau so fühlte auch ich mich manchmal.

Tanja fuhr fort und erklärte, dass es auch uns so wie Hiob passieren könne, dass wir von Problemen überrollt werden und voller Besorgnis sein könnten. Oder dass uns unser Leben sogar anekeln würde. Aber wenn wir uns ein Beispiel an Hiob nehmen und uns nicht von den Tiefschlägen des Lebens unterwerfen lassen würden, könnten auch wir Jehova unerschütterlich treu bleiben.

Im Vergleich zu Hiob war mein Körper nicht mit schmerzhaften ekligen Beulen übersät, ich hatte keine Kinder oder Partner verloren und auch keinen großartigen Besitz, den der Teufel mir hätte nehmen können. Trotz allem war Hiobs Ausharren beispiellos, immer hielt er an Jehova fest.

Am Ende wurde er für seine Treue reichlich belohnt. Macht uns dieses Beispiel nicht Mut? Mit dieser rhetorischen Frage beendete Tanja unser Studium.

Ich war jedoch eingeschüchtert von diesen makellosen Beispielen perfekten christlichen Wandels. Ständig hatte ich Angst, etwas Falsches zu tun. Ich hatte unentwegt Furcht vor Vergehungen und davor, wegen irgendetwas erwischt zu werden, was bei uns als Sünde galt. Nicht nur der Zorn Gottes war es, der mir das Blut in den Adern gefrieren ließ, sondern Hirtenbesuche und das Rechtskomitee. Ich wusste, dass es existierte, auch wenn ich bislang nie zur Rechenschaft gezogen worden war. Ich wusste, dass jeder Verkündiger, der sich etwas zuschulden kommen lassen hatte, sich diesen Gesprächen mit den Ältesten stellen sollte. Ich wollte nie in so eine Lage geraten. Aber die Angst davor, einen Fehler zu begehen und verraten oder beobachtet zu werden, war immer präsent. Wie schrecklich wäre es doch, vor den Ältesten zu sitzen und jedes kleinste Detail ausbreiten zu müssen. Überzeugend Reue zu bekunden, nachdem man von den Hütern von Gottes Herde auf Herz und Nieren geprüft worden war und zusehen musste, wie sie sich an dem Gesagten ergötzten.

Man hatte mir gesagt, dass auch Kinder und Jugendliche nicht von dem Rechtskomitee befreit waren. Lief etwas bei Zeugenkindern schief, so waren Gespräche mit Ältesten die Folge. Wurde die Ältestenschaft über Straftaten wie Kindesmissbrauch informiert, wurden diese nicht bei der Polizei angezeigt oder das Jugendamt eingeschaltet. Der Royal Commission in Australien beispielsweise, sind über 1800 Fälle von sexuellem Kindesmissbrauch innerhalb der Gemeinschaft bekannt, die bewusst von Jehovas Zeugen gegenüber staatlichen Institutionen vertuscht wurden. Somit verhindert die Organisation, dass Täter gesetzlich zur Rechenschaft gezogen werden. Von ähnlichen Fällen weiß man auch in anderen Ländern, wie zum Beispiel den Niederlanden.

Manchmal konnte ich vor lauter Gewissensbissen wegen meiner kleinen Vergehungen und Gedanken nachts nicht schlafen. Ich bettelte dann um Vergebung und winselte um Gottes Gnade. Und wurde man nicht erwischt, war es sogar noch schlimmer. Denn ohne die eigenen Sünden zu gestehen, konnte keine Läuterung erfolgen. Man war beschmutzt und nicht würdig, das Königreich Gottes zu erben. So wurde ich selbst zu meinem größten Feind, in dem Wissen, dass ich Gottes Gnade nicht verdiente.

Später hatte ich mehrere solcher Gespräche. Hirtenbesuche. Oder Verhöre. Die erste dieser Unterhaltungen betraf nicht nur mich, sondern auch Hanna, das Mädchen aus meiner Versammlung.

# SINNLICHES GEHEIMNIS

Als wir in der fünften Klasse waren, verbrachten Hanna und ich viel Zeit miteinander. Wir waren nachmittags entweder bei ihrer Oma oder bei Hanna zu Hause, da ihre Mutter keine Arbeit hatte und den ganzen Tag daheim war. Ihre Eltern waren nicht so streng wie meine Mutter, und ich fand es total cool, dass wir bei ihr fernsehen durften. Ich übernachtete oft bei ihr, und wir schauten viele Trickfilme. Außerdem waren wir anfangs riesige Fans der Diddlmaus, obwohl wir bald zu groß dafür waren.

In dieser Zeit war bei unseren Zusammenkünften regelmäßig eine Schwester aus der Nachbarversammlung mit ihrem Sohn und ihrer Tochter zu Gast. Daniel war ein Jahr älter als ich, und ich war das erste Mal verknallt. Er war vierzehn, hatte blonde Haare, blaue Augen, und wir saßen in den Zusammenkünften immer nebeneinander. Er war süß, also entschied ich mich, ihm einen Brief auf meinem neuen Diddlpapier zu schreiben. Hanna wusste natürlich von Daniel, und als ich eines Abends bei ihr war, half sie mir, den Brief zu schreiben. Wir fügten ein paar Verse ein, die in unserer Vorstellung superromantisch klangen. Hanna war in einen Jungen aus ihrer Klasse verliebt und schrieb ihm ebenfalls einen Brief. Da saßen wir also, hörten Lieder und verfassten unsere gefühlsduseligen Briefe auf buntem Papier.

Nach der nächsten Zusammenkunft gab ich Daniel meinen Brief, und als wir uns vor dem Königreichssaal verabschiedeten, küsste er mich plötzlich überraschend kurz auf den Mund. Es war das letzte Mal, dass ich ihn sah, denn seine Mutter, seine Schwester und er wechselten zurück in ihre ursprüngliche Versammlung.

Am folgenden Abend übernachtete ich wieder bei Hanna und erzählte ihr von dem Kuss. Ich war extrem aufgeregt. Hanna fragte mich, ob ich schon mal einen Jungen richtig geküsst hätte. Mit Zunge. Hatte ich nicht. Bisher hatte ich mir noch gar keine Gedanken über so etwas gemacht. Sie allerdings schon. Sie machte mich neugierig und berichtete mir alles, was sie wusste. Scheinbar konnte man beim Küssen richtig viel falsch machen. Sie überredete mich dazu, dass wir es doch zusammen üben könnten, damit wir uns dann bei den Jungs nicht blamieren würden. Aus den Belehrungen in der Versammlung wusste ich, dass Jehova Unreinheit und Unmoral hasste, aber ich hatte mich nie damit beschäftigt, denn es hatte mich nicht interessiert und war für mich ein Erwachsenenproblem. Trotzdem machte ich mir Sorgen, dass das falsch sein könnte.

»Dürfen wir das denn?«, fragte ich.

»Warum denn nicht?«, erwiderte sie.

»Ich weiß nicht recht, ich glaube nicht, dass Jehova das gut findet.«

»Ach was, das ist doch nur ein Kuss, mehr nicht. Außerdem hat meine Cousine das auch schon gemacht«, beruhigte mich Hanna.

Zwar war ich mir weiterhin nicht sicher, ob das für Gott wirklich okay war, aber Hanna hatte recht damit, dass es nur ein Kuss war. Und irgendwie siegte auch meine Neugierde.

Klar, ich wollte ein braves Mädchen und eine treue Christin sein. Hanna hatte hingegen nicht so viele Hemmungen und schien sich auch nicht so viele Gedanken zu machen. Aber da sie schon immer fleißiger studierte und öfter predigen ging als ich, vertraute ich ihr. Oft schien es mir so, als würde sie sich nicht vor Gottes Bestrafung und den Konsequenzen fürchten – im Gegensatz zu mir. Es schien, als wäre sie sich absolut sicher bei dem, was sie tat. Sie war im Reinen mit sich. Also ließ ich mich von ihr überreden, ein paar dieser neuen Sachen zu probieren, die auch ich interessant fand.

Gott hatte nichts gegen Küsse. Küsse waren erlaubt. Küsse kosteten mich nicht das ewige Leben. Also küssten wir uns, Hanna und ich. In ihrem Zimmer. Ohren gespitzt, falls jemand kommen sollte. Wahnsinn. Aus zaghaften Küssen wurden intensive Küsse mit Zunge. Wir übten fleißig. Uns war wirklich wichtig, gut und richtig küssen zu können. Völlig grundlos eigentlich. Wir küssten sowieso keinen Jungen, also wozu üben? Daniel war weg, und Hanna und der Junge aus ihrer Klasse, mit dem sie ihren ersten Kuss hatte, küssten sich nicht mehr. Aber daran dachten wir nicht und probierten weiter.

Mit der Zeit wollte meine Freundin mehr. Fragte mich, ob ich das Gefühl kenne, wenn ich an diese kleine Stelle in meinem Höschen fasse. Sie berühre und reibe. Kannte ich nicht. Vielleicht hatte sie ihre Cousine gefragt. Schon allein darüber zu reden war mir irgendwie unangenehm. So etwas wie Internet kannten wir nur aus der Schule. Smartphones gab es noch nicht. Meine Mutter hatte an unserem alten Computer zwar ein Modem installiert, aber da durfte ich nur ganz selten für Schulaufgaben ran. Nie hätte ich mich getraut, nach irgendetwas Verbotenem zu googeln. Meine Klassenkameraden hatten meistens schon Laptops zu Hause oder WLAN, aber meine Mutter war – wie überhaupt – etwas altmodisch eingestellt. Hannas Eltern hatten zwar einen Computer, aber lediglich ihr Vater nutzte ihn, und das nur sehr selten. Auch sonst kannte ich kaum jemanden in unserer Versammlung, der zu Hause einen Computer hatte. Wahrscheinlich lag es daran, dass wir in den Zusammenkünften lernten, dass Satan das Internet nutze, um uns in Versuchung zu führen, und dass es eine riesige Gefahr darstelle.

Nach Hannas Frage lag ich abends in meinem Bett und konnte nicht einschlafen. Diese verbotene Stelle, von der Hanna erzählt hatte – sollte ich sie anfassen oder besser nicht? Ich fühlte mich beschämt, allein wegen des widerwärtigen Gedankens. Man hatte uns ja erzählt, was die Bibel über Selbstbefriedigung sagt. Ich darf mich nicht anfassen, sagte ich mir. Gott will das nicht. Das ist unrein. Und ich möchte rein sein. Selbstbeherrschung. Eine der wichtigsten Eigenschaften als Diener Gottes. Jehova verabscheut Menschen ohne Selbstbeherrschung.

Schließlich stieg ich aus dem Bett und las zur Beruhigung ein paar Kapitel in den Psalmen. »Verbirg dein Angesicht vor meinen Sünden und tilge selbst all meine Vergehungen aus. Schaffe in mir auch ein reines Herz, o Gott, und leg einen neuen, einen festen Geist in mich. Wirf mich nicht weg von deinem Angesicht; und deinen heiligen Geist o nimm nicht weg von mir« (Psalm 51:9–11). Die Psalmen und Sprüche waren schon immer meine Lieblingsbibelbücher. Viele Verse konnte ich auswendig. Ich mochte die poetische Schreibweise und die Metaphern. Intensive Verse, sie waren nicht so grausam wie die Offenbarung oder so langweilig wie die Abstammungsregister. Aber ich konnte das Bibellesen nicht genießen und mich konzentrieren. Mein Kopf kreiste immer noch um das verführerische Kribbeln. Ich versuchte, es zu ignorieren, aber es ließ mir keine Ruhe.

Ich klappte die Bibel zu, holte mein *Fragen-junger-Leute-*Buch aus dem Regal und legte mich wieder ins Bett. Suchte das Kapitel, in dem es um Liebe und Sex ging. Um Homosexualität. Um Selbstbefriedigung. »Lerne, dich zu beherrschen, statt Selbstbefriedigung als Ventil für sexuelles Verlangen zu benutzen. Die Bibel empfiehlt, sich gar nicht erst in Situationen zu bringen, die erotische Gefühle wecken.« Weiter unten wurde angeführt, dass Selbstbefriedigung oft Schuldgefühle auslöse, die einen aber motivieren könnten, mit dieser schlechten Gewohnheit zu brechen. »Versuch also, das Problem richtig einzuordnen. Selbstbefriedigung fällt unter den biblischen Begriff *Unreinheit*. Du kannst dadurch ›von allen möglichen Leidenschaften und Begierden beherrscht‹ werden und eine verkehrte Denkweise entwickeln.« Über Homosexualität las ich Folgendes: »Selbst wenn sich einige zum gleichen Geschlecht hingezogen fühlen – von Christen verlangt die Bibel, homosexuelle Handlungen zu lassen.« Die Bibel verbietet strikt einige sexuelle Verhaltensweisen, und Homosexualität ist eine davon. Es waren viele Aussagen von Jugendlichen in ähnlichen Situationen angeführt, die mir helfen sollten, zu verstehen, dass ich mich mithilfe der Bibel bewusst dafür entscheiden könne, verkehrten Wünschen nicht nachzugehen. Ich las zwei weitere Kapitel, und währenddessen merkte ich wieder, wie es kribbelte. Es war seltsam erregend, all diese verbotenen Dinge zu lesen. Mein Körper reagierte auf die Vorstellung in meinem Kopf.

In meinem Zimmer war es dunkel, und ich atmete schwer. Meine Hände lagen auf meinem Bauch unter der Decke. Gefaltet wie beim Gebet. Ich betete zu Gott, er möge mir doch bitte vergeben. Das, was ich getan hatte, würde ich nie wieder tun. »Von jetzt an bin ich eine treue Christin.«

Am nächsten Tag in der Zusammenkunft traute ich mich kaum, meinen Brüdern und Schwestern in die Augen zu sehen. Es fühlte sich an, als würde in roten Buchstaben »Sünderin« auf meiner Stirn stehen. Ich hatte Angst, dass man mir die Veränderung ansah. Ich war entweiht. Nicht mehr blütenrein und unbefleckt. Dreckig. Ja, ich war dreckig. Ich dachte: Um wieder rein zu werden, müsste ich zu den Ältesten oder meiner Mutter gehen und meine Tat gestehen. Erzählen, wie es dazu gekommen ist, mit Hanna, und wie ich mich angefasst habe und ob es mir gefallen hat. Das traute ich mich aber noch weniger. Weiter dachte ich: Ich bin ein Feigling. Wenn ich meine Sünde nicht gestehe, kann ich nicht geläutert werden. Dann wird Jehova mir nicht verzeihen, weil ich nicht ehrlich war. Da waren sie, die Schuldgefühle nach der Selbstbefriedigung, vor denen mich mein Buch gewarnt hatte.

In den folgenden Tagen fasste ich mich sehr oft an. Danach folgte immer ein Gebet, in dem ich gelobte, dass es das letzte Mal sei und dass Gott mir bitte vergeben solle. Aber dieses neu entdeckte Gefühl war einfach zu reizvoll. Ich war neugierig, wie es sich entwickelte. Jedes Mal fühlte es sich intensiver an. Besser. Unbeschreiblich. Ich wollte mehr davon. Die Stimme der Vernunft in meinem Kopf versuchte, mich aufzuhalten. Aber schon allein die Vorfreude, als ich darüber nachdachte, es wieder zu tun, hatte mich so erregt, dass ich mich nicht bremsen konnte. Böses Mädchen.

Als ich meine Freundin Hanna das nächste Mal sah, erzählte sie mir, dass sie sich angefasst habe und wie toll es doch gewesen sei. Sie fragte mich, ob ich es ebenfalls getan hätte. Eigentlich wollte ich ihr nicht davon erzählen, weil ich mich schämte, aber zu lügen wäre auch eine Sünde gewesen. Ja, wir hatten es beide getan. Doch sie hatte im Gegensatz zu mir kein schlechtes Gewissen. Gern hätte ich mit ihr getauscht. Es schien so viel schöner zu sein, wenn ich »es« ohne diese Schuldgefühle genießen könnte. Dann fragte sie: »Wollen wir es nicht mal zusammen ausprobieren?« Diese Frage hatte ich nicht kommen sehen. Sie überforderte mich, und ich konnte auch nicht darüber nachdenken, weil Hanna sich plötzlich zu mir beugte und mich küsste. Und während wir uns küssten, fing sie an, meine Hose zu öffnen.

»Nein«, wehrte ich ab. »Das ist Unreinheit. Sünde vor Gott.«

»Quatsch«, widersprach Hanna. »Meine Cousine hat es mit einer Freundin auch gemacht. Und wir müssen es ja niemandem erzählen. Und immerhin küssen wir uns ja sowieso und fassen uns auch so an anderen Stellen an. Warum also nicht da?«

Gute Frage. Trotzdem sagte ich nein. »Ich fühle mich dann wie Eva. Eva, die von der verbotenen Frucht kostet. Wie schwer muss diese Versuchung für sie gewesen sein? Ich darf nicht wie Eva sein. Ich muss mich in Selbstbeherrschung üben. Außerdem verbietet die Bibel Homosexualität.«

»Das ist doch keine Homosexualität«, lachte Hanna. »Wir sind nicht lesbisch, wir probieren doch bloß ein bisschen, weil das besser ist, als würden wir so was mit Jungs machen.«

Ich überlegte kurz, und was sie sagte, war absolut richtig und einleuchtend, aber dann musste ich an das denken, was ich in meinem *Fragen-junger-Leute*-Buch gelesen hatte. »Nein, Hanna, das ist Unreinheit«, sagte ich bestimmt, auch wenn ich mir nicht sicher war.

»In Ordnung, lassen wir es einfach«, meinte Hanna.

Dann passierte es irgendwie doch. Ich war wieder bei Hanna, ihre Eltern waren nicht da. Wir gingen erst ins Schwimmbad, danach zu ihr nach Hause. Wir redeten, aber irgendwann wollte sie mich wieder küssen. Ich machte mit. Fand es schön. Sie ließ ihre Hände unter mein Shirt gleiten und fasste meine kleinen Brüste an. Hanna hatte noch keine richtigen Brüste, aber bei mir wuchsen sie gerade. Plötzlich schob sie ihre Hand zwischen meine Beine. Unter meinen

Rock. So schnell, dass es mich total überrumpelte. Sie fasste mich an. Zwischen meinen Beinen. Das Gefühl war noch erregender, als wenn ich es selbst tat.

Abends betete ich abermals um Verzeihung. Ich strich noch mal mit dem Finger über die Stelle, wo mich Hanna zuvor angefasst hatte. Die schmutzige Stelle. Kribbeln. Schon wieder. Je öfter man der Versuchung erliegt, umso schwieriger wird es, ihr zu widerstehen.

In den folgenden Wochen fassten wir uns noch oft an und tauschten uns darüber aus, wo es sich am besten anfühlte. Dann wurden wir erwischt. Ihre Mutter kam ins Zimmer. Fragte uns, was wir da machen würden. Ich wollte mich am liebsten in Luft auflösen. Hannas Mutter schickte mich sofort nach Hause und redete mit meiner Mutter über das Vorgefallene. Es war meine erste richtige Sünde, bei der ich erwischt wurde. Ich wusste nicht, wie die Strafe bei solch einem schweren Vergehen aussehen würde. Ich war starr vor Angst. Kurze Zeit später kamen zwei der Ältesten aus unserer Versammlung und befragten mich und Hanna zu diesem »Vorfall«.

In großer Runde saßen wir zusammen in unserer Wohnung. Neben mir auf der Couch saß meine Mutter, mit einigem Abstand Hanna und ihre Eltern, uns gegenüber die zwei Ältesten. Sie fingen an mit einem Gebet, danach wurden wir aufgefordert, alles zu schildern. Was wir getan hatten, und warum. Und was viel wichtiger war: Von wem war es ausgegangen? Wer hatte das sündige, unreine Herz und war eine Schande vor Gott?

Hanna sagte: »Sophie ist schuld. Sie hat mich dazu gezwungen. Ich wollte nicht und habe gesagt, dass es falsch ist, aber sie hat gedroht, zu den Ältesten zu gehen und zu sagen, dass ich so was mache!«

Diese Worte trafen mich wie ein Blitz. Ihre Eltern glaubten ihr. Meine Mutter glaubte ihr. Die Ältesten glaubten ihr. Ich spürte, wie es in mir kochte. Meine Kehle schnürte sich zu. Wie konnte sie bloß solche Lügen erzählen?! Wir dürfen nicht lügen, dachte ich. Ich konnte kaum reden, denn ich hatte nicht mit diesem Verrat gerechnet. Ich dachte, sie würde ehrlich erzählen, wie es gewesen war. Wie konnte sie mich bloß so an den Pranger stellen? Dabei war sie doch diejenige, die mich überredet hatte. Ich war hilflos und versuchte, mich zu verteidigen.

Ich sagte mit gebrochener Stimme: »Ich weiß, dass Hannas Cousine das ebenfalls mit einer Freundin gemacht hat, also liegt es auf der Hand, dass Hanna eher geneigt ist, so etwas zu tun.« Aber ich war nicht konzentriert, war durcheinander und benommen vor Scham und Wut. Ich spürte die Verachtung aller im Raum gegen mich. Dieser Verrat und diese Ungerechtigkeit machten mich so wütend. Nichts konnte ich sagen, was mich hätte retten können. Kläglich scheiterte ich. Alle waren gegen mich. Niemand glaubte mir.

Ich war schuldig, und ich war eine Sünderin. Gott war enttäuscht von mir, denn ich hatte nicht nur mich und Hanna, sondern auch meinen Glauben beschmutzt. Aber wie konnte mich meine beste Freundin nur so verraten? Ich war empört, und ich fühlte Schwäche. Schwäche, weil mir Ungerechtigkeit widerfahren war. Ich wollte so gern stark sein, wollte so schamlos lügen können wie Hanna. Aber ich heulte. Wie immer. Ich hatte keine Kontrolle über meine Tränen. Das wurde wahrscheinlich als Schuldeingeständnis angesehen. Alle dachten, ich würde lügen. Aber ich log nie. Das glaubten sie mir nicht. Mir wurde nahegelegt, an meinem Verhältnis zu Jehova zu arbeiten, mehr zu studieren und über dieses Thema doch mit einer erfahrenen Glaubensschwester zu reden.

Als wäre es nicht unangenehm genug gewesen, vor Hanna und ihren Eltern, meiner Mutter und den Ältesten genau erzählen zu müssen, was wir getan hatten. Wo wir uns angefasst hatten. Wie wir uns dabei gefühlt hatten. Ob es uns gefallen hatte. Wie oft wir es getan hatten. Fragen, die die Zeit zum Stillstand brachten. Sekunden fühlten sich an wie Stunden. Ich wäre am liebsten weggerannt oder aus dem Fenster gesprungen.

Die Ältesten lasen uns passende Artikel aus dem *Wachtturm* vor und das entsprechende Kapitel im Jugendbuch, welches ich zu gut kannte. Sie beteten mit uns allen zu Gott, er möge mir doch vergeben und mir ein reines Herz schenken und mich von meinen Sünden reinwaschen. Mir vergeben, dass ich Hanna in solch eine Situation gebracht und ihr Verhältnis zu Jehova beschmutzt hatte. Er solle mir helfen, Selbstbeherrschung zu bekunden und nicht zu lügen, um andere schlecht dastehen zu lassen. Amen. Ich wäre fast geplatzt vor Wut. Aber ich ließ es über mich ergehen.

In der darauffolgenden Zeit straften mich Hanna und ihre Eltern mit einem missbilligenden Blick, wenn wir uns in der Versammlung trafen. Wir redeten nicht mehr, und sie grüßten mich kaum noch. Dann erzählte auch noch meine Mutter die Neuigkeit von dem Ältestengespräch in der Versammlung herum, und Scham und Pein nahmen kein Ende. Die Bestrafung für eine ertappte Sünderin? Eine Disziplinarmaßnahme? Vielleicht. Vielleicht wollte sie aber nur wieder Mitleid und allen beweisen, was für ein rebellisches, vom Teufel besessenes Kind ich doch sei.

Meine Mutter schien der Gedanke, dass der Teufel Macht über mich hatte, nicht loszulassen. Sie war schon immer davon überzeugt gewesen, aber nun hatte sie eine offizielle Sünde meinerseits als Beweis. Unsere Streitereien wurden noch schrecklicher. Sie schrie nicht mehr, sondern brüllte. Sie wollte mir den Teufel austreiben. Sie war überzeugt davon, dass ich in den Fängen Satans gelandet war, dass Dämonen hinter mir her waren und sie mir diese mit Schlägen austreiben musste. Und weil sie in der Gemeinschaft von meinem »Vergehen« erzählte, sorgte sie dafür, dass ich wie eine Aussätzige behandelt wurde. Zu allem Überfluss sah sie sich selbst in der göttlichen Pflicht, mir meine sündigen Neigungen austreiben zu müssen. Sie informierte selbstverständlich auch Katharina und Tanja über den Vorfall, und er wurde zum Thema bei unseren nächsten Studientreffen.

Mit Tanja konnte ich mich trotz meiner Scham und Schuldgefühle gut unterhalten. Ich schilderte ihr meine Sicht der Dinge, sagte ihr, dass ich in der Klasse eine Außenseiterin sei. Und so war es auch: Ich war scheu inmitten einer Herde wilder Frühpubertierender. Ich war der Freak. Die weltlichen Jungs waren für mich uninteressant und reizlos. Ihre Hobbys und Gesprächsthemen waren absolut sinnlos und unverständlich. Wie konnte man sich bloß über eine PlayStation unterhalten, wenn das Ende der Welt nahte? Wie primitive Affen übertönten sie sich ständig gegenseitig mit widerwärtigen Körpergeräuschen. Ekelhaft. So ungesittet und völlig ohne Benehmen. Diese Idioten werden das Königreich Gottes sicher nicht erben, dachte ich. Und wenn sie in mir wieder ein perfektes Opfer für dumme Witze und Beleidigungen gefunden hatten, war dieser Gedanke mein einziger Trost. Sie werden in Harmagedon sterben. Ich nicht. Na, wer ist jetzt der Loser?

Meine Abneigung gegenüber meinen Schulkameraden und weltlichen Jungs im Allgemeinen hätte kaum größer sein können. Die Jungs in der Versammlung wiederum waren alle etwas älter als wir Mädchen, hatten aber keine Lust, viel mit uns zu machen. Somit waren wir Mädchen unter uns. Unsere Körper blühten langsam auf, unsere Bedürfnisse und Interessen veränderten sich. Zum Glück gab es für uns Belehrungen.

So hörten wir etwa über die Selbstbefriedigung: »In der Pubertät macht sich das sexuelle Verlangen oft besonders stark bemerkbar, was dazu führen kann, dass du dir angewöhnst, dich selbst zu befriedigen. Viele denken sich nichts dabei und sagen: ›Das schadet doch keinem.‹ Tatsächlich spricht aber allerhand dagegen. Der Apostel Paulus schrieb: ›Trennt euch ganz entschieden von allen selbstsüchtigen Wünschen … von Leidenschaften‹ (Kolosser 3:5). Wer sich selbst befriedigt, trennt sich bestimmt nicht ganz entschieden von Leidenschaften, sondern heizt sie noch an. Hinzu kommt: Selbstbefriedigung fördert ichbezogenes Denken, weil man dabei auf die eigenen körperlichen Empfindungen fixiert ist. Und diese ichbezogene Denkweise, die man durch Selbstbefriedigung entwickelt, kann einem erfüllten Sexualleben in der Ehe im Weg stehen.«

Damit war dann auch der Sex vor der Ehe geklärt: ein eindeutiges Nein. Statt sexuelles Verlangen wurde Beherrschung gepredigt. Am besten, so die Bibel, sollte man sich gar nicht erst in Situationen begeben, die erotische Gefühle erwecken könnten. Die meisten dieser Regeln waren auch in diesem Fall unmissverständlich. Grauzonen gab es kaum. Homosexualität war verboten. Oral- und Analverkehr waren ebenfalls verboten. Petting, Rummachen oder Rumfummeln? Verboten. Letztlich war alles verboten, was sexuell erregt.

Es war also alles unrein, was einen anmachte, insofern man nicht verheiratet war. Und lebte man als Teenager in einer Welt, in der sich alle anderen gern auslebten und an jeder Ecke Versuchungen lauerten, denen man sich auf gar keinen Fall hingeben durfte, hatte man ein Problem. Man war überreizt, stand unter riesigem Druck und hatte furchtbare Angst, einen Fehler zu begehen. Dein Körper drehte bei jeder winzigen Berührung durch, da er übersensibilisiert für alles war, was im Entfernten mit Erregung zu tun hatte. Da konnte es natürlich schnell passieren, dass ein treuer Christ trotz übertriebener Vorsicht und starkem Glauben in Versuchung geführt wurde und nicht widerstehen konnte. Der Geist ist willig, doch das Fleisch ist schwach. Die Bedeutung der Worte aus Matthäus 26:41 kannte ich nur zu gut.

Um solche Fälle zu vermeiden, hatte die Organisation Vorschläge und Empfehlungen, damit es leichter fiel, die Regeln nicht zu verletzen. So war es zum Beispiel üblich, dass zwei Personen unterschiedlichen Geschlechts sich nicht allein im selben Raum aufhalten. Völlig egal, ob einer der beiden verheiratet oder zwanzig Jahre älter war. Ich empfand es immer als Unterstellung, als hätte man sich nicht unter Kontrolle und wäre seinen Trieben schutzlos ausgeliefert. Nur weil ich mit einem Mann im selben Raum bin, werden wir doch nicht gleich Sex haben. Aber diese Vorschrift war dennoch wirkungsvoll: Sie machte Angst. Sie schürte die Furcht davor, die Selbstbeherrschung zu verlieren, dass Satan die Oberhand gewinnen und einen mit Unreinheiten und Trieben kontrollieren könnte. Vielleicht probieren sich deswegen viele Zeugen gleichgeschlechtlich aus und sammeln so ihre Erfahrungen. Denn Männer untereinander und Frauen untereinander dürfen ohne Probleme und Verdacht auf Sünde Zeit auf engstem Raum miteinander verbringen.

Gerade in der Phase des Erwachsenwerdens orientieren sich Teenager neu, entwickeln sich und entfalten eine eigene Persönlichkeit. Damit diese ins Muster passt und ein treuer Christ geformt wird, hat die Wachtturm-Organisation auch hier verschiedene Hilfsmittel geschaffen. Das persönliche Bibelstudium mit geistigen Vorbildern, zu denen man aufsehen konnte und die einen dazu brachten, nach den richtigen Dingen im Leben zu streben, gehörte dazu. Heute nenne ich das Manipulation. Aber damals war es ein fester Bestandteil meines Lebens, und es wäre mir seltsam vorgekommen, wenn ich nicht mit einer erfahrenen Schwester aus der Versammlung die Bibel studiert hätte.

Durch Katharina und Tanja versuchte ich mich an biblischen Beispielen von Dienern Gottes zu orientieren, die viel Schlimmes erlebten und deren einzige Stütze Gott war. Wir behandelten das Leitbild von König Hiskia. Hiskia stand an einem Scheideweg. Mit nur fünfundzwanzig Jahren wurde er schon König von Juda. Was für ein König würde er sein? Sein Vater, König Ahas, war bis zu seinem Tod ein reueloser Abtrünniger gewesen. Er förderte die falsche Religion und verbrannte mindestens einen von Hiskias Brüdern auf einem heidnischen Altar. Doch Hiskia ließ die Heuchelei seines Vaters nicht auf sich abfärben. Unbeirrt betete er Jehova an. Er fühlte sich auch nicht dazu verurteilt, die gleichen Fehler wie Ahas zu machen. Hiskia hielt einfach fest zu Jehova. Fragen wie »Hast du eine Mutter oder einen Vater, der über deinen Glauben spottet, jähzornig ist oder eine Suchtkrankheit hat?« sollten mich zum Nachdenken anregen. Die Antwort: »Falls ja, musst du nicht die gleichen Fehler machen.« Hiskia ließ nicht zu, dass seine traurige familiäre Situation sein Leben ruinierte. Aus ihm wurde ein so guter König, dass »nach ihm unter allen Königen von Juda keiner war wie er« (2. Könige 18:5). Mir wurde ans Herz gelegt: »Wie Hiskia kannst auch du trotz schlechter Startbedingungen etwas aus deinem Leben machen. Wie? Halte einfach *fest zu Jehova.*«

Aber die Leere und Trauer in mir nahmen immer mehr zu.

Ich war nicht bei mir. Etwas fehlte. Ich fühlte mich weiterhin nicht geliebt oder akzeptiert. Irgendetwas war falsch und unvollständig. Ich vermisste meinen Vater, sah das neue Leben, welches er sich mit seiner neuen Frau und Tochter aufbaute – und wollte dazugehören. Ich brauchte einen Platz im Leben. Wenn ich bei meinem Vater wohnen würde, so dachte ich, würde es mir viel besser gehen. Ich hätte mehr Freizeit, wäre ohne Druck seitens der Versammlung, hätte mehr Schulfreunde, und die Probleme mit meiner Mutter wären endlich Geschichte. Ich hätte mehr Zeit, um normale Sachen zu machen und meine Jugend zu genießen. Dinge, die man eben so tut als Dreizehnjährige.

# DRECKIGER DIAMANT

Obwohl ich eigentlich hinter meinem Glauben stand, nervte mich das stundenlange Studieren mit den anderen Glaubensbrüdern und -schwestern mit der Zeit. Aber am schlimmsten war der Predigtdienst. Bei Wind und Wetter gingen wir im langen Rock und mit großer Tasche von Tür zu Tür, um den Hausbewohnern die frohe Botschaft vom Königreich zu verkünden. Alles für Jehova. So, wie es Jesus schon seinen Jüngern verkündet hatte, dieselbe Methode, eben in der Öffentlichkeit. Bei den Predigtdiensttreffs wurden die Anwesenden vom leitenden Glaubensbruder in Gruppen eingeteilt, und wir bekamen bestimmte Gebiete zum Missionieren zugeteilt. Es wurden Einleitungen und Bibeltexte vorgeschlagen, die wir verwenden sollten, um die jeweiligen Zeitschriften und Broschüren anzubieten. Es sollte ja gründlich und umfassend gepredigt werden.

Die Verkündigergruppen fuhren dann in die Gebiete, und meist teilten wir uns vor dem Losziehen in Zweiergruppen auf. In einem kleinen Notizblock schrieben wir uns die Adressen und Namen der Leute auf, die in den Wohnungen lebten. Wenn uns jemand eine Information gab, die uns von Nutzen sein konnte, wurde sie notiert. War in einem Haushalt jemand kürzlich verstorben oder schwer krank, konnten wir uns beim nächsten Besuch darauf beziehen und passende Literatur mitbringen. Egal, welches Thema die Menschen beschäftigte, es gab zu allem einen passenden Bibeltext und eine Zeitschrift. Unser Ziel bestand darin, Rückbesuche zu vereinbaren und Heimbibelstudien einzurichten. Erklärte sich jemand zu einem Heimbibelstudium bereit, wurde mit dem Wohnungsinhaber eines der Bücher von Jehovas Zeugen zum besseren Verständnis der Bibel studiert. Meistens wurde mit dem Buch *Was lehrt die Bibel wirklich?* begonnen. Es wurden dann auch bestimmte Fragen angesprochen, die für den Interessierten von Bedeutung waren: Wer ist Gott? Sieht mich Gott überhaupt? Wie kann meine Ehe besser werden? Was macht im Leben wirklich glücklich? Dazu wurden passende Bibelstellen vorgelesen und der Bezug zum persönlichen Leben des Studierenden geschaffen. Offenheit und Ehrlichkeit waren das A und O. Der Studierende legte sein komplettes Leben, seine Geheimnisse und all das dar, was vor Gott als verbesserungswürdig galt.

Wurde das Heimbibelstudium erfolgreich durchgeführt, standen die Chancen nicht schlecht, dass der- oder diejenige bald die Zusammenkünfte besuchte und sich nach einer Weile als Zeuge Jehovas taufen ließ. Dann hatten wir ein Leben gerettet. Oft kam das allerdings nicht vor. Vom ersten Besuch bis zur Taufe vergingen oftmals Jahre, in denen sich der Interessierte vollständig auf die Anforderungen der Organisation ausrichtete und sein Leben in allen Bereichen Gottes Maßstäben anpasste.

Wir wurden natürlich genau darüber informiert, wie weit wir beim Predigen gehen durften. Stand auf einem Briefkasten »Keine Werbung«, war es nicht erlaubt, etwas einzuwerfen. Sagte ein Wohnungsinhaber deutlich: »Besuchen Sie mich nie wieder«, hatten wir seine Äußerung zu respektieren. Betraten wir ein Grundstück ohne Aufforderung, war das Hausfriedensbruch. Befand sich die Klingel aber nicht am Tor, sondern nur am Haus, gingen wir das Risiko ein.

Die meisten Menschen begegneten uns mit Ablehnung.

Oft bekam ich zu hören: »Müssen Sie denn das arme Mädchen mitschleppen?« Manche wurden auch ausfallend und jagten uns davon. Davor hatte ich immer große Angst. Mit Ablehnung und gemeinen Äußerungen konnte ich nicht umgehen. Da ich meistens mit einer Glaubensschwester unterwegs war, hatte ich Bedenken, dass uns männliche Wohnungsinhaber anschreien oder sogar handgreiflich werden könnten. Ich hatte »Menschenfurcht«, wie das bei uns genannt wurde und wovor uns auch die Bibel warnte. Menschenfurcht galt als eine der wirkungsvollsten Waffen, die Satan einsetzte, um uns daran zu hindern, Jesus nachzufolgen. Wahre Christen, so war uns gesagt worden, würden immer auf Gegnerschaft stoßen, aber Menschenfurcht könne man durch Gottesfurcht überwinden und indem man seine Liebe zu Jehova stärke. Meine Furcht war größtenteils unbegründet, nur zweimal wurde ich wirklich bösartig beschimpft. Die meisten Menschen sagten einfach, sie hätten kein Interesse, und schlugen uns die Tür vor der Nase zu. Bei Sprechanlagen funktionierte das noch viel unkomplizierter. Mir war es lieber, kein Gespräch führen zu müssen, denn ich fühlte mich zu unsicher und schüchtern, um mit Fremden zu reden.

Meine Sorge, eine Frage gestellt zu bekommen, auf die ich keine Antwort hatte, war ebenfalls immer präsent. Ich wollte mich weder vor der mir unbekannten Person noch vor meinem Predigtdienstpartner blamieren. Das hätte so ausgesehen, als wäre ich nicht standhaft im Glauben. Was irgendwie auch zutraf. Ich war bei weitem nicht so bibelfest, wie ich es hätte sein können, und war immer erleichtert, wenn ich meine Einleitung fehlerfrei überstand und der Wohnungsinhaber den Hörer auflegte. Großes Aufatmen. Am allerschlimmsten war die Vorstellung, dass plötzlich jemand die

Tür öffnete, den ich kannte. Ein Lehrer oder Mitschüler. Ein entsetzlicher Gedanke. Deswegen ging ich am liebsten in Gebieten predigen, wo die Möglichkeit einer solchen Begegnung verschwindend gering war. Was für eine Qual: Scham und Peinlichkeit kombiniert mit Schutzlosigkeit und einer Kleidung, die sofort erkennen ließ, wer wir waren.

Das Problem mit meinem Glauben war der wiederkehrende Zweifel. Es war ein ständiges Auf und Ab. Phasen voller Motivation und Eifer, besser gesagt Besessenheit, wurden abgelöst durch Unsicherheit und Sünde. Oft hatte ich das Gefühl, dass ich die Einzige war, die alles in Frage stellte: Gab es wirklich einen Gott namens Jehova? Wollte er überhaupt, dass ich predigen ging? War das mit dem Weltuntergang real? Konnte ich nur gerettet werden, wenn ich mich taufen ließ? Konnte Gott tatsächlich in mich hineinschauen, meine Gedanken und Gefühle kennen? Sah er meine sündigen Begierden, all meine Fehler und meinen Zweifel? Würde er mich dafür bestrafen? Oder würde er mir vergeben? Hatte ich die Hoffnung auf eine Auferstehung? Warum ließ er zu, dass ich so unglücklich war? Und: Warum machte ich das alles?

Fragen über Fragen. Sie jagten unentwegt durch meinen Kopf. Widersprüche und Unstimmigkeiten wurden immer mehr und verwandelten sich in einen riesigen Haufen aus Gedankenfetzen, die unmöglich zu entwirren waren. Das Problem an diesen Zweifeln war Folgendes: Ich war selbst schuld. Wer an der Wahrheit zweifelte, trug die Verantwortung dafür. Der eigene Glaube und das Verhältnis zu Gott waren dann zu schwach, und man benötigte Hilfe. Ich benötigte Hilfe. Also redete ich wieder mit meinen Glaubensschwestern Katharina und Tanja, betete noch öfter und inniger zu Gott, studierte noch intensiver die Veröffentlichungen der Wachtturm-Organisation und las mehr in der Bibel. Ich tat all die Dinge, die als

Garant dafür galten, Gott näherzukommen und den Glauben zu stärken. Doch es war einfach nicht genug.

»Nachsinnen« und »Läuterung« gehören normalerweise nicht in den Wortschatz einer Pubertierenden. Die Glaubensschwestern, denen ich von meinen Gedanken und Gefühlen erzählte, versuchten, mich zu motivieren. Ich wollte sie nicht enttäuschen, setzten sie doch so viel Hoffnung in mich. Sie behielten mich im Auge, nahmen mich unter ihre Fittiche, und ich spürte, wie sie erwarteten, dass sich meine Zweifel in Eifer verwandelten. Aber das passierte nicht, auch das blieb ohne Wirkung. Der kleine Schub nach solch einem Gespräch verpuffte, wenn ich den nächsten sündigen Gedanken oder das nächste Gespräch mit einem bösen Ungläubigen hatte, der mir gar nicht so böse erschien. Er verpuffte, wenn ich mit meiner Mutter stritt und Sehnsucht nach meinem Vater bekam. Er verpuffte, wenn ich spürte, dass ich dem Druck, eine fleißige, loyale und perfekte Christin zu sein, nicht standhalten konnte.

Ich war so jung und doch so müde. Alles war anstrengend, und es erschien mir unmöglich, all den hohen Erwartungen gerecht zu werden. Ich war enttäuscht von mir selbst, aber ich wollte nicht auch noch meine Glaubensbrüder und -schwestern enttäuschen. Viele von ihnen berichteten von dem Moment, als es in ihrem Kopf »klick« gemacht hatte und sie wussten: »Das ist die Wahrheit.« Sie hatten eine Art Erleuchtung, und ab diesem Moment kamen nie wieder Zweifel. Bei mir machte gar nichts »klick«. Doch darüber wollte ich nicht reden. Das hätte nur mein Versagen bewiesen, es hätte gezeigt, dass mein Glaube einfach nicht stark genug war. Deswegen behielt ich meine Zweifel fortan lieber für mich. Eine Taktik, die mir zukünftig einige Hirtenbesuche, also Gespräche mit den Ältesten, ersparte und mich vor den anderen Mitgliedern der Versammlung nicht so schwach aussehen ließ, wie ich war. Denn als schwacher Christ hatte man schnell keinen guten Einfluss mehr auf andere Christen, wurde überkritisch beurteilt und beobachtet und geriet ins Visier der treuen Theokraten – die Zeugen Jehovas verstehen sich als eine theokratische Organisation, die von göttlich erwählten Personen geführt und geleitet wird. Ich wollte nicht noch mehr Aufmerksamkeit auf meine Unvollkommenheit lenken.

Ein wichtiger Schritt, um Gott näherzukommen, ist die Taufe. Die Taufe ist die vollständige Hingabe des eigenen Lebens an Jehova Gott. Der wichtigste Tag im Leben eines jeden Christen. Erst dann ist man vollwertig und kann von seinen Sünden reingewaschen werden. Klingt ganz gut. Nur geht das nicht von heute auf morgen. Die Vorstufe eines getauften Christen ist der ungetaufte Verkündiger. Diesen Status haben meist Kinder oder Jugendliche, die sich auf dem Weg zur Taufe befinden, oder »Interessierte«, die erst als Erwachsene zur Wahrheit gekommen sind und ebenfalls auf eine Taufe hinarbeiten. Als ungetaufter Verkündiger hat man einige Rechte und Pflichten, hat sich aber noch nicht völlig zu Jehova Gott bekannt. Man darf predigen gehen und am Monatsende einen Berichtszettel abgeben, auf dem steht, wie viele Stunden man im Dienst für Gott geleistet und wie viele Bücher und Zeitschriften man abgegeben hat. Auf dass sich die Papiertonnen der Leute füllen mögen. Amen.

Als männlicher ungetaufter Verkündiger hat man die Möglichkeit, im Rahmen der sogenannten Theokratischen Predigtdienstschule einen fünfminütigen Kurzvortrag zu halten. Als weibliche ungetaufte Verkündigerin darf man einen

Dialog vorbereiten. Klingt etwas verwirrend, lässt sich aber in etwa mit dem Schulunterricht vergleichen. Jehovas Zeugen werden von Kindesbeinen an darauf trainiert, möglichst effizient mit den unterschiedlichsten Arten von Menschen zu reden, um Interesse für den Glauben zu wecken. Jede Woche werden in den Zusammenkünften ein Kurzvortrag und ein Dialog, der ein mögliches Gespräch mit einer interessierten Person darstellt, vor der ganzen Versammlung gehalten, bei dem ein bestimmter Lehrpunkt umgesetzt werden soll. Der Verkündiger bereitet sich zu Hause umfassend vor, dann folgt die Darbietung – und am Ende die Beurteilung durch den Schulungsaufseher. So lernt die ganze Versammlung etwas, und die Darbietenden können üben, frei zu sprechen. Natürlich gibt es auch ein passendes Buch der Wachtturm-Organisation, das die verschiedensten Lektionen enthält, durch die man lernt, richtig mit den Menschen zu sprechen: »Nutze die Belehrung der Theokratischen Predigtdienstschule.« Mimik, Gestik, Rhetorik und das Einsetzen gut gewählter Bibeltexte gehen Hand in Hand, wenn es darum geht, einen Menschen an der Haustür zu bezirzen. Vor der ersten Darbietung im Königreichssaal ist man natürlich wahnsinnig aufgeregt, aber das gehört nun mal dazu, um sich als Verkündiger Gottes zu qualifizieren.

Alle Kinder und Jugendlichen aus unserer Versammlung wurden nach und nach ungetaufte Verkündiger und übernahmen erste Aufgaben. Ich beneidete sie um ihren Eifer und ihren Glauben und wollte mitziehen. Im Alter von dreizehn war es schon fast ein wenig spät, noch kein ungetaufter Verkündiger zu sein, und der Druck, mich den anderen anzupassen und in der Versammlung ebenfalls Lob zu ernten, wurde immer größer. Nach der Sache mit Hanna wollte ich es auch unbedingt bei Jehova wiedergutmachen. Ich wusste nicht, wem aus der Versammlung meine Mutter oder Hannas Familie noch von dem Zwischenfall erzählt hatten, aber es war an der Zeit, für mich zu beweisen, dass ich eine treue Christin war.

Dummerweise war in meinem Kopf noch immer der Gedanke, zu meinem Vater zu ziehen und mich somit meiner Mutter und der Verantwortung des Glaubens zu entziehen. Aber als Ausgeschlossener stellte er keinen guten Umgang dar. Er war abtrünnig, und der Teufel hatte Macht über ihn. Eine Sache, die zu erwähnen meine Glaubensbrüder, meine Mutter und Freunde in der Versammlung nie überdrüssig wurden. »Ihr könnt nicht am Tisch Jehovas und am Tisch der Dämonen teilhaben« (1. Kor. 10:21). Ein Bibeltext, der in etwa so viel bedeutet wie: »Man kann nicht auf zwei Hochzeiten gleichzeitig tanzen.« Da alle in der Versammlung von meinen familiären Umständen wussten, hatte ich leider nicht das Glück, diese Entscheidung für mich allein zu treffen. Meine Mutter war eine Glaubensschwester, ein Kind Gottes, und gehörte zur Familie. Dieser Status machte sie unantastbar.

Irgendwann erzählte ich Melanie, einem Mädchen aus meiner Versammlung, dass ich bald zu meinem Vater ziehen würde. Heimlich hatte ich schon mit ihm Möbel ausgesucht und das Zimmer, welches meins werden sollte, zusammen mit seiner neuen Frau rot und gelb angestrichen. Melanie wiederum erzählte es ihrem Vater, der Dienstamtgehilfe war. Männer können verschiedene Aufgaben innerhalb der Organisation übernehmen. Aufgaben, die Frauen verwehrt bleiben. Innerhalb einer Versammlung gibt es Dienstamtgehilfen und Älteste, wobei der Dienstamtgehilfe dem Ältesten untergeordnet ist und zur Seite steht. Über ihnen stehen die Kreis- und Bezirksaufseher, und was das Predigen angeht, gibt es Sonderpioniere und Missionare, die in anderen Ländern die gute Botschaft verkündigen. Eine strikte Hierarchie, die eine optimale Überwachung der einzelnen Mitglieder gewährleistet. Und an der Spitze aller mehr als acht Millionen Zeugen Jehovas weltweit sitzt die »Leitende Körperschaft«. Sie besteht aus acht älteren Herren, die von der Weltzentrale in Warwick aus, im US-Bundesstaat New York, die komplette Organisation führen. Jeder dieser von Gott höchstpersönlich auserwählten Männer ist in mindestens einem von sechs Komitees vertreten, das bestimmte Bereiche koordiniert. Das Personalkomitee kümmert sich um die Mitarbeiter der Zweigbüros auch Bethel genannt), das Schreibkomitee um die Inhalte der Publikationen, das Lehrkomitee um Schulungsinhalte, das Dienstkomitee um das Predigtwerk und das Verlagskomitee um die Herausgabe der Literatur und den Bau von Versammlungsstätten, Zweig- und Übersetzungsbüros. Schlussendlich gibt es noch das Koordinatorenkomitee, das sich um rechtliche Angelegenheiten kümmert. All das natürlich global. Selbstverständlich bestehen diese Komitees und alle höheren Positionen nur aus Männern, da Frauen in der Organisation kaum Vorrechte haben.

Als einzelner Zeuge bemerkt man natürlich nicht viel von diesen Hierarchien, aber ich fragte mich, wie es möglich sei, dass solch eine riesige international agierende Organisation, die sich nur über freiwillige Spenden finanziert, bis ins kleinste Detail so perfekt strukturiert ist. Vergleicht man das mit einer Firma, die über acht Millionen kostenlose Mitarbeiter verfügt, die fast weltweit und in beinahe jeder Sprache agiert, die ihre Zeitschriften und Bücher in den höchsten Auflagen kostenlos und ohne Werbung veröffentlicht und dazu noch in fast jedem Land über eine hohe Zahl an Grundstücken und Immobilien verfügt, würde man von einem Imperium sprechen. Es scheint unvorstellbar, zumindest geht es mir so.

Nachdem ich Melanie von meinem Plan, auszuziehen, erzählt und sie es brühwarm ihrem Vater weitergetratscht hatte, führte er ein Gespräch mit mir. Es waren nach der Versammlung nur noch wenige Verkündiger im Königreichssaal, und er setzte sich mit mir in die letzte Reihe der grau gepolsterten Bänke, während meine Mutter irgendwo mit einer Freundin quatschte.

Er sah mich direkt an und sagte mir, dass Melanie ihm erzählt habe, ich würde zu meinem Vater ziehen wollen. Er fragte mich, ob ich denn nicht ungetaufte Verkündigerin werden möchte.

»Ja, will ich eigentlich schon«, druckste ich herum.

Und erwartungsvoll wollte er von mir wissen, ob ich denn nicht wolle, dass Jehova stolz auf mich sei.

»Auch das will ich«, murmelte ich leise.

Ob ich denn nicht wisse, dass mein Vater ein Abtrünniger sei, der in Harmagedon sterben werde?

»Doch, das weiß ich«, versicherte ich und blickte zu Boden. Das Gespräch war mir unangenehm. Ich grub meine Finger in meinen langen blauen Rock, Haarsträhnen fielen mir ins Gesicht.

Weiter fragte er mich, ob mir nicht bewusst sei, dass ich keine Hoffnung auf ein Leben im Paradies hätte, würde ich die Versammlung verlassen.

Ich kannte die Antwort: »Natürlich weiß ich das.«

Damit war für Melanies Vater alles klar. Wenn ich weiter in die Versammlung käme und meine Kraft in den Dienst für Jehova einsetzte, würde Gott mich reich belohnen, segnen und mir die Kraft geben, die über das Normale hinausgehen würde. Er las mir noch einen Bibeltext vor und ermutigte mich, meinen Glauben zu stärken und ungetaufte Verkündigerin zu werden. Ich solle meine Mutter ehren, empfahl er mir außerdem. Sie würde nur mein Bestes wollen und mich im Sinne Gottes erziehen. Jehova wäre wahnsinnig traurig und enttäuscht von mir, wenn ich mich gegen ihn wenden würde.

»Aber ich kann doch weiter die Versammlung besuchen, auch wenn ich bei meinem Vater wohne«, versuchte ich zu erklären und mich zu rechtfertigen.

Darauf entgegnete er, dass dann dennoch mein Umfeld vergiftet und ich den ganzen Tag dem schlechten weltlichen Einfluss Satans ausgesetzt wäre. Die Gefahr sei einfach zu groß. Wenn ich mich aber entscheiden würde, Jehova wirklich zu dienen, und ihm meine Liebe beweisen wolle, könnte ich ungetaufte Verkündigerin werden. In diesem Fall dürfte ich aber nicht zu meinem Vater ziehen, denn das entspräche nicht dem Willen Gottes. Ich könne nicht am Tisch Jehovas und dem der Dämonen sitzen.

Damit war das Gespräch beendet. Ich verstand seine Worte. Spürte die Bedeutung in meiner Brust. Das Stechen. Schon wieder. Schon wieder dieses schreckliche Gefühl tief in mir. Last. Druck. Zwang. Was sollte ich tun?

Ich ging auf die Toilette, schloss mich in die hinterste Kabine ein und weinte. Es war keine weitere Glaubensschwester in dem Raum, die mich hätte hören können. Heiße Tränen tropften auf meinen Rock und hinterließen dunkle Flecken. Ich nahm ein paar Blätter Klopapier und putzte meine Nase. Ich war verzweifelt, hatte das Gefühl, solch einer Entscheidung nicht gewachsen zu sein. Ich konnte nur ahnen, wie weitreichend sich diese eine Entscheidung auf mein späteres Leben auswirken würde. Aber hatte ich eine Wahl?

# VERBOTENE TRÄUME

Ich hatte das Gefühl, als würde man mich in eine Form pressen wollen, ohne dass ich mich dagegen wehren konnte. Ich sehnte mich danach, einfach nur Kind zu sein, dabei sollte ich mich wie eine Erwachsene verhalten. Ständig wurde ich beschäftigt, zugleich musste ich vorsichtig sein und darauf achten, was ich sagte, immer auf der Hut vor Satan und seinen Verlockungen. Wach. Ich war immer wach. Das lernte ich in der Versammlung. Wachsamkeit. Wer auch nur einen Moment schläfrig wurde, den holte sich der Teufel – und dann verlor man sein ewiges Leben. Denn wen der Teufel einmal in seinen Fängen hat, den gibt er nicht mehr frei.

Angst und Furcht, Panik und Albträume prägten meinen Alltag. Ich wurde misstrauisch, selbst wenn es keinen Grund dazu gab. Menschen, Dinge, Erfahrungen – alles konnte eine Falle des Teufels sein. Es war anstrengend. Schon jetzt. Schon mit dreizehn. Wie sollte ich es dann schaffen, mein ganzes Leben so zu verbringen? Es war noch nicht einmal richtig losgegangen. Ich war ja nicht mal ungetaufte Verkündigerin, und alle sagten, dass der Teufel erst nach der Taufe richtig Jagd auf einen machen würde. Frischfleisch. Jetzt hatte ich doch einen Welpen-Bonus, oder? Falsch. Das wurde mir aber erst später klar. Ein Muster zeichnete sich ab, denn in jeder Lebensphase, die noch kommen sollte, wurde mir gesagt: »Jetzt macht der Teufel besonders Jagd auf dich. Gerade jetzt musst du stark im Glauben und vorsichtig sein. Aber keine Sorge, Jehova schützt dich, wenn dein Glauben tief genug ist.« Also nichts mit Ausruhen. Immer wachsam, immer einhundert Prozent geben, immer vorsichtig sein und bereit zum Kampf. Offensichtlich war ich kein junges Mädchen, sondern ein Soldat im Krieg. Die Waffenrüstung Gottes.

Ich stand vor einer Entscheidung und fühlte mich hin- und hergerissen. Nicht wie ein Strohhalm im Wind, eher wie ein totes Tier, an dessen Gliedmaßen hungrige Wölfe zerrten und es in der Luft zerrissen. Ich fühlte mich schlecht, als hätte ich Gott mit dem Gedanken, zu meinem untreuen, abtrünnigen Vater ziehen zu wollen, verraten. Am Ende stand jedoch mein Entschluss fest. Ich wollte zu ihm, ich war bereit, ich wollte es tun. Ich wollte mich nicht mehr schuldig fühlen.

In kleinen Kartons packte ich seit Wochen meine Sachen und versteckte sie im Schrank, damit meine Mutter sie nicht sah. Wenn ich am Wochenende bei meinem Vater war, nahm ich immer etwas mit. Die Möbel waren schon angeliefert worden, und mein neues Zimmer war bezugsfertig. Die Ferien neigten sich dem Ende zu, dennoch ging es nicht los, und mein Vater holte mich nicht zu sich. Worauf wartete er? Als ich einen Moment bewusst darüber nachdachte, traf mich ein Schlag. Einsicht. Ich verstand mit einem Mal, dass ich etwas nicht wusste. Aus irgendeinem Grund wollte mein Vater nicht mehr, dass ich zu ihm zog. Ich nahm mein Telefon und rief ihn an.

»Papa, willst du nicht mehr, dass ich bei dir wohne?«, fragte ich.

»Ich will schon«, antwortete mein Vater zögernd. »Das darfst du nicht denken, aber meine Frau möchte es nicht. Und ich möchte keinen Streit, sondern nur das, was das Beste für uns alle ist.«

Ich hatte recht gehabt. Meine Ahnung war Wahrheit geworden. Mein Kopf fühlte sich an, als würden reihenweise Synapsen platzen. Mein letzter Ausweg. Zerstört.

»Sophie, bist du noch dran?«

»Ja. Aber du weißt doch, wie sehr ich leide und wie schlecht es mir geht. Du kannst mich doch nicht im Stich lassen. Was soll ich denn tun?« Meine letzte Hoffnung war gestorben. Ich hatte keine andere Möglichkeit mehr. Ich musste bleiben.

»Es tut mir leid, Sophie. Aber ich kann es nicht ändern.«

Ich legte auf, ging zurück in mein winziges Zimmer und packte die Bücher aus den Kartons. Ein paar waren schon in seiner Wohnung, in dem Schrank, der in dem Zimmer stand, das eigentlich meines werden sollte. Es wurde dann sein Arbeitszimmer.

Meinen Vater besuchte ich weiterhin ab und zu, aber es war nicht mehr dasselbe. Ich fühlte mich nicht mehr gewollt. Gehörte nicht mehr dazu. Fehl am Platz. Jedes Wochenende nahm ich ein paar meiner Sachen wieder mit zurück zu meiner Mutter, bis alles an seinem früheren Ort war.

Meine Mutter schien zum Glück nichts bemerkt zu haben. Hätte sie von meinem Plan gewusst, hätte es sicher erneut Streit gegeben. Dem war aber nicht so. Das war auch besser. Die endlosen Auseinandersetzungen und Diskussionen ersparte ich mir dadurch. Ich brauchte eine Weile, bis ich verarbeitet hatte, dass ich weiter in meinem Gefängnis bleiben musste. Ich musste ausharren. In Demut. Wie Gott es wollte. Ich redete mir ein, es sei eine göttliche Fügung. Ein Zeichen von Jehova, dass es so richtig sei, dass ich sonst meinen Glauben und damit auch meine Hoffnung auf ein ewiges Leben im Paradies verloren hätte. Vielleicht war das jetzt meine Chance, meinem himmlischen Vater meine bedingungslose Liebe zu beweisen.

Auch wenn es sich erst wie eine Bestrafung angefühlt hatte, war es erstaunlich, was sich ein manipulierter Geist zurechtlegen konnte. Ich redete es mir so lange schön, bis ich glaubte, es sei ein Zeichen von Gott und der Beweis, dass mein Vater tatsächlich abtrünnig und schlecht sei. Jehova hatte für mich entschieden, welchen Lebensweg ich einschlagen sollte. Und natürlich wurde ich ungetaufte Verkündigerin.

Es war üblich, vorher mit den Männern, die der Versammlung vorstanden, Fragen zu besprechen und Gespräche zu führen. So konnten sie erkennen, ob man die erforderlichen Voraussetzungen erfüllte.

»Bist du dir der Verantwortung bewusst, die du trägst, wenn du dich als ungetaufte Verkündigerin Jehovas zu erkennen gibst?«, wurde ich gefragt.

»Ja, das bin ich«, erwiderte ich.

»Legst du Zeugnis für Gott ab, indem du dich am Predigtdienst beteiligst, und willst du dein Leben in seinen Dienst stellen?«

»Ja, ich will.«

»Studierst du die Bibel und die Veröffentlichungen der Organisation, und hältst du dich daran?«

»Ja, das tue ich.«

»Bist du dir bewusst, dass dein Vater ein schlechter Umgang ist? Wirst du deinen Kontakt mit ihm auf das Nötigste beschränken?«

»Ja, das werde ich.«

»Dann steht dir nichts mehr im Weg, um ungetaufte Verkündigerin zu werden.«

Bei der nächsten Zusammenkunft verkündete der Redner von der Bühne aus, dass ich der Versammlung ab sofort als ungetaufte Verkündigerin dienen würde. Anschließend kamen viele Glaubensbrüder und -schwestern auf mich zu und umarmten mich. Ich bekam Glückwünsche für meine Entscheidung, nun den Weg des Lebens zu gehen, und alle beteuerten, dass sie sich schon sehr auf meine Taufe freuen würden.

Die Anerkennung, das Lob und die Begeisterung all der Menschen um mich herum gaben mir neue Kraft. Ich hatte wieder Motivation und freute mich, dass ich mich an der Predigtdienstschule beteiligen durfte. Neue Verantwortung und neue Aufgaben. Ab jetzt voller Einsatz und volle Power. Ich setzte mir hohe Ziele und studierte weiter fleißig mit Schwestern aus der Versammlung die Bibel.

Aber auch dieses Mal hielt meine Motivation nicht lange an. Ich hatte mich zwar innerhalb der Versammlung positioniert und meine Bereitschaft, Gott zu dienen, deutlich gemacht, aber mit den neuen Aufgaben und Vorrechten kam auch neuer Druck.

Nun war ich montags, immer nach der Schule, im Predigtdienst, dienstags bereitete ich mich auf die Zusammenkunft am Mittwoch vor, mittwochs musste ich die theokratische Predigtdienstschule im Königreichssaal besuchen, donnerstags stand das Studium des Jugendbuchs mit Tanja auf meinem Plan, freitags die Buchstudiengruppe, bei der mehrere Familien zusammen ein Buch studierten, am Samstag fand meist noch ein weiterer Predigtdiensttreff statt, dazu einmal im Monat Orchesterprobe für das Versammlungsorchester, und sonntags musste ich erneut zu einer Zusammenkunft im Königreichssaal, mit Vortrag und *Wachtturm*-Studium.

Zur Vorbereitung auf das *Wachtturm*-Studium waren meine Mutter und ich meist bei Katharina. Wir gingen gemeinsam jeden Abschnitt durch, lasen die Bibeltexte. Ich machte mir Notizen, damit ich mich in der Versammlung gut beteiligen konnte. Doch wie sollte man das alles schaffen? Heute frage ich mich, wie ich das überhaupt so lange durchgestanden habe.

Als ungetaufte Verkündigerin wollte ich immer eifriger werden, aber meine Kraft war begrenzt. Egal, was ich auch tat, nie schien es genug zu sein. Ich dachte: Gott erwartet mehr von mir. Meine Glaubensbrüder und -schwestern erwarten mehr von mir. Ich erwarte mehr von mir. Und zu allem Überfluss noch meine Mutter, der ich sowieso nie etwas recht machen konnte. Ich war davon ausgegangen, dass mit meinem Bekenntnis als Diener Gottes der »Klick« kommen würde. Ein Gefühl, das mir sagte, ich würde das Richtige tun. Die Bestätigung. Das Bewusstsein. Aber das Einzige, was ich spürte, war nur noch größere Unsicherheit. Unsicherheit, ob meine Entscheidung falsch war. Und ich hatte Angst zu versagen. Ich versuchte, mich mit Theokratie abzulenken und mein ungutes Gefühl zu übertünchen, aber es half alles nichts. Falsch. Alles fühlte sich falsch und schmerzhaft an.

Auch die Streitigkeiten mit meiner Mutter wurden von Tag zu Tag schlimmer. Nicht jeder Mensch, der älter ist, hat automatisch recht. Nicht jede Mutter weiß alles besser als ihr Kind. Nicht jeder ist besser als ein anderer, nur weil er sich für religiös hält. Das alles sind nur Etiketten. Etiketten, die nichts über den Inhalt aussagen. *Ich bin die Mutter, und du bist das Kind.* Eine Aussage, mit der sich meine Mutter sehr oft rechtfertigte und von der sie dachte, sie würde ihr Immunität und Autorität verleihen. Ja, sie war meine Mutter. Aber diese Tatsache war kein Beweis für gute Taten, richtige Ansichten oder korrektes Verhalten. Diese Tatsache sagte nichts aus.

Irgendwann hatte auch ich verstanden, dass es sinnlos war und ich erst gar nicht zu versuchen brauchte, mit ihr zu diskutieren. Es war reine Kraft- und Zeitverschwendung. Und ich zog jedes Mal den Kürzeren. So oft kam ich zu spät in die Schule, weil wir frühmorgens schon heftige Streitereien hatten. Einmal gab sie mir, als ich schon im Hausflur stand und mich auf den Weg machen wollte, eine Ohrfeige, und ich rannte heulend zur Schule. Die erste Stunde hatte schon begonnen, Kunstunterricht, und meine Mitschüler starrten mich genervt und irritiert an, weil ich wieder einmal zu spät war und auch total verheult aussah. Keiner wusste, was bei mir zu Hause los war, und ich wollte es auch niemandem auf die Nase binden. Ich schämte mich.

In den kurzen Phasen, in denen meine Mutter mal einen Job hatte und erst nach mir heimkam, lief ich schnell nach Hause, um wenigstens eine halbe Stunde eine lustige Serie wie *Two and a Half Men* auf Kabel Eins zu schauen, es war der einzige Sender außer ARD und ZDF, der funktionierte. Meine Mutter hasste es, wenn ich Fernsehen guckte, anstatt zu putzen oder andere Aufgaben zu erledigen. Ich sah nie in ihrer Gegenwart fern, aber wenn sie heimkam, prüfte sie die Temperatur des Fernsehers, um herauszufinden, ob ich ihn unerlaubt benutzt hatte. War er warm, konnte ich mich auf einen heftigen Streit einstellen. Meist durfte ich mir anhören, dass Satan versuche, meinen Geist durch weltliche Sendungen und Musik zu vergiften. Um das zu verhindern, wurde sie erfinderisch und präparierte eine Dose mit Schloss, in der sie den Stecker des Fernsehers verwahrte. Ich nahm mich der Herausforderung an und knackte das Schloss mit einem Messer. Not macht erfinderisch. Ja, ich hätte meiner Mutter gehorchen sollen, aber ich war nun mal ein pubertärer Teenager und wollte wenigstens ein paar der Freiheiten genießen, die für andere in meinem Alter normal waren.

Jede winzige Selbstverständlichkeit weitete sich zu einem Kampf aus, den ich unmöglich gewinnen konnte. Manchmal stellte ich mich krank, um nicht mit in die Zusammenkünfte gehen zu müssen. Ich brauchte einfach ab und zu ein paar Stunden nur für mich. Mich plagten zwar Schuldgefühle gegenüber Jehova, denn Lügen wurde als eine Sünde angesehen, aber ich versprach ihm, es nie wieder zu tun, und bat um Vergebung. Ich hoffte, er würde mich verstehen und sehen, dass ich es nicht böse meinte, es einfach nur nicht mehr aushielt.

Meine Mutter lernte manchmal sehr komische Leute kennen. Ich konnte nicht verstehen, wo sie solche Personen traf, wenn nicht in der Versammlung oder bei unseren anderen Treffen. Sie verbrachte keine Zeit mit Kollegen, wenn sie mal einen Job hatte. Wo dann? Ich erinnere mich noch an einen sehr dicken Mann, vielleicht um die fünfzig, der uns des Öfteren besuchte. Ich fand ihn ekelhaft, er widerte mich an. Die wenigen Haare auf seinem Kopf pappten fettig an der Kopfhaut, er schwitzte sehr, und seine Hemden klebten an ihm. Er war so fett, dass einmal unser Bürostuhl, auf dem er saß, zerbrach. Meine Mutter nähte ihm manchmal Hosen um, riesige Zelte, die ich dann für ihn bügeln sollte. Vielleicht wollte meine Mutter Menschen wie ihn missionieren. Aber ich glaube, sie hatte andere Gründe. Doch welche? Es erschien mir unmöglich, dass die beiden irgendeine Art von Beziehung hatten, da er nicht nur eklig, sondern auch kein Diener Gottes war. Sie sagte mir mal, als ich sie nach ihm fragte, er sei kein schlechter Mensch, sie würde ihm bei ein paar Sachen helfen und er dafür im Gegenzug ihr. Mehr wollte ich nicht wissen. Hauptsache, ich hatte meine Ruhe. So seltsam mir die Situation auch erschien, war ich froh darüber, dass meine Mutter mit jemandem beschäftigt war und ich ein klein wenig Zeit für mich hatte.

Dann passierte etwas, das mich erneut an meine inneren Grenzen brachte. Mein Vater, der sich schon seit einer ganzen Weile seltsam verhalten hatte, erzählte mir, er habe Krebs. Darmkrebs im vierten Stadium. Vor ein paar Jahren war meine geliebte Balloma an einer Krebserkrankung gestorben, sollte eine solche auch ihn töten? Er war doch erst fünfundvierzig! War das die Strafe Jehovas, weil er sich gegen ihn gewandt hatte? Wenn er jetzt starb, hatte er keine Auferstehungshoffnung. Er würde nach seinem Tod nicht in einem Paradies auf der Erde weiterleben. Ich würde ihn nie mehr wiedersehen. Ja, dachte ich, mit seiner Entscheidung gegen Jehova Gott hatte er sein Schicksal besiegelt. Die Uhr tickte.

Ich wollte ihn nicht verlieren. Zugleich machten sich in mir Schuldgefühle breit, weil ich nach dem fehlgeschlagenen Umzugsversuch nicht mehr so viel Zeit mit ihm verbracht und mich auf die Seite meiner Glaubensbrüder geschlagen hatte. Nach seiner Entscheidung, mich bei meiner Mutter zu lassen, war es mir leichter gefallen, ihr und den anderen Glaubensgeschwistern zu glauben, wenn sie schlecht über ihn redeten. Ich nahm ihn nicht mehr in Schutz, glaubte langsam auch, dass er so schlecht war, wie alle sagten. Aber jetzt hatte ich Mitleid mit ihm und fühlte mich schrecklich.

Natürlich erfuhr meine Mutter von seiner Krankheit. Ob die Nachricht sie schockierte, weiß ich nicht. Die einzige Reaktion, die ich mitbekommen habe, war die Sorge um den Unterhalt, sollte Papa sterben. Äußerungen wie »Dein Vater stirbt ja sowieso bald« hallen noch heute in meinem Kopf nach. Als wäre sein Tod bereits besiegelt gewesen. Eiskalt. Wie kann man dem eigenen Kind nur auf diese Weise sagen, dass sein Vater sterben wird? Aber wie so oft hatte ich das Gefühl, dass sie eh nicht an mich dachte. Sie erschien mir skrupellos und berechnend, als ginge es ihr nur ums Geld. Geld, welches für mich gedacht war. Auch wenn wir keinen Geburtstag, kein Weihnachten oder Ostern feierten, so durften wir außerhalb dieser Tage etwas geschenkt bekommen. Die anderen Kinder und Jugendlichen in der Versammlung erhielten hin und wieder Geschenke. Weil es auch in dieser

Religion Eltern gibt, die ihre Kinder lieben und möchten, dass sie glücklich sind.

Dieses Gefühl hatte ich bei meiner Mutter nie. Sie machte mir immer nur deutlich, was an mir alles nicht stimmte. Oft bekam ich zu hören, dass ich ein undankbares, freches Mädchen sei und Jehova enttäuscht von mir wäre. Wenn ich so weitermachen würde, käme ich nicht ins Paradies. Mein Vater würde sich nicht für mich interessieren, sonst hätte er sich keine neue Familie gesucht. Sie infizierte meinen Geist mit ihren gemeinen und boshaften Gedanken. Sie tat mir weh. Ich hörte diese Dinge so lange, bis ich sie selbst glaubte. Ich war allein. Niemand war da. Niemand liebte mich. Für sie war ich ein aufmüpfiges Kind, von Dämonen besessen. Der Teufel war hinter mir her und versuchte, mich zu verschlingen. Und ich machte es ihm leicht, indem ich Kontakt mit meinem abtrünnigen Vater und weltlichen Klassenkameraden hatte. Indem ich weltliche Sendungen schaute, heimlich Mangas las und Musik hörte, in der es um lauter unreine und materielle Dinge ging. Alles um mich herum, die ganze Welt war eine einzige Falle, nichts als Unmoral, Gottlosigkeit und Sünde.

# HEILIGE LÜGEN

Die Dunkelheit umhüllte mich, als ich eines Abends in das kleine Waldstück in der Nähe unseres Wohnblocks ging. Meine Mutter hatte vor einer halben Stunde das Haus verlassen, und ich war froh, noch einmal rauszukönnen. Ich ließ den hässlichen Plattenbau und die trübe Straßenbeleuchtung hinter mir und betrat den Trampelpfad, der bergab in die Schwärze führte. Ich nahm meine Kopfhörer aus den Ohren, denn ich wollte die vertrockneten Tannennadeln auf dem Boden brechen hören, wenn ich über sie lief. Es knirschte, und der Wald atmete hörbar. Es war frisch, und ein kleiner Windhauch streifte mein Gesicht.

Auf einer winzigen Lichtung hielt ich inne. Stille. Nur Bäume, die leise knackten. Sonst nichts. Ich setzte mich auf den Boden, zog die Knie an meine Brust und blickte hinauf zu der Mondsichel, die über mir schwebte und den Wald mit einem zarten Silberschimmer überzog. In meiner Jackentasche lag mein lilafarbener Achatstein, den ich mir viele Jahre zuvor bei einem Schulausflug gekauft hatte, und ich nahm ihn in die Hand. Da es sonst nichts in meinem Leben gab, das mir die Kraft schenkte, die ich so bitter nötig hatte, suchte ich meine Zuflucht in anderen Dingen. Ritualen, Fantasien oder einem kleinen, unbedeutenden und nutzlosen Stein. Denn Glaube schafft Energie, redete ich mir zumindest ein. Erneut sah ich zum Mond und begann, leise zu beten:

»Lieber Vater Jehova im Himmel, ich danke dir für alles, was du für mich getan hast, und dass du mir mein Leben geschenkt hast. Bitte, gib mir doch Klarheit und Weisheit, um einen Ausweg zu finden. Ich bin furchtbar unglücklich und weiß nicht, warum.« Tränen füllten meine Augen, aber ich flüsterte das Gebet weiter vor mich hin. »Ich habe keine Ahnung, was ich falsch gemacht habe, um all diesen Kummer und Schmerz zu verdienen. Bitte, erlöse mich. Ich hasse mein Leben. Ich fühle mich einsam und verloren, obwohl ich versuche, dir treu zu dienen. Ich bin mir bewusst, dass ich vieles falsch gemacht habe. Aber bitte, vergib mir doch, und bestrafe mich nicht länger.«

Ich schrie stumm in Richtung Himmel, flehte Gott an, mir doch ein Zeichen zu senden. Es passierte nichts, wie so oft. »Warum antwortest du mir nicht? Was soll ich denn noch alles für dich tun? Wie lange soll ich noch leiden?« Plötzlich raschelte es auf dem Boden ein paar Meter neben mir. Ein kleines Tier flitzte davon, als ich meinen Kopf drehte. Selbst diese kleine Maus hat eine Familie, dachte ich. Selbst diese kleine Maus ist nicht allein.

Ich stand auf, klopfte den Schmutz von meiner Hose, steckte meinen Stein ein und warf noch einen letzten Blick zum Mond, bevor ich mich auf den Heimweg machte.

Über den kleinen Trampelpfad lief ich zurück zur Wohnung. Durch die Bäume konnte ich das dumpfe Leuchten der orangefarbenen Straßenlaternen erkennen. Wir wohnten im zweiten Block, im vierten Stock. Ich hoffte, niemand würde mir im Haus begegnen, also ließ ich das Licht aus. Ich konnte die Stufen auch im Dunkeln hinaufgehen. Die Anzahl der Treppenstufen und ihre Höhe kannte ich blind.

Ich war froh, als ich die Wohnungstür leise hinter mir schloss und niemand aus der Wohnung gegenüber kam. Manchmal kam es mir vor, als würde Hanna hinter der Tür gegenüber warten und lauschen. Früher hatten wir uns ab und zu Zettel an die Tür geklebt, damit der jeweils andere sofort klingelte, wenn er nach Hause zurückkehrte. Vor ein paar Jahren, kurz nach unserem Einzug, war das noch schön und lustig. Aber nach ihrem Verrat vor den Ältesten hatte ich mich von Hanna entfremdet. Ja, sie war meine Glaubensschwester, und ich hätte ihr ihren Vertrauensbruch verzeihen müssen, auch wenn sie sich nie dafür entschuldigt hatte. Echte Christen sind nicht nachtragend. Wir sollten uns daran halten, wozu Jesus seine Nachfolger in Johannes 13:34,35 auffordert: »Ein neues Gebot gebe ich euch, dass ihr einander liebt, so wie ich euch geliebt habe, dass auch ihr einander liebt. Daran werden alle erkennen, dass ihr meine Jünger seid, wenn ihr Liebe unter euch habt.« Brüderliche selbstlose Liebe deckt alles zu. Trotzdem wurde es nicht wie früher, und das wollte ich auch nicht.

Ich hatte es satt, ständig unter Beobachtung zu sein, und ich fühlte mich oft überwacht. Manchmal versteckte meine Mutter auch ein Aufnahmegerät in der Wohnung und zeichnete unsere Gespräche, oder besser gesagt Streite auf. Die Dateien fand ich irgendwann auf ihrem iPod. Ich weiß nicht, was genau sie sich davon erhoffte. Wahrscheinlich wollte sie die Aufnahmen ein paar Brüdern und Schwestern aus der Versammlung vorspielen, um zu beweisen, wie böse ich doch war. Oder sie wollte kontrollieren, was ich tat, nachdem ich ihre Aufgaben erledigt hatte.

Ich wollte jedoch einfach nur meine Ruhe. Wollte alleine meine Liste mit Erledigungen abarbeiten, meine Hausaufgaben machen und mich in meinem Zimmer einsperren. Am liebsten für immer. Das ging allerdings nur mit einer vorhandenen Zimmertür, und auf die musste ich wieder einmal einige Wochen verzichten. Als meine Mutter dann abends häufiger Besuch von Schwestern aus der Versammlung bekam, baute sie sie mir wieder ein, da ich sonst nicht schlafen konnte. Zu gütig.

In dieser Zeit fand ich mehr und mehr Gefallen an scharfen Gegenständen. Sie übten eine ungemeine Faszination auf mich aus. Wunderbar und gefährlich. Schmerzhaft und erlösend. Körperlicher Schmerz entsteht im Kopf. Ich konnte ihn kontrollieren. Deswegen schnitt ich mich ab und zu. Hatte ich die Kontrolle über andere Dinge verloren, konnte ich sie so zurückgewinnen. Ich konnte trainieren, was mir wehtat und was nicht. Fügten mir Menschen Schmerzen zu, war ich ihnen schutzlos ausgeliefert. Fühlte mich hilflos. War viel zu empfindlich. Menschen waren zu grausam für mein kleines Herz. Nahmen keine Rücksicht. Ich war zu schnell zu tief verletzt. Machtlos. Aber wenn ich mich schnitt, hatte ich ein Gefühl von Macht. Macht und Kontrolle über meinen Körper. Als würde es mir Stärke verleihen. Und Stärke war genau das, was ich wollte. Was ich brauchte. Also setzte ich meine liebsten Messer an, wenn ich mich schwach fühlte. Je tiefer der Schnitt, umso stärker fühlte ich mich. Ich dachte: Ich kann alles ertragen. Nichts kann mich umbringen.

Mist. Dieser Schnitt war zu tief. Das Messer war einfach zu groß. Die Klinge zu scharf. Die Haut drei Zentimeter unter meinem linken Handknöchel klaffte auseinander. Zartes rosafarbenes Fleisch kam zum Vorschein. Die Kerbe in meiner Haut füllte sich langsam mit Blut. Als würde man Wasser in ein Waschbecken oder in die Badewanne einlassen. Tropfen liefen mein dünnes Handgelenk hinab. Ich drehte die Hand und sah ihnen dabei zu. So schön. Sie zerplatzten auf meinem Oberschenkel. Es wurde mehr Blut. Ich leckte die Tropfen von meinem Unterarm ab bis zum Ellbogen. Presste ein Stück Küchenrolle auf den Schnitt. Innerhalb von Sekunden war es mit Blut getränkt. Ich brauchte einen Verband. Ich presste mehr Küchenpapier auf die Wunde. Im Badschrank fand ich Verbandsmaterial. Ich drückte eine Wundauflage auf den Spalt, dann wickelte ich den Verband drum herum. Ich spürte, wie die Wunde leicht pulsierte. Leben. In dieser kleinen Stelle meines Körpers steckte in diesem Moment wahnsinnig viel Leben. Meine Mutter würde den Verband sowieso nicht bemerken. Gut so. Ich wollte meine Macht für mich behalten. Mein kleines süßes Geheimnis. Nur Jehova wusste es. Sonst keiner.

Am darauffolgenden Wochenende war wieder eine Orchesterprobe unseres Versammlungsorchesters. Wir musizierten gemeinsam, es wurde gelacht und danach Kaffee getrunken. Ich hatte gebacken. Eine Himbeer-Biskuitrolle, sehr lecker. Das Rezept hatte ich von einer anderen Schwester aus der Versammlung. Es war üblich, dass die Schwestern selbst gebackenen Kuchen mitbrachten. Nach dem Kaffeetrinken blieben wir noch zur Vorbereitung des *Wachtturm*-Studiums für den nächsten Tag. Während mir Johanna, bei der die Orchesterprobe immer stattfand, Kaffee nachschenkte, fragte sie mich nach der Wunde an meinem Handgelenk. Wir hatten ein gutes Verhältnis, telefonierten oft, und ich konnte ihr auch die Probleme mit meiner Mutter anvertrauen. Ich hatte die Wunde schon völlig vergessen, ein brauner Grind, der kleiner war als erwartet. Die Frage ließ mich in Panik geraten, denn ich war nicht auf eine solche Nachfrage vorbereitet. Ich sagte, die sei vom Schlittschuhlaufen, ich wäre an das Eisen gekommen. Da ein Junge in meiner Schule sich beim Schlittschuhlaufen eine Schnittverletzung zugezogen hatte, hielt ich diese Ausrede für glaubwürdig.

Da ich Johanna bei meiner Notlüge nicht in die Augen

sehen konnte, wusste ich, dass sie mir nicht glaubte. Ich war noch nie eine talentierte Lügnerin gewesen.

Prompt fragte sie, ob ich mich selbst geschnitten hätte und ob es das erste Mal gewesen sei.

»Ja«, antwortete ich. Und wieder hatte ich gelogen.

Nun wusste Johanna, dass ich mich geschnitten hatte, aber es wurde nie wieder thematisiert. Ebenso wie die Probleme mit meiner Mutter nicht ernst genommen wurden. In dem Moment war ich froh darüber, nicht über diese unangenehmen Sachen zu sprechen, aber später wurde mir klar, sie hätte mir helfen müssen.

Es war überhaupt eine schwierige Zeit. Mit meinen Schulnoten ging es rapide bergab. Ich konnte mich nicht konzentrieren, war immer in Gedanken und hatte keinerlei Energie. Ich war müde. Vom Leben. Mit meinem Mathedurchschnitt von 5,5 war ich versetzungsgefährdet. Ich bekam Mathenachhilfe mit anderen Schülern der achten Klasse, aber ich verstand nichts. Ich war zu dumm. Zu schwach. Loser.

Der Moment, in dem man eine Entscheidung trifft, kann alles ändern. Für Probleme sucht man Lösungen, und Unentschlossenheit wandelt sich in Akzeptanz. Nicht alle Entscheidungen sind gut, clever oder haben einen Vorteil. Aber auch die hässlichen müssen getroffen werden. Ich hatte die Wahl zwischen Qual und Erlösung. Meine Entscheidung war getroffen. Ich wählte den Tod. Ich wollte sterben. Meine Situation war ausweglos. Es gab keine Alternativen mehr. Ich war fertig. Ich konnte nicht mehr und wollte unbedingt eine Pause. Mir war alles zu viel. Weglaufen war dämlich, ich wusste, es würde nichts bringen. Zu meinem Vater konnte ich nicht, und da ich es unmöglich noch länger bei meiner Mutter aushielt, erschien mir Selbstmord die passende Lösung zu sein.

Kennst du das Gefühl, gewisse Dinge in deiner Zukunft einfach nicht zu sehen? Sachen, die geplant sind, aber einfach nicht passieren? Es gibt keinen speziellen Grund dafür, es ist nur eine Vorahnung. Ein Bauchgefühl. Man spürt, zu Erwartendes wird nicht eintreten. Normalerweise sind es meist nur Kleinigkeiten, die nicht klappen, und bei denen einem das Schicksal einen Strich durch die Rechnung macht. Was ich in meinem Fall nicht sah, war etwas Großes: mein Leben. Meine Zukunft. Da war nichts. Sosehr ich es auch versuchte, ich konnte mir in meinem Kopf kein Bild malen, wie mein Leben in Zukunft aussehen würde. Ich hatte keine, dessen war ich mir sicher.

Selbstmord ist eine Sünde, Gott hat Leben geschenkt, und nur er darf es nehmen, so hatte ich es gelernt. Ich wollte dieses kostbare Geschenk Jehovas einfach wegwerfen. Sünde. Deswegen glaubte ich auch nicht mehr, dass ich irgendwann im Paradies auferstehen würde. Aber vielleicht sah Jehova ja in mein Herz und verstand mich. Dann hätte ich noch eine Hoffnung. Doch dummerweise hatte meine Mutter als treue Zeugin Jehovas ebenfalls die Auferstehungshoffnung – und dann würde ich sie im Paradies wieder treffen, dann würde das Elend von vorne losgehen. Ich ging nicht davon aus, dass sie dort ein völlig anderer Mensch sein würde. Also führte kein Weg am Tod vorbei. Und das war auch nicht schlimm, fand ich. Es war okay. Vorfreude auf die Erlösung machte sich in mir breit. Endlich Ruhe.

Der Tag, an dem ich starb, war der 13. April. Ein grauer, trüber Tag, der die perfekte Kulisse für meinen Tod abgab. Aber das war eher Zufall, oder vielleicht eine Fügung. Dieser Tag war nicht x-beliebig von mir ausgewählt worden. Nach meiner Entscheidung wollte ich es so schnell wie möglich hinter mich bringen. Mein Zimmer war in tiefes Schwarz getaucht. Ich schloss die Tür ab und zündete ein paar Kerzen an, um meinen Tod romantisch zu zelebrieren. Der kleine kastenförmige Raum wurde in ein zartes orangefarbenes Licht gehüllt, kaum heller als die Dunkelheit. Die Dunkelheit gab mir ein Gefühl von Geborgenheit. Ich musste nicht viel sehen, nur das Nötigste. Magisch. In meiner Hand der Achatstein und mit ihm der Glaube an höhere Kräfte, die alles regeln würden. Mein Tod sollte perfekt ins Bild passen. Ich kramte meine Kopfhörer heraus und stöpselte sie in meinen CD-Player. Setzte mich an die kalte Heizung unter dem einzigen Fenster im Raum, die verschlossene Tür gegenüber vor mir fest im Blick. Ich musste aufmerksam sein, sobald der Spalt unter der Tür hell wurde, wusste ich, dass ich sofort abbrechen musste. Nicht einmal sterben konnte ich entspannt, sondern musste auch in dieser Situation wachsam sein. Ich hätte warten können, bis meine Mutter irgendwann abends nicht zu Hause war, aber das hätte noch ewig dauern können. Und ich wollte endlich frei sein. Sofort. Tagsüber zu sterben hatte außerdem keinerlei Flair. Ich hatte schon eine Weile darüber nachgedacht, wie ich es wohl am besten tun könnte. War im Kopf alle Möglichkeiten durchgegangen. Ich wollte schön sterben. Ästhetisch. Kein Blutbad, keine Zerstörung, sondern still, leise und wunderschön.

Ich steckte mir die Kopfhörer ins Ohr und startete den Track. Musik erfüllte mich. Ich spürte sie. Sie befreite meine Emotionen und ließ mich in eine andere Welt fliehen. »Russian Roulette« von Rihanna. Ich fühlte den Tod. Dieses Lied ließ ihn mich spüren. Akzeptieren. Wie gern hätte ich eine Pistole gehabt. Den Abzug drücken, und alles wäre vorbei. Es könnte so einfach sein. Aber das war es nicht, war es noch nie in meinem Leben.

Nach endlosen Überlegungen hatte ich endlich die

ideale Lösung gefunden und hielt einen Müllbeutel in der Hand. Die Alternativen: ein Bad mit Föhn, aufgeschlitzte Pulsadern oder eine Überdosis Tabletten. Letzteres hatte ich bereits mit den verschreibungspflichtigen Migränetabletten meiner Mutter versucht – und was war passiert? Zwei Tage lang hatte ich mich daneben gefühlt, aber das war auch alles.

An dem Abend, an dem ich mir mit den Tabletten das Leben nehmen wollte, hatte ich Johanna eine SMS geschrieben, dass ich unglücklich sei und sterben wolle. Ich lag heulend im Bett und merkte, wie mir die Pillen zu Kopf stiegen. Und was tat Johanna? Rief meine Mutter an, die daraufhin in mein Zimmer gerannt kam und mich anschrie. Eine kurze Diskussion folgte, bei der ich mich rausredete. Keine Ahnung, wie ich das geschafft hatte, aber für meine Mutter hatte sich das Thema damit erledigt. In der nächsten Zusammenkunft sagte mir Johanna, dass sie genug eigene Probleme habe und sich nicht auch noch um meine kümmern könne. Wenn es mir schlecht gehe, solle ich doch mit meiner Mutter oder den Ältesten reden. Ich hatte Glück, dass die beiden das Ganze nicht weiter ernst nahmen, aber keinesfalls durfte ich wieder den Fehler begehen, jemanden einzuweihen.

Die anderen Möglichkeiten waren ebenfalls zu risikoreich – noch schlimmer als ein Selbstmord war ein missglückter Selbstmord. Wegen eines nicht ausreichenden Stromschlags oder einer Ader, die ich nicht richtig getroffen hatte, ins Krankenhaus zu kommen – das würde meinem beschissenen Leben die Krone aufsetzen und es in einen noch krasseren Horrortrip verwandeln, als es eh schon war. Am Ende würde ich vielleicht in einer Psychiatrie landen oder unter einem bleibenden körperlichen Schaden leiden. An die endlosen

Gespräche mit Ältesten und Glaubensbrüdern, die mir sagen würden, wie enttäuscht Jehova nun sei, weil ich mich hatte umbringen wollen, daran wollte ich erst gar nicht denken. Auch nicht daran, was ich alles tun müsste, um Vergebung zu erlangen. Es musste wortwörtlich todsicher sein, und falls es doch nicht funktionierte, durfte es niemand bemerken. Ein Sprung von einer Brücke wäre letztlich super gewesen, nur konnte ich nicht Auto fahren, und die Brücken, die mit dem Fahrrad zu erreichen waren, erschienen mir nicht hoch genug. Auf eine Querschnittslähmung konnte ich gut verzichten.

Also entschied ich mich für einen Tod durch eine Kohlenmonoxidvergiftung. Da das Auto meiner Mutter sichtbar auf der Straße parkte und ich nicht am Auspuff nuckeln wollte, blieb nur die Option, mich selbst zu ersticken. Ich nahm den Müllbeutel in meiner Hand und öffnete ihn. Zog ihn über meinen Kopf und stellte das Lied auf Anfang. *Take a breath.* Ich atmete. Die Tür und den Spalt darunter im Blick. Alles dunkel. Ich betete. Bat Jehova Gott um Vergebung. Betete um Erlösung. Ich wollte einfach verschwinden. Heiße Tränen liefen über meine Wangen. Es war so weit. Ich zog den Müllbeutel an meinem Hals zusammen. Atmete ein paar letzte Züge. Schwer. *Take it deep.* Sog den Müllbeutel in meinen Mund. In meinem Kopf pulsierte der Song. Ich spürte meine Bereitschaft, zu sterben. Akzeptierte den Tod. *Calm yourself.* Ich hatte gelesen, dass viele Menschen nicht sterben, weil sie zu sehr am Leben hängen und der Überlebensinstinkt kurz vor dem Selbstmord einsetzt. Das konnte mir nicht passieren. Noch nie wollte ich etwas so sehr wie in diesem Moment den Tod.

Noch ein schwerer Atemzug aus Plastik. Der chemische Geruch stieg mir tief in die Nase, und es war perfekt so. Der

Genuss des Todes. Der Genuss der Erlösung. Es war alles geklärt. Es gab genau drei Abschiedsbriefe. Einen an meine Mutter, einen an meinen Vater und einen an seine Frau. Nach meinem Tod konnten sie sich endlos gegenseitig die Schuld zuschieben, ich hatte jedenfalls meine Ruhe. Sie alle waren in meinen Augen schuldig, und das sollten sie wissen. Ich war raus.

Plötzlich wanderte mein leerer Blick zu dem Spalt unter meiner Zimmertür. Er wurde hell. Panisch riss ich die Tüte von meinem Kopf und zog die Kopfhörer aus meinen Ohren. Ich lauschte. Meine Mutter war auf dem Weg zu meinem Zimmer. Es wummerte an meine Tür. War es möglich, dass sie den Schein der Kerzen entdeckt hatte? Scheinbar.

Mit schriller Stimme fragte sie, warum ich mich schon wieder eingeschlossen hätte. Ich solle endlich schlafen, es sei fast neun.

»Ja, gleich«, rief ich etwas schwach, in der Hoffnung, dass es normal und gefasst rüberkam. Das ganze Geheule hatte meine Nase verstopft, wahrscheinlich klang ich, als hätte ich seit zwei Wochen eine Erkältung.

»Nein, nicht gleich, sondern sofort!«

Immerhin, ich war schon froh, dass sie mich nicht zwang, die Tür zu öffnen. Kann man denn nicht einmal in Ruhe sterben?, dachte ich.

»Sophiehieeee! Ich habe was gesagt!«

»Ich mach ja schon, sofort«, erwiderte ich, damit sie endlich verschwand.

»Ich komme in fünf Minuten wieder, und wehe, du liegst dann nicht im Bett!« Mit diesen Worten kehrte sie ins Wohnzimmer zurück.

Angst und Abscheu machten sich erneut in mir breit, Empfindungen, die ich durch meinen baldigen Tod nie wieder spüren wollte. Der Lichtspalt unter meiner Tür erlosch, und ich war erleichtert. Die Frau machte mich wahnsinnig. Ich war so froh, sie nie mehr sehen und hören zu müssen.

Ein weiteres Mal steckte ich die Kopfhörer in meine Ohren, drückte auf »Zurück«, um erneut »Russian Roulette« laufen zu lassen, und griff zur Tüte. Energisch und zielstrebig. Ich wollte es hinter mich bringen. Diesmal aber wirklich. Ich umklammerte den Achat und zog den Müllbeutel fester um meinen Hals zusammen als nötig. Schmerz. Egal. Die Tüte wurde mit jedem Atemzug tiefer in meinen Mund gesaugt. Ich schmeckte und roch Plastik. Beeil dich, rief ich mir still zu. Aber gleich würde es geschafft sein. Endlich. In meinem Kopf rauschte es. Ich hörte das Blut durch meinen Körper jagen. Bekam keine Luft mehr. Mein Kopf wurde schwer, und vor meinen Augen verschwamm alles. Ich spürte, wie sich das Blut in mir staute, und es fühlte sich an, als wollte mein Kopf platzen. So viel Druck. War das der Tod? Kein Atem. Stattdessen Pulsrauschen. Ein riesiges Pochen in meinem Schädel. Ich schloss meine Augen und verabschiedete mich von der Welt.

Doch nichts geschah. Ich flehte Jehova an, mich zu erlösen. Wieder nichts. »Bitte, lieber Gott, lass mich sterben! Mein Lebenswille ist gebrochen. Ich will nicht leben. Ich will nicht die Tüte von meinem Kopf ziehen.« Ich diskutierte mit Gott. Er weigerte sich, mich zu befreien. Sagte mir, es gäbe einen Ausweg, und irgendwann werde es besser. Aber ich wollte ihm nicht glauben. Stur wartete ich weiter, biss die Zähne zusammen.

Ein Zeitgefühl besaß ich nicht, aber es mussten Minuten vergangen sein, in denen mein Gehirn ohne Sauerstoff war. Ich hörte keine Lieder mehr, einzig und allein ein Rauschen. Bestimmt war ich nicht mehr hier, längst weg. Doch eben auch nicht tot. Ich dachte: Gott lässt mich nicht sterben. Er will, dass ich lebe. Auch wenn ich das nicht will. Er hat Größeres mit mir vor. Ich wollte ihn anschreien, ihm sagen, dass es mein Leben sei und ich entschiede, ob ich noch leben wolle oder nicht! Aber er ließ mich nicht los. Wie sehr ich es auch versuchte. Es war sinnlos. Ich zog die Tüte von meinem Kopf und schnappte nach Luft. Ich kippte zur Seite. Mir war schwindlig und übel. Ich öffnete meine Augen, sah aber nur verschwommenes Flackern in der Dunkelheit. Mein Kopf fühlte sich an, als würde er eine Tonne wiegen. Aber Wut und Enttäuschung wogen mehr. Ich fing zu weinen an. Wollte schreien, aber aus meiner Kehle kam nur ein Röcheln. War sauer auf Jehova, dass er mir den Tod verwehrte. Mir tat alles weh. Eindeutiges Zeichen, dass ich noch lebte. Verdammte Scheiße.

Nachdem ich eine Weile auf dem Boden gelegen, geheult und die Musik aus meinen Kopfhörern wie weit entfernt gehört hatte, stand ich irgendwann schwankend auf. Ich öffnete das Fenster, pustete die Kerzen aus und legte mich mit wahnsinnigen Kopfschmerzen ins Bett. Ich konnte keinen klaren Gedanken fassen. Ich fühlte mich innerlich wie tot, war es aber nicht. Und ich wusste: Egal, auf welche Weise und wie oft ich es versuchen würde, es würde nicht funktionieren. Gott ließ mich nicht sterben. Und so versuchte ich auch nie wieder, mich umzubringen.

Seit diesem Moment hatte ich eine große Glaubenskrise. Ich war wütend auf meinen Vater, auf den allmächtigen Gott. Konnte ihm nicht mehr vertrauen und wollte ihm nicht mehr dienen. Ich fühlte mich im Stich gelassen und verraten. Erst von meiner Familie, dann von meinen Freunden und jetzt auch noch von meinem Gott. Er hatte die Macht, mich zu erlösen, aber er hatte es nicht getan, obwohl er doch angeblich in mein Herz sehen konnte und meinen Schmerz spürte. Die Erkenntnis, dass mein letzter Ausweg offenbar nicht funktionierte, stürzte mich in ein tiefes Loch. Nun hatte ich kein Ziel mehr, keine Lösung für mein Leben.

Nachdem ich mich eine Weile in Selbstmitleid ertränkte – leider nicht wortwörtlich –, begann ich zu akzeptieren, dass es keinen Ausweg gab. Ich musste da durch, wissend, dass mir niemand helfen würde. Außerdem hasste ich meine Schwäche. Ich war nicht einmal imstande zu sterben. Nicht einmal das bekam ich hin. Wie konnte man nur so dämlich sein? Der Tod sollte meine Erlösung sein, mein Ausweg, und ich kriegte nicht mal einen beschissenen Selbstmord auf die Reihe. Wie sollte ich es dann schaffen, überhaupt zu leben, wenn ich nicht einmal sterben konnte?

Aber wenn ich nicht sterben konnte, musste ich die Situation akzeptieren, selbst wenn ich keine Perspektive für mich sah. Akzeptanz. Heute weiß ich, dass der Schlüssel zum Glück Akzeptanz ist. Aber Akzeptanz erfordert innere Stärke, und die hatte ich damals nicht. Ich musste sie lernen. Musste lernen, für mich einzustehen, nicht nach Auswegen zu suchen, sondern für das Leben zu kämpfen, das ich führen wollte. Ich hatte keine Ahnung, wie das aussehen sollte, aber ich hatte keine andere Wahl. Also musste ich mich mit einer Zukunft auseinandersetzen, von der ich glaubte, sie nicht zu haben. Der naive Gedanke, dass Gott einen aus unangenehmen, furchtbaren und gar grausamen Situationen rettet, hatte sich erledigt. Er half nicht. Er war nicht da. Ich hatte mich darauf ausgeruht, zu glauben, dass im Notfall Jehova mit dem Finger schnipse, und sofort würden sich meine Probleme in Luft auflösen. Falsch gedacht. Doch wenn er nicht für mich da war, warum sollte ich für ihn da sein?

Mein auf Perfektionismus getrimmtes Christenleben änderte sich. Mein geschultes Gewissen war plötzlich nicht mehr so sensibel. Als ungetaufte Verkündigerin musste ich ja einen monatlichen Berichtszettel abgeben, bisher hatte ich bei den Angaben noch nie gelogen. Aber nachdem Gott mich im Stich gelassen hatte, war meine Motivation, für ihn predigen zu gehen und ihn vor Fremden als liebevollen und fürsorglichen Vater zu verherrlichen, gleich null. Also ließ ich einige meiner Predigtdienstverabredungen sausen und schrieb falsche Zahlen in meinen Bericht. Mein Herz schlug bis zum Hals, als ich den Zettel unserem Gruppenleiter übergab. Konnte er wissen, dass ich log? Ich fühlte mich ertappt. Als würde Jehova hinter mir stehen und unmissverständlich den Kopf schütteln. Aber natürlich wusste er es nicht. Woher auch. Keiner wurde misstrauisch. Schon seit Jahren ging ich nicht mehr mit meiner Mutter in den Dienst, sondern mit anderen Schwestern aus der Versammlung. Und die sprachen sich untereinander sicher nicht ab, ob wir wirklich im Dienst waren oder nicht.

Dennoch: Ich war paranoid und hatte Schuldgefühle. Aber warum? Jehova schuldet mir etwas, dachte ich, weil er mir meinen Tod verwehrt hat, also ist es nur gerecht. Da ich noch nie zuvor in meinem Leben absichtlich und berechnend gelogen hatte, war mir dies fremd. Klar, oft hatte ich Angst gehabt, etwas Falsches zu tun, aber bewusst falsche und unehrliche Entscheidungen zu treffen war für mich absolut neu. Es gefiel mir. Die Furcht war nicht weg, aber gleichzeitig breitete sich in mir ein Gefühl von Macht und Selbstbestimmung aus. Ein bislang unbekanntes Gefühl. Selbstbestimmung? Was war das? Bisher war ich immer gehorsam und brav gewesen, hatte das getan, was von mir erwartet wurde, und mich nach Fehlern halb zu Tode geschämt. Ich wollte die perfekte

Christin sein. Aber jetzt? Ich wusste, es war falsch. Wusste, es war riskant. Aber ich wollte mehr. Mehr Regeln brechen. Es war verkehrt, aber es fühlte sich an, als sei es notwendig. Ich begann, ein Doppelleben zu führen. Ich liebe dieses Wort. Doppelleben. Masken. Zwei Personen in einer.

# HEISSE RACHE

Plötzlich passierte etwas Neues, etwas, womit ich nicht gerechnet hatte. Ich war vierzehn und verliebte mich. Bei der Orchesterprobe waren immer Brüder und Schwestern aus anderen Versammlungen dabei. Sie verbrachten diesen monatlichen Nachmittag mit uns, um gemeinsam zu musizieren, und im Anschluss tauschten wir uns bei Kaffee und Kuchen über biblische Themen aus.

Hanna - sie spielte auch Flöte - und ich betraten zusammen mit einem Bruder aus unserer Versammlung das Haus von Johanna und ihrer Familie. Wie so oft gab es ein paar neue Gesichter. Diesmal saß jemand anderes am Schlagzeug. Ein junger Mann mit schwarzen kurzen Haaren, einem schelmischen Lächeln und blauen Augen, der sich als Dennis vorstellte. Seine Versammlung war zwar nur eine halbe Stunde von unserer entfernt, aber da er zu einem anderen Kreis gehörte, hatte ich ihn noch nie auf unseren Kongressen gesehen. Plötzlich wollte ich einen guten Eindruck machen. Ich gab mir viel Mühe, als ich Flöte spielte, versuchte, erwachsen zu wirken, und bei der anschließenden Vorbereitung eines *Wachtturm*-Artikels, der in der nächsten Versammlung behandelt werden sollte, machte ich mir eifrig Notizen und las Bibeltexte vor. Ich wollte, dass er mich mochte. Da er ein eifriger Diener Gottes zu sein schien, ein treuer Christ, und ich ihm imponieren wollte, musste ich wieder mehr für meinen Glauben tun und den Anschein erwecken, ebenfalls eine eifrige Christin zu sein. Ich war nervös. Dennis war groß, zehn

Jahre älter als ich, und irgendwie übte er auf mich eine seltsame Anziehung aus.

Erwartungsvoll sah ich der nächsten Orchesterprobe entgegen, in der Hoffnung, ihn wiederzusehen. Und tatsächlich saß er wieder am Schlagzeug. Irgendwann begannen wir, Gespräche zu führen, tauschten sogar unsere Handynummern aus. Doch ich traute mich nie, ihn anzurufen. Da er für ein vierzehnjähriges Mädchen unerreichbar weit weg wohnte, konnten wir auch nie zusammen in den Predigtdienst oder die Zusammenkünfte gehen. Wir sahen uns also nur bei den Proben.

Irgendwann ergab sich die Möglichkeit, ich war inzwischen fünfzehn, zusammen ins Hilfe-Not-Gebiet nach Leipzig zu fahren. Der Predigtdienst ist sehr organisiert. Jede Versammlung hat eine bestimmte Region aus Orten und Dörfern, die sie bearbeiten müssen. Diese Region wird unterteilt in einzelne Gebiete, zu denen Gebietskarten mit einer Übersicht aller Straßen erstellt werden. Als Faustregel galt, dass jeder Hausbewohner einmal im Jahr besucht werden sollte. War eine Region nicht ausreichend von Zeugen bevölkert, kam es vor, dass die Verkündiger nicht alle Gebiete schnell genug besuchen konnten. Das nannte man dann Hilfe-Not-Gebiet. In ihnen wurden meist Pioniertage eingeführt, zu denen Verkündiger aus anderen entlegenen Versammlungen anreisten, um mit in diesen fremden Gebieten zu predigen und die dortige Versammlung zu unterstützen. Ich fuhr also mit einer Gruppe anderer Verkündiger regelmäßig samstags nach Leipzig, um dort den ganzen Tag im Dienst zu verbringen. Das war auch eine tolle Möglichkeit, andere Zeugen in meinem Alter kennenzulernen. Da sich diese Gelegenheit sonst nur auf größeren Kongressen bot, hatten diese Pioniertage manchmal einen leichten Dating-Charakter.

»Willst du nicht mal mit uns nach Leipzig kommen?«, fragte ich Dennis eines Tages nach einer Orchesterprobe. Ich wollte, dass er mich für eine eifrige Christin hielt, denn ein guter zukünftiger Ehemann legte viel Wert auf solche Dinge.

»Tolle Idee, ich komme gern mit«, antwortete er.

Was hatte ich doch für ein Glück, er hatte zugesagt. Ich strahlte Dennis an.

Ich sollte bei Rita, einer Glaubensschwester der ortsansässigen Versammlung, mit der meine Mutter gut befreundet war, übernachten. Und irgendwie gelang es mir, beide davon zu überzeugen, dass auch Dennis in der Wohnung schlafen durfte. Natürlich kam auch meine Mutter mit. Rita war ein paar Jahre älter als meine Mutter, vielleicht Anfang sechzig. Sie hatte noch nie einen Mann, und der Umgang mit ihr war echt nicht einfach. Sie litt unter diversen Krankheiten; jedenfalls pumpte sie sich bis zum Anschlag mit Tabletten voll. Wahrscheinlich kam daher ihr schräges Verhalten, aber ich bemerkte erst später, dass vieles von dem, was sie sagte, gelogen und völlig krank war.

Der Predigtdiensttreff war frühmorgens, und am Abend zuvor wollten wir noch alle gemeinsam auf ein Stadtfest. Und da passierte es. Dennis und ich standen zwischen vielen anderen Menschen, lauschten der Musik, und er nahm meine Hand. Einfach so. Ohne ein Wort, ohne einen Blick. Dieses Gefühl war unbeschreiblich. Als würden Tausende Ameisen auf meine Haut pinkeln. Irgendwann ließ er sie los, und wir gingen zurück, um uns wieder mit meiner Mutter und Rita zu treffen.

Das war meine erste richtige Berührung mit einem Mann! Er bezeichnete es später als »Händchenhalten«. Das klang aber so pubertär und raubte diesem Moment nachträglich die Magie.

»Was wir getan haben, war falsch«, sagte Dennis. »Das hätte nicht passieren dürfen.«

Nach unserer Reise nach Leipzig schrieben wir uns E-Mails und chatteten auf Facebook. Aber noch immer bereute Dennis diesen Augenblick. »Ich habe mich von meinen Gefühlen leiten lassen«, schrieb er, »und das ist unbiblisch.« Ich erinnere mich noch an eine lange Mail, die ich eines Tages in meinem Postfach fand. Bestimmt hundertmal las ich sie. Er teilte mir darin mit, er würde bald die Schule zur dienstamtlichen Weiterbildung besuchen. Diese Schulung werde von der Organisation der Zeugen Jehovas für ledige männliche Christen, die wie er ein Dienstamt innehätten, durchgeführt. Man werde unterwiesen und danach deutschlandweit in neue Versammlungen eingeteilt, was natürlich einen Umzug mit sich bringen würde.

Bis zu diesem Zeitpunkt hatte ich noch nie etwas von einer solchen Schule gehört, aber es schien für ihn eine riesige Ehre zu sein, dass man ihn zu dieser Weiterbildung eingeladen hatte. Klartext: Ich sollte ihm dabei nicht im Weg stehen. Er musste weiterhin ledig bleiben und sich voll und ganz auf den Glauben konzentrieren. Aber der Gedanke, dass er bald einer weit entfernten Versammlung zugeteilt würde, ließ mich nicht los. Ich war für ihn ein Schwachpunkt, und es sollte keine Schwachpunkte geben. Sicher, ich war zehn Jahre jünger, aber das war nicht das Problem – ein solcher Altersunterschied zwischen Paaren war nicht unüblich. Das Problem bestand darin, dass ich bislang nicht getauft war. Ich war bloß eine ungetaufte Verkündigerin und somit keine geeignete zukünftige Ehefrau. Keine treue und loyale Christin, die sich zu Gott Jehova bekannt hatte und eines Dienstamtgehilfen als Mannes würdig war. Ich war nicht unreif wegen meines Alters, sondern wegen meines Status als ungetaufte Verkündigerin. Alle treuen Christen waren angehalten, sich Ehepartner zu suchen, die den Glauben an die erste Stelle im Leben setzten.

Da ich nicht getauft war, galt ich eher als schwarzes Schaf. Ich war unreif. Ich war nicht gut genug. Nicht gut genug für ihn. Er wusste es, und ich wusste es. Wäre ich getauft und als Hilfspionierin tätig gewesen, die monatlich mindestens fünfzig Stunden im Predigtdienst verbrachte, wäre das etwas völlig anderes gewesen. Aber das konnte ich nicht vorweisen. Ich war nicht vollwertig. Keine vollwertige Christin und somit auch keine geeignete zukünftige Ehepartnerin. Es wäre nur peinlich für ihn gewesen, eine Freundin wie mich zu haben. Er hätte sich vor anderen rechtfertigen und sich für mich schämen müssen. Ich spielte einfach nicht in seiner Liga. Das führte dazu, dass er die Sache mit mir, die nie etwas Richtiges war, mit dieser Mail sehr unschön beendete.

Meine Motivation, mich als treue Christin zu beweisen, sank erneut auf ein Minimum. Ich war enttäuscht von Jehova. Nach meinem Selbstmord, der mir von oben nicht gestattet worden war, dachte ich, Gott hätte mir diesen Glaubensbruder geschickt, als eine Art Zeichen. Vielleicht als Wiedergutmachung oder als Motivationsschub. Ich dachte, er habe mir dadurch zeigen wollen, dass das Leben auch herrliche Seiten haben kann, hatte angenommen, er habe mir die Chance auf eine Zukunft mit ungeahnten Möglichkeiten gegeben. Stattdessen war alles genauso schlimm wie vorher. Wozu? Wozu treu sein? Wozu dienen?

Das Doppelleben, das ich wegen Dennis hatte aufgeben wollen, da mich mein biblisch geschultes Gewissen zu sehr plagte, hatte nun einen noch größeren Reiz auf mich bekommen. Ich fühlte mich nicht mehr schlecht. Ich fühlte mich nicht mehr schuldig. Ich wollte jedoch diese bösen, verbotenen Dinge tun. Ich wollte böse sein. Wollte Rache. An Gott konnte ich mich nicht rächen, aber ich wollte Jehova wehtun, so wie er mir wehgetan hatte. Ich hatte alles für ihn gemacht, ihm mein ganzes beschissenes Leben verschrieben, ihn immer an die erste Stelle gesetzt, ohne an mich selbst zu denken. Was war der Dank? Nichts als Verrat, Schmerz und Enttäuschung. Also fühlte ich mich nicht mehr schlecht, sondern stark, wenn ich die Dinge tat, von denen ich wusste, dass Gott sie hasste.

In der Kunst-AG in der Schule – ich liebte es, übers Zeichnen meine Gefühle auszudrücken – gab es ein Mädchen, das schon sechzehn war. Sie kaufte mir zwei Schachteln Pall Mall Red. Im Keller des Gebäudes waren Schließfächer, und ich verabredete mich mit ihr dort. Sie überreichte mir die Zigarettenschachteln und ich ihr das Geld. Vorsichtig blickte ich um mich, ich fühlte mich wie eine Kriminelle. An meiner Schule gab es zwei andere Zeugenmädchen, die auf keinen Fall davon etwas erfahren durften. Die eine rote Schachtel versteckte ich im Geheimfach meines Schulranzens, die andere ganz hinten in meinem Spind. Auf dem Heimweg kam ich an einer Garagenanlage vorbei, und wenn es mir nicht gut ging, huschte ich zwischen zwei Garagen und rauchte eine Zigarette. Das Herz schlug mir bis zum Hals. Ich fühlte mich wie ein Soldat im Krieg, hörte jedes Geräusch und hielt die Augen auf, aus Angst, jemand könnte auftauchen und mich erwischen. Ich wusste, Gott sah mich, aber ihn fürchtete ich nicht. Ich fürchtete Menschen, die mich auffliegen lassen konnten. Reichlich paranoid war das.

Ich hatte immer ein Deospray und Kaugummis dabei, damit meine Mutter bei meiner Heimkehr keinesfalls etwas roch. Einmal fing sie mich an der Wohnungstür ab und schrie mich an: »Du hast geraucht!«, dann schlug sie mir ins Gesicht.

Ich verteidigte mich: »Das ist nicht wahr, ich habe nur mit den Lehrern nach der Kunst-AG draußen gestanden, die haben geraucht, und deshalb rieche ich danach.«

Sie durchsuchte meinen Schulranzen. Da waren keine Zigaretten. Die dort aufbewahrte Packung hatte ich schon aufgebraucht, die andere befand sich in meinem Spind. Ich hatte nur eine einzelne Zigarette mitgenommen und das Feuerzeug in meinem BH versteckt. Meine Mutter gab sich damit zufrieden, dass sie nichts gefunden hatte. Aber mein Gewissen schlug an. Ich hatte nicht nur geraucht, sondern auch gelogen. Schamlos. Ich fühlte mich trotz meiner Rachegedanken mies. Vielleicht hatte Gott das doch nicht verdient. Ich war wertlos, keine gute Christin. Ich wollte es wiedergutmachen, indem ich mehr studierte und betete. Dieser Wunsch hielt abermals nicht lange an, und was folgte, war ein scheinbar endloses Auf und Ab aus Sünde und Reue. Ich verlor mich immer mehr in Schuldgefühlen und den Kicks des Verbotenen.

Nach der neunten Klasse wechselte ich vom Gymnasium auf die Mittelschule. Da ein Studium für mich als Zeugin Jehovas sowieso nicht in Frage kam, war das Abitur sinnlos, und der Abschluss nach der zehnten Klasse wäre auf dem Gymnasium wesentlich schlechter ausgefallen als auf der Realschule. Ich kannte keine Glaubensbrüder oder -schwestern mit einem Abitur, geschweige denn einem Studienabschluss. Höhere Bildung war nicht nötig, um Gott zu dienen, und materialistisches Denken oder das Streben nach einer Karriere waren nicht glaubenskonform. Also entschied ich mich dafür, nach der zehnten Klasse eine Ausbildung zu machen, ganz im Sinn der Organisation.

Viele Möglichkeiten hatte ich nicht, einige Berufe kamen aufgrund meiner Religion nicht in Frage, und ich wollte auch nicht etwas machen, was mir überhaupt nicht lag. Auf dem Gymnasium war unser beruflicher Werdegang nie groß ein Thema gewesen. Alle sollten einmal studieren, davon war man ausgegangen. Wir hatten nie gelernt, eine Bewerbung oder nur einen Lebenslauf zu schreiben. Dann wechselte ich auf die Mittelschule und hatte das Gefühl, keine Ahnung vom echten Leben zu haben. Die anderen hatten schon seit über einem Jahr Bewerbungstrainings und wussten, was sie mal werden wollten. Ich hatte keine Ahnung.

Immerhin lief es dafür in der neuen Schule besser, zumal in meiner Stufe zwei Jungs aus der Versammlung waren. Michael, der bereits mit mir im Kindergarten gewesen war, war einer von ihnen. Es war angenehm, nicht die einzige »Verrückte« in der Klasse, nicht mehr das Mobbingopfer Nummer eins zu sein. Das war natürlich übertrieben, aber ganz ehrlich: Ich hatte nie die gesehen, die noch beschissener dran waren als ich. Die noch mehr gehänselt und gegretelt wurden. Ich hatte nur meinen eigenen Schmerz wahrgenommen, und der war groß genug. Deswegen wollte ich in diesem letzten Jahr auf der neuen Schule auch alles richtig machen. Einen Neuanfang. Ich wollte endlich einmal beliebt und cool sein. Das funktionierte anfangs auch ganz gut. Die anderen Schüler waren wie ich aus weniger gut situierten Verhältnissen, manche hatten ebenfalls geschiedene Eltern oder überhaupt keine. Die wenigsten waren überdurchschnittlich clever.

Ich freundete mich mit Paula an, einem ruhigen, zurückhaltenden Mädchen aus der Parallelklasse. Ihre rötlichen, schulterlangen Haare waren zu einem Seitenscheitel gekämmt, und der schräge Pony umrahmte ihr ungeschminktes Gesicht – bei einer so makellosen Haut brauchte sie auch kein Make-up. Paula trug coole Klamotten, war lässig drauf und verurteilte mich nicht. Ihr war meine Religion egal, und das mochte ich. Wir verbrachten immer mehr Zeit miteinander, und ich bekam durch sie einen Einblick in das Leben einer normalen Fünfzehnjährigen. Der Schulstoff war einfach und überschaubar, die Hausaufgaben konnte ich bereits nebenher im Unterricht machen oder von anderen abschreiben. Easy.

Nachmittags suchte ich nach Ausreden, um Zeit mit Paula verbringen zu können. Wir fuhren mit dem Bus in die nächstgrößere Stadt und gingen in Cafés und in Klamottenläden. Meine Mutter gab mir ein Taschengeld, welches abhängig von meinen Noten war. Drei Euro für eine Eins und 1,50 Euro für eine Zwei. Auf dem Gymnasium hatte ich so gut wie nie Einsen nach Hause gebracht, aber auf der Mittelschule fast ausschließlich. Einmal ließ ich meine Mutter von meinem Sparbuch Geld abheben und sagte ihr, ich wolle es in der Versammlung in den Spendenkasten werfen. Das tat ich natürlich nicht. Dann steckte mein Vater mir noch jeden Monat Geld zu, und ich konnte mir davon in Läden wie Tally Weijl oder New Yorker endlich moderne Klamotten kaufen. Ich liebte die reduzierten Sachen, denn ich musste mein Geld gut einteilen. Manchmal gab mir meine Mutter auch etwas von dem zurück, was ich für Kleidung ausgegeben hatte. Aber meistens war sie der Ansicht, ich bräuchte nichts Neues, da ich alles hätte. Und mit *alles* meinte sie die abgelegten Sachen der anderen Glaubensschwestern.

Zwar hatten auf meiner neuen Schule nicht so viele der Jugendlichen Markensachen wie auf dem Gymnasium, allerdings hatten viele auch nichts, worüber sie sich sonst definieren konnten. Da zählte dann doch wieder das Äußere. Die wenigen Schüler mit geilen Sachen und geringer Perspektive aufgrund mangelnder Schulnoten fühlten sich supertoll und blickten auf Paula und mich herab – und das, obwohl Paula

Markensachen trug. Keine Ahnung, das Prinzip erschloss sich mir nicht. Arme können mobben, Reiche können mobben, Schlaue können mobben, und Dumme können ebenfalls mobben. Wehrte man sich nicht, wurde man zum Opfer. Das wusste ich, immerhin hatte ich es die letzten Jahre erlebt.

Ich war froh, eine Freundin zu haben, die mich nicht verurteilte. Mit Paula konnte ich mein Doppelleben ausleben, bei ihr musste ich keine Angst haben, erwischt oder verraten zu werden. Unter dem Vorwand, bei meinem Vater zu sein, übernachtete ich oft bei ihr. Zum Glück ging es meinem Vater inzwischen gesundheitlich wieder besser, der Krebs war nach einer Operation weitgehend überstanden. Nun war er voll und ganz mit seiner Arbeit beschäftigt, er hätte mich auch nie bei meiner Mutter verpetzt.

Paula hatte ein großes, schönes Zimmer, viele Freiheiten und eine Mum, die sehr viel lockerer als meine Mutter war. Wir konnten abends raus, ich lernte Paulas ältere Freunde kennen, und wir tranken Bier, aßen Pizza und rauchten Zigaretten. Wir knutschten ab und zu mit Jungs, saßen im Park und genossen den Sommer. Ich genoss mein Leben, die Freiheit, die ich noch nie hatte. Ich fuhr mit der Straßenbahn ohne Ticket, klaute Kosmetik und kotzte auf einen Spielplatz. All die letzten Jahre hatte ich nie die wirklich verbotenen Dinge getan. Aber Übung macht den Meister. Als ich keine Angst mehr hatte, wurde die Religion zum ersten Mal in meinem Leben zu einer Nebensache. Manchmal schämte ich mich hinterher und hielt Paula für einen schlechten Einfluss, aber dann wurde mir klar: Das bin ich. Eine, die eine Sünde nach der nächsten beging. Und die riesigen Spaß daran hatte. Es sei mir verziehen. Endlich war ich ein normaler Mensch. Ich fühlte, wie ich mich veränderte. Sogar innerhalb meiner Versammlung wurde ich nun mehr von den anderen Jugendlichen akzeptiert. Auch wenn sie natürlich nichts von all dem wussten, was ich tat. Aber ich war nicht mehr die junge, unerfahrene Naive, sondern war reifer und erfahrener geworden. Ich kam mehr aus mir heraus, und ich merkte, dass andere meinen Humor mochten.

Dadurch, dass ich in einer Stufe mit Michael und Jens war, bildeten wir eine Clique mit Mädchen und Jungs aus der Versammlung. Die Clique hatte es schon gegeben, bevor ich dabei war, aber nun waren die Jungs nicht mehr nur für sich, sondern auch andere Mädchen aus der Versammlung und ich waren dabei. Verbrachten wir Zeit miteinander, gab es nie Probleme mit meiner Mutter, denn ich war ja bei meinen Glaubensbrüdern und -schwestern, die automatisch guten Umgang bedeuteten.

Es stellte sich heraus – schon erstaunlich –, dass sich alle aus der Clique kaum von den »normalen« Jugendlichen unterschieden. Wir schauten zusammen Blockbuster, in denen Gewalt und vorehelicher Sex vorkamen, tranken Caipirinhas, und mit einem der Mädels, Jennifer, rauchte ich heimlich Zigaretten. Was die Jungs natürlich wussten. Jennifer und Michael waren ein Paar, und, Überraschung, sie hatten Sex. Und das, obwohl sie nicht verheiratet waren. Sünde?! Jennifer ließ sich tätowieren. Sünde?! Einer der anderen Jungs ging mit weltlichen Jugendlichen zusammen in eine Disco. Sünde?! Ich merkte, dass all die anderen Zeugen, von denen einige bereits sogar getauft waren, viel mehr Sünden begingen als ich und sich dafür überhaupt nicht schlecht fühlten. Worüber machte ich mir überhaupt Sorgen? Wenn alle Zeugen heimlich sündigten und es nicht bereuten, nicht mit den Ältesten redeten und ihnen nicht beichteten, warum sollte ich das dann? Warum sollte ich die Einzige sein, die sich an den Pranger stellte und sich selbst verurteilte? Meine Schuldgefühle waren unnötig. Ich mochte zwar keine perfekte Christin sein, aber ich musste mich nicht länger unter Druck setzen und mich schlecht fühlen. Dieser Eifer, von dem ich dachte, dass all die anderen ihn haben, existierte nicht.

Auf einmal fand ich mein Doppelleben nicht mehr schlimm. Ich bereute es nicht mehr. Ich fand es cool. Ich machte etwas Cooles. Ich. Die größte Loserin wird cool. Die ganzen verbotenen Dinge animierten mich, Regeln zu brechen. Das machte mich an. In mir erwachte etwas Düsteres, Dunkles, das von Sünden angezogen wurde. War es Satan, der Macht über mich erlangte? Waren das seine Fänge? War er auf der Jagd und versuchte, mich zu fassen? Aber war dieses wilde Monster wirklich so böse? Was hatte ich mir nicht alles sagen müssen: Er will, dass wir seinen Versuchungen erliegen. Schwach werden und uns blenden lassen. Von der Schönheit der Welt. Dem Geld, der Macht, dem Sex. Er ist ein Meister der Versuchung. Ein Meister im Täuschen. Er ist gefährlich. Will dein Leben. Deine Seele. Deinen Körper. Und deinen Geist. Er will, dass du die verbotene Frucht kostest. Nur ein kleiner Bissen, ist doch nicht weiter schlimm. Ein einziges Mal. Was ist schon dabei? Aber er ist die Schlange im Garten Eden. Hat schon Eva verleitet. Du solltest eigentlich aus ihrem warnenden Beispiel lernen. Solltest es dir eine Lehre sein lassen. Aber konnte ich das? Wollte ich das?

Ich zweifelte nicht an der Existenz Satans, aber ich zweifelte daran, dass er so böse war, wie alle behaupteten und er in der Bibel dargestellt wurde. Jehova, der universelle, allmächtige, liebevolle und fürsorgliche Vater, der seine Schäfchen nie allein lässt – er hatte mich im Stich gelassen. Ich hatte ihm vertraut, und er hatte mich verarscht. Was, wenn es dem Teufel auch so ergangen war? Immerhin war Satan einst einer von Gottes Engeln gewesen – und was war daraus geworden?

Er wurde verbannt und hinausgeschleudert aus dem Himmel. Wer wäre da nicht wütend?

Also kostete ich mein Doppelleben in vollen Zügen aus. Ich entwickelte eine eigene Persönlichkeit, glich nicht mehr der Marionette, die ich innerhalb der Gemeinschaft war. Natürlich hatte mein Glauben in meinem Leben noch einen hohen Stellenwert. Ich kannte es ja nicht anders. Aber diese neu entdeckte Freiheit, wenn ich bei meinen weltlichen Freunden war, war unbeschreiblich. Ich wollte mehr davon. Wollte mehr Menschen kennenlernen. Ich wollte einfach nur Spaß haben. Und den hatte ich dann auch.

Paula und ich lebten uns gemeinsam aus. Sie zeigte mir, wie man in einem Kaufhaus Labellos klaut, und ich fand es superaufregend, bei einer eindeutigen Sünde nicht erwischt zu werden. Das pochende Herz, die Angst, nicht davonzukommen, und die Erleichterung, als man mit der Beute entwischen konnte, fühlten sich großartig an. Alleine wäre ich nie auf die Idee gekommen, so etwas zu tun. Aber Paula gab mir ein Gefühl von Sicherheit und zeigte mir, worauf ich zu achten hatte. Mit jedem Erfolg wurde ich entspannter, meine Nervosität sank. Wir fühlten uns clever und stark. Allerdings nicht allzu lange, dann passierte es. Finito. Game over. Wir hatten verloren. Der Ladendetektiv erwischte uns, bevor wir überhaupt wussten, was passiert war. Zack, und wir saßen im Polizeiwagen und wurden auf die nächste Wache gebracht.

Ich musste heulen, weil mir klar wurde, was mir blühen würde, sobald meine Mutter von meinem kleinen Ausflug erfuhr. Da ich erst fünfzehn war, musste ich mich von einem Erziehungsberechtigten bei der Polizei abholen lassen. Ich rief meinen Vater an. Er war natürlich nicht begeistert, als ich ihm erzählte, was geschehen war. Glücklicherweise versprach er mir, meiner Mutter nichts von dem Vorfall zu erzählen. Aber das würde mich nicht vor den Folgen retten.

Die nächsten Tage und Wochen saß ich wie auf glühenden Kohlen. Würde meine Mutter von meiner Tat erfahren, wüsste bald die halbe Versammlung davon, und ich müsste mich wieder den Ältesten stellen. Ein Hirtenbesuch. Schon wieder. Und diesmal hätte es schlimmere Konsequenzen als vor zwei Jahren. Voller Angst schaute ich jeden Tag nach der Schule in den Briefkasten. Nichts. Mir blieb nichts anderes übrig, als zu warten und zu beten. Da ich meinen Fehler nicht rückgängig machen konnte, versuchte ich, mich mit den Sachen zu beschäftigen, die wichtig für meine Zukunft waren.

Da war noch die Sache mit der Ausbildung. Für welche sollte ich mich nur entscheiden? Doch weil ich gern las und Tanja offiziell noch immer mein Vorbild war, wollte ich denselben Beruf wie sie erlernen. Sie hatte eine Ausbildung in einer Bibliothek gemacht. Obwohl meine Noten sehr gut waren, war es schwierig, in der Nähe eine Stelle zu finden. Bei Beendigung der zehnten Klasse wäre ich gerade erst sechzehn, und bisher hatte ich gedacht, man müsste volljährig sein, um alleine zu wohnen. Aber da meine Mutter keine Ambitionen hatte, wegen meiner Ausbildung wegzuziehen, versuchte ich herauszufinden, ob es Optionen gab, sodass ich dennoch alleine wohnen konnte. Ich stellte fest, dass man auch als Minderjährige alleine leben durfte, meine Mutter müsste lediglich den Mietvertrag unterschreiben.

Licht am Horizont! Mein Rettungsanker! Das war die Gelegenheit, auf die ich mein ganzes Leben gewartet hatte. Auch wenn ich mich gerade vom Sog der Welt in einen Bann ziehen ließ, durfte ich mich keinesfalls von meinem Ziel ablenken lassen. Ich durfte mir das nicht versauen. Dafür war es notwendig, fleißig Bewerbungen zu schreiben und all das aufzuholen, was meine Mitschüler bereits gelernt hatten, als ich noch ahnungslos auf dem Gymnasium war.

Mich packte der Ehrgeiz, denn ich wollte unbedingt frei sein und nicht am Ende irgendwo landen und eine Ausbildung machen, die mir nicht gefiel. Mein Vater wünschte sich, dass ich die Ausbildung in der Stadt, in der er aufgewachsen war, absolvierte. Seine Mutter wohnte in der Nähe, und es wäre nicht so weit von ihm und meinem aktuellen Wohnort entfernt. Ich wusste, wenn ich mich entscheiden würde, dorthin zu ziehen, würde ich nicht mehr in die Zusammenkünfte gehen und der Wahrheit den Rücken kehren.

Meine Mutter hatte über eine Dating-Website für alleinstehende Zeugen Jehovas einen Glaubensbruder in Nürnberg kennengelernt – und war hin und weg von ihm. Sein Name war Valentino, der mich äußerlich etwas an meinen Vater erinnerte. Nicht allzu groß, dafür ein Bauchumfang, der auf einen feinen Gaumen hindeutete. Bereits nach zwei Treffen gab sie ihm unseren Wohnungsschlüssel. Sie vertraute ihm blind, denn sie war verliebt und der Mann immerhin ein treuer Zeuge. Was sollte da schon schiefgehen? Sie schrieben sich Liebesbriefe, telefonierten und machten zusammen Unternehmungen. Nach ein paar Treffen suchte sie bereits nach einer Wohnung in Nürnberg. Sie sagte mir nichts, bis ich es eines Tages im Browserverlauf unseres Computers entdeckte. Ich sprach sie darauf an.

»Ich will nicht nach Nürnberg ziehen«, sagte ich. »Nur weil du plötzlich in einen Mann verliebt bist, den du erst seit ein paar Wochen kennst, kannst du doch hier nicht alles aufgeben.«

Und ob sie das könne, erwiderte meine Mutter. Endlich habe sie jemanden gefunden, den sie liebe, das lasse sie sich durch mich nicht vermiesen.

Es war für mich unverständlich gewesen, wie man nach ein paar Treffen einem letztlich wildfremden Mann den Schlüssel zur eigenen Wohnung aushändigen konnte. Außerdem wohnte ich ja auch dort, aber mich hatte niemand gefragt. Ab sofort schloss ich mein Zimmer ab.

»Er kann doch auch hierherziehen.«

In Nürnberg habe er einen Job und verdiene sein Geld. Das könne er hier nicht, erwiderte sie.

»Ich werde dann nicht mitkommen.« Selbstbewusst sah ich meine Mutter an. »Ich werde dorthin ziehen, wo ich eine Ausbildung kriege.«

Meine Mutter zuckte nur mit den Schultern. Sie musste sehr verliebt sein, sonst hätte sie Streit gesucht.

Als die Postbotin irgendwann bei uns klingelte, sprang ich sofort zur Tür. Ich öffnete, aber da wir ja im vierten Stock wohnten, dauerte es eine Weile, bis sie an der Wohnungstür angelangt war. Ich nahm den gelben Brief entgegen, während meine Mutter aus dem Wohnzimmer hinter mich in den Flur trat und mich fragte, wer geklingelt habe. Sie sah den Brief, und das Unheil nahm seinen Lauf. An diesem Tag waren wir nicht allein, sie hatte Besuch von Valentino, der im Wohnzimmer saß. Ich flehte meine Mutter an, nicht loszuschreien und das Ganze später mit mir unter vier Augen zu besprechen. Ich schämte mich so schon zutiefst und war voller Angst vor meiner Bestrafung.

Aber alles Betteln half nichts. Meine Hoffnung, sie würde sich vor Valentinos Augen beherrschen, um einen guten Eindruck zu erwecken, löste sich augenblicklich in Luft auf. Sie riss mir den Brief aus den Händen, stürmte ins Wohnzimmer und las ihn laut vor. Ich fühlte mich bloßgestellt. Sie schrie mich an, Valentino sagte, er wolle mit mir alleine reden. Noch nie hatte ich erlebt, dass meine Mutter sich etwas sagen ließ, aber sie ging aus dem Raum und ich blieb mit ihm allein zurück.

Als ihr zukünftiger Mann wäre er nicht nur ihr Haupt, sondern auch das der Familie geworden. So sind die Regeln. Der Mann steht über der Frau. Die Frau hat zu gehorchen. Punkt. Und ich als Kind hatte sowieso keine Rechte. Verloren. Ich saß also da, und vor mir stand ein wütender Mann, der eigentlich ein Fremder war. Während er lautstark verkündete, was für eine vom Teufel besessene Rotzgöre ich sei, kam er mir immer näher. Seine Spucke flog mir ins Gesicht. Ich drehte meinen Kopf angewidert weg und schwieg. Das brachte ihn nur noch mehr auf. Seine Hasstirade wurde noch ausfallender. Er packte mich an den Schultern und schüttelte mich, während er mir ins Gesicht schrie, was für eine elende Enttäuschung ich für meine Mutter und Jehova sei, und er werde dafür sorgen, dass ich in seinem zukünftigen Leben mit meiner Mutter keinen Platz habe. Ich wollte erwidern: »Damit habe ich kein Problem«, aber er ließ mich nicht zu Wort kommen, sondern fuhr mich nur noch energischer an.

»Sei ruhig, wenn ich rede, du undankbares Kind. Du hast keinerlei Respekt und hast gefälligst zuzuhören.«

Er kam mir wieder näher, und als ich fürchtete, er würde ausholen, sprang ich schnell auf und sagte: »Du hast mir nichts zu sagen. Du bist nicht mein Vater und wirst es auch nie werden. Ja, ich habe keinen Respekt vor dir, denn du bist nur ein Fremder, den meine Mutter dreimal gesehen hat und der denkt, das gäbe ihm das Recht, so mit mir zu reden. Kümmere dich um deine eigenen Kinder. Und fass mich gefälligst nicht an!«

Das war das Mutigste, was bis dahin jemals aus meinem Mund gekommen war. Ich wusste, ich hatte einen Fehler gemacht und würde dafür bestraft werden, aber dieser Typ hatte definitiv nicht die Erlaubnis, sich da einzumischen, so mit mir zu reden und mich sogar anzufassen.

Mit meiner Mutter hatte ich nach diesem Tag unzählige Auseinandersetzungen, sogar mehr als sonst, denn noch mehr als meine Sünde machte ihr zu schaffen, dass ich sie vor ihrem neuen Verehrer bloßgestellt hatte. Sie darauf hinzuweisen, dass dieses Problem hätte vermieden werden können, wenn sie die Sache zwischen uns vertraulich behandelt hätte und ihm nicht das Recht eingeräumt hätte, mich zu disziplinieren, stieß nicht auf offene Ohren.

Selbstverständlich unterrichtete meine Mutter die Ältesten in der Versammlung von meiner Tat, und meine größte Befürchtung wurde nun Realität. Mein zweiter Hirtenbesuch stand bevor. Ich saß in einer Runde mit meiner Mutter und den beiden Ältesten aus meiner Versammlung, die mir erklärten, dass ich eines der Zehn Gebote gebrochen hätte und dass Jehova Gott wahnsinnig enttäuscht von mir sei. Welch Überraschung. Viele Bibeltexte wurden gelesen und an mich zahlreiche rhetorische Fragen gestellt, die ich nur zu gut kannte.

»Weißt du denn nicht, dass Stehlen eine Sünde vor Gott ist?«

Doch, weiß ich.

»Weißt du denn nicht, dass Diebe Gottes Königreich nicht erben werden?«

Doch, auch das weiß ich.

»Ist dir klar, dass du als ungetaufte Verkündigerin eine gewisse Verantwortung trägst und dass du Jehova schwer enttäuscht hast?«

Ja, Herrgott, das weiß ich.

Da die Ältesten zwar vorbildlich indoktriniert, aber dennoch nicht blind waren, war ihnen natürlich nicht entgangen, dass ich die letzten Jahre erhebliche Probleme mit meiner Mutter hatte. Sie wussten, dass nicht wirklich *Klauen* mein Problem war, sondern meine Familienverhältnisse. Auch wenn meine Mutter sich die letzten Jahre als Opfer und Märtyrerin aufgespielt hatte, so kam der Großteil der Versammlung nicht drum herum, sich insgeheim eingestehen zu müssen, dass nicht alles meine Schuld war. Daher wurden bei diesem Hirtenbesuch nicht nur mir Ratschläge erteilt, sondern auch meiner Mutter. Das gefiel ihr gar nicht, und sie war sich keiner Schuld bewusst.

Da offensichtlich unser gestörtes Verhältnis die Ursache für meine furchtbare Sünde war, wurde ihr nahegelegt, mehr Zeit mit mir zu verbringen und die Wahrheit auf etwas liebevollere Art und Weise in mein Herz zu pflanzen. Von nun an sollten wir täglich den Tagestext gemeinsam betrachten und danach zusammen frühstücken, ein Familienstudium durchführen und beten. Welch grausamer Gedanke. Nicht nur für mich, sondern auch für sie. So etwas hatten wir seit Jahren nicht mehr getan, was offensichtlich meine Schuld war. Genauso wie es meine Schuld war, dass sie, wie sie mir nach dem Ältestengespräch mitteilte, nun vor allen schlecht dastehe und ich nicht nur auf Jehova, sondern vor allem auch auf sie ein schlechtes Licht mit meiner Tat geworfen hätte. Sie schäme sich für mich und würde sich nun vor allen Glaubensgeschwistern rechtfertigen müssen, warum ich solch eine verachtenswerte Sünde begangen hätte. Das muss wohl auch der Grund dafür gewesen sein, dass sie jedem in der Versammlung brühwarm davon erzählte. Zu ihrer Verteidigung: Als in der kommenden Zusammenkunft von der Bühne verkündet wurde, dass ich von nun an keine ungetaufte Verkündigerin mehr sei, sah sie sich in Erklärungsnot. Die arme Frau. Ich schämte mich, und sie schämte sich noch mehr für mich. Aber wenigstens hatte sie in Valentino einen braven Diener Gottes als zukünftigen Partner in petto, der ihr eine rosige, hoffnungsvolle Zukunft versprach. Ein Lichtstreif am Horizont.

Als sie dann Valentino in Nürnberg besuchte und feststellte, dass er sie nur in die Nachbarversammlungen mitnahm und nicht in seine Heimatversammlung, wurde sie schließlich doch misstrauisch. Er hatte Kinder, aber keinen Kontakt zu ihnen, und bei Nachfragen seitens meiner Mutter verhielt er sich seltsam. Am Ende stellte sich heraus, dass er sein Ältestenamt verloren hatte und es irgendwelche Probleme gab. Somit hatte sich diese Geschichte von selbst erledigt. Meine Mutter beendete die Beziehung, und bald kehrte wieder Normalität ein. Zum Glück hatte sie in ihrem Übereifer nicht bereits eine Wohnung in Nürnberg gemietet.

Nach der Bekanntmachung, dass mir mein Vorrecht als ungetaufte Verkündigerin entzogen worden war, wurde ich wieder einmal von allen Seiten mit verachtenden Blicken gestraft. Viele Glaubensbrüder und -schwestern wollten Gespräche mit mir führen und machten mir deutlich, wie sehr ich sie alle und Jehova enttäuscht hatte. Alle wussten sie von meiner Tat, und ich brauchte nicht einmal zu versuchen, es zu verheimlichen. Ich war eine Versagerin. Wie ein Lauffeuer verbreitete sich diese Nachricht auch in anderen Versammlungen. Als müssten alle treuen Diener vor mir, der reuelosen Sünderin, gewarnt werden, die der Teufel im Griff hatte. Ich stellte nun eine Gefahr für die geistige Gesundheit meiner Brüder und Schwestern dar. Wie der Vater, so die Tochter.

Johanna, die Glaubensschwester, bei der regelmäßig unsere Orchesterprobe stattfand, erzählte es brühwarm der Mutter von Dennis, mit dem ich noch immer Kontakt per Mail hatte. Sobald er davon erfuhr, war auch das Geschichte.

Wie beschämend, dass er als treuer Theokrat, der die Schule zur dienstamtlichen Weiterbildung besuchte, sich jemals mit einer untreuen Möchtegern-Christin wie mir eingelassen hatte. Als ich Johanna, die ich trotz allem für eine Vertraute hielt, zur Rede stellte, war sie sich keiner Schuld bewusst. Immerhin, so sagte sie, müsse ich für meine Sünde geradestehen, und andere müssten gewarnt werden, dass ich im Glauben schwach sei. Meine Strafe sollte kein Ende nehmen.

Meine Mutter versank in Selbstmitleid, hatte ständig andere Beschwerden. Seit ich mich erinnern konnte, klagte sie unentwegt, ständig ging es ihr wegen irgendetwas schlecht, sodass sie nicht arbeiten, keinen Haushalt führen, nicht aufstehen oder gar das Licht anmachen konnte. Sie investierte viel Geld in Heilpraktiker, Pillen und Wässerchen aus diversen Heilpflanzen und kombinierte das Ganze mit verschreibungspflichtigen Medikamenten. Sie zappte unsere Lebensmittel und Cremes mit einer Art Brett oder energetischer »Wunderplatte«, um sie so reiner zu machen, und stellte selbst Zaubertränke wie kolloidales Silber her. Um das Übermaß an Homöopathie und Nahrungsergänzungsmitteln auszugleichen, stopfte sie gern Schokolade und andere Süßigkeiten in sich hinein. Ein Wunder, dass sie dennoch ihre schlanke Figur behielt. Aber in ihrem Gesicht machten sich unzählige Falten und riesige Pickel breit, die sie mit mehreren Schichten Make-up zu übertünchen versuchte, welches man nur mit einem Spachtel abbekam. Die Lippen waren vom verbitterten Aufeinanderpressen noch dünner geworden, als sie es von Natur aus waren. Da man sie kaum noch sah, betonte sie sie mit einem grellen pinkfarbenen Lippenstift. Ihre kurzen blonden Haare sprühte sie mit Haarspray ein, sodass sie in harten Strähnen zusammenklebten. Dazu noch ihr seltsamer Kleidungsstil, der ebenfalls viele grelle Farben beinhaltete, all das machte sie zu einer unübersehbaren Erscheinung. Ich war mehr und mehr auf mich allein gestellt. Das Zuhause, in dem ich mit ihr lebte, hatte sich für mich noch nie wie ein Zuhause angefühlt. Es war, als wäre ich bei ihr zu Gast. Aber nicht wie bei Freunden, nach dem Motto »Fühl dich wie zu Hause«, sondern eher, als wäre man bei einem Fremden, bei dem man am liebsten schnell wieder verschwinden möchte, aber nicht wegkann. Unwohl. Nennen wir es einfach unwohl. Im Vergleich zur Wohnung meines Vaters sah es bei uns unordentlich aus. Kartons mit Sachen standen fünf Jahre nach unserem Umzug immer noch ungeöffnet herum. Vieles war mit Kisten, Körben und Krimskrams zugestellt. Obwohl ich selbst in einem Alter war, in dem man sich eher darüber beschwerte, aufräumen zu müssen, fand ich die Unordnung abschreckend. Kein Wunder, dass ich nicht einsah, die Listen mit den Aufgaben, die sie für mich aufgeschrieben hatte, abzuarbeiten. Ich war für sie die Hausfrau, und so fühlte ich mich auch. Nun wollte ich nur noch ausziehen. Hätte ich mich genauso gehen lassen wie sie, wäre ich dazu bestimmt nicht bereit gewesen. Aber ich war bereit. Und hoffte, dass meine Ausbildung an einem Ort war, weit genug weg, damit meine Mutter nicht einfach unangemeldet vorbeischauen konnte. Das durfte ich nicht versauen, ich musste ein gutes Abschlusszeugnis haben, denn wenn ich es vergeigte, würde ich noch länger bei ihr bleiben müssen. Auf gar keinen Fall! Ich musste also Vollgas geben, um endlich von ihr wegzukommen. Da mich niemand sonst motivierte, musste ich das selbst tun. Ich musste für mich kämpfen, vernünftig sein und neue Dinge für mein eigenes Glück lernen.

Meine Bewerbungen liefen gut, und am Ende hatte ich von drei verschiedenen Bibliotheken in drei Bundesländern Zusagen. Nun stand eine Entscheidung an. Die Freiheit, nach der ich mich schon so lange sehnte, war zum Greifen nah. Mit der richtigen Wahl hätte ich mein Leben in völlig neue Bahnen lenken und einen Neuanfang wagen können. Es wäre so leicht gewesen. Eine Chance zum Greifen nah. Ich ließ sie vorüberziehen.

# GEFALLENER ENGEL

Man könnte sagen, ich war noch nicht so weit. Mir fehlte der Mut, ich war unsicher und hatte Angst. Mit sechzehn in einer völlig neuen Stadt zu leben, eine Ausbildung zu beginnen und in eine eigene Wohnung zu ziehen war ohnehin schon wahnsinnig aufregend. Aber dann noch den Glauben zu verlieren, der mich seit meiner Geburt begleitete, wäre zu viel gewesen. Dachte ich. Nach meinem Ausstieg habe ich mich geärgert, dass ich so lange gebraucht habe. All die vergeudeten Jahre. Einfach verloren. Ich hätte mir vieles ersparen können, wenn ich früher andere Entscheidungen getroffen hätte. Aber es sollte nicht sein. Schlussendlich war es bestimmt richtig so.

Ich absolvierte meine Ausbildung dann in der Nähe von Leipzig und fand eine kleine Wohnung. Eigentlich wunderte es mich, dass meine Mutter meinem Auszug zustimmte, und dann noch so weit von ihr entfernt. Aber ich denke, sie hatte einfach genug von mir. Sie hatte genug davon, von mir beschämt zu werden. Denn wenn sich ein Kind gegen Jehova wendet, erweckt das den Eindruck, die Eltern hätten versagt. Da half auch Mitleid nichts.

Ich wollte es jetzt noch einmal mit Jehova versuchen. Diesen neuen Start durfte ich mir nicht verbauen, also setzte ich alles daran, in diesem halben Jahr nach dem Entzug meiner Vorrechte wieder ungetaufte Verkündigerin zu werden, um ohne Vorurteile in meiner neuen Versammlung akzeptiert zu werden. Ich hatte Glück. Oder Jehovas Segen. Was auch immer. Genau zum Wechsel in meine neue Versammlung wurde ich wieder zur ungetauften Verkündigerin ernannt, und niemand hier wusste über das Vorgefallene Bescheid, außer die Ältesten, die meine Akte bekamen und mit mir ein Gespräch führten. Und natürlich Rita, meine Mutter hatte sie vorgewarnt, denn sie wohnte in der Nähe, und sie sollte ein Auge auf mich haben. Aber sie hielt dicht. Vorerst. Krise abgewendet. Haarscharf. Ich bekam eine weitere Chance, die Vergangenheit hinter mir zu lassen und mich in eine treue Christin zu verwandeln.

Die Versammlung, in die ich wechselte, kannte ich bereits von den Pioniertagen. Meinte, sie zu kennen, dabei hatte ich ein völlig falsches Bild von ihr. Ich kam von einer ländlichen Region direkt in eine Großstadtversammlung und hatte angenommen, es würde in Leipzig lockerer zugehen. Doch die hiesigen Brüder und Schwestern waren gar nicht so aufgeschlossen, wie ich es mir vorgestellt hatte. Sie waren enorm streng, prüde und überkritisch. Kaum jemand in dieser Versammlung schien Freude am Leben zu haben. Alle beäugten mich komisch und nahmen mich unter die Lupe. Es gab nur wenige Jugendliche, und die waren ziemlich seltsam und absolut uncool im Vergleich zu den Jugendlichen meiner Heimatversammlung. Mit diesen hier hätte ich unmöglich abends Filme anschauen und Longdrinks trinken können. Sie gaben mir das Gefühl, dass ich bei den Zeugen eigentlich nichts zu suchen hätte. Ein Mädchen hatte zu Hause eine Ratte und kam sogar im leicht gruftigen Look in die Zusammenkünfte. Das perfekte Gegenstück zu ihr gab eine lispelnde, schwarzhaarige Pionierin mit ADHS (meine Diagnose) und Zahnprothese ab. Ihr Name war Susanne, sie war ungefähr zehn Jahre älter als ich und galt als guter Umgang und gutes Vorbild. Susanne sprach mehrere Sprachen, in denen sie auch die Publikationen der Zeugen Jehovas studierte, eigentlich tat sie den ganzen Tag kaum etwas anderes, als zu studieren, zu predigen und sich mit anderen Zeugen zu treffen und ihren Glauben zu vertiefen. Einmal übernachtete ich bei ihr, als wir nach einem langen Tag voller Dienst und Studium noch etwas mit anderen Glaubensgeschwistern machten. Wenn ich mich heute daran zurückerinnere, schüttelt es mich immer noch. Ich fand ihre Wohnung einfach nur dreckig, es stank, und in den Ecken lag Müll. Die Küche wurde bestimmt nie geputzt, alles war verklebt, und Fliegen und Staub machten sich auf Essensresten breit. Manchmal musste ich bei ihr an meine Mutter denken. Aber da war zumindest ich diejenige, die für etwas Ordnung und Sauberkeit gesorgt hatte. Bei Susanne kümmerte sich scheinbar niemand um irgendetwas. Nicht mal sie um sich selbst. Sie hatte eine fettige, picklige Haut, Haare unter den Armen und roch manchmal genau so wie ihre Wohnung. Ich hatte mit meiner Vierzig-Stunden-Arbeitswoche mein Zuhause besser im Griff. Sah so wirklich ein Vorbild aus? Sollte ich mir daran ein Beispiel nehmen?

Tatsächlich gab es einige unorganisierte, sozial schwache Familien bei den Zeugen, womit ich es noch verharmlose. Aber diese Religion bietet sich nun mal an für Menschen, die viel Zeit haben und einen Sinn im Leben suchen. Es wird nicht unterschieden zwischen denen mit Geld und denen, die kein Geld haben. Da Gott im Leben an erster Stelle steht und der Dienst für ihn Priorität hat, zählen berufliche Erfolge innerhalb der Gemeinschaft nichts; man wird eher abschätzig beäugt, wenn man »Karriere macht«. Klar, es ist wichtig, Geld zu verdienen, damit man die Familie ernähren und für die Organisation Geld spenden kann, aber die geistige Speise, die Gott gibt, ist doch um so vieles wichtiger. Gott sorgt schon für dich. So, wie damals Jesus die Tausenden von hungrigen Menschen mit Fischen und Brot versorgte.

Was mich wundert, vor allem heute: Wer glaubt so etwas? Wer ist so dämlich? Die Antwort: Ich habe so etwas geglaubt. Ich war so dämlich. Ich war fest davon überzeugt, es wäre nicht wichtig, dass ich mir bei meiner Arbeit Mühe gebe. Wichtig war, eine Ausbildung zu haben. Später würde ich vielleicht einmal Pionierin werden und von einem Nebenjob oder Arbeitslosengeld leben, und Gott würde den Rest erledigen. Ein solches Leben führte Susanne. Aber dann dachte ich an ihre Wohnung, ihre Klamotten und ihr unorganisiertes Leben, mit dem sie, bis auf den Glauben, völlig überfordert zu sein schien. Wollte ich so sein? Nein, niemals.

Ich beobachtete die Menschen in meiner Umgebung, die ihr Leben strikt nach den Regeln der Religionsgemeinschaft auszurichten schienen. Sie waren für mich aber nichts als Hamster in einem Rad. Ohne die Religion hatten sie nichts. Sie waren leere Hüllen. Marionetten. Es schien mir, als ob sie entweder unglücklich waren und es nicht bemerkten, weil sie zu beschäftigt damit waren, in den Predigtdienst zu gehen und in der Bibel zu lesen. Oder sie waren Heuchler, die genau wie ich ein Doppelleben führten, weil sie nicht den Mut hatten, etwas zu ändern. Oder sie hatten nicht den nötigen Glauben, um aufrichtig nach den Lehren zu leben, die ihnen vermittelt wurden, trotzdem spielten sie allen anderen und sich selbst etwas vor. So oder so war das für mich kein Leben. Es war ein Schauspiel.

So auch die Versammlungsfeste. In meiner Heimatversammlung arteten sie förmlich aus, wenn man bedachte, dass es sich um eine streng religiöse Gruppierung handelte: Alle tranken, tanzten und feierten miteinander. Es gab Mottos, zu denen man sich verkleidete, es wurde Fußball gespielt, gegessen, und am Ende waren einige der Ältesten und Dienstamtgehilfen ordentlich betrunken und der Rest auch.

Als ich dann ins prüde Leipzig wechselte, wo alle so korrekt wirkten, waren diese strengen Christen auf den Versammlungsfeiern durch die Bank adrett gekleidet, die Männer trugen ihre üblichen Anzüge mit Krawatte, und ich saß da mit meiner Bluse und dem langen Rock, der selbstverständlich übers Knie ging. Alle nahmen an einer langen Tafel Platz, und im leisen Ton wurden langweilige Gespräche geführt. Es gab nur Radler zu trinken, und als ich mir eines holte, wurde ich gefragt, ob ich denn schon alt genug wäre. In meiner alten Versammlung wären längst fünf Flaschen Schnaps und ein paar Kästen Bier geleert worden. In Leipzig legte keiner los, niemand tanzte, es war ein großes Kaffeekränzchen mit viel Getuschel und kalten Blicken. Ich hatte mich selten so fehl am Platz gefühlt wie dort. Dummerweise konnte ich nicht von dieser »Party« verschwinden, da ich wie immer bei Rita mitfahren musste. Ich musste es aushalten, traute mich nicht einmal, einen Blick aufs Handy zu werfen, weil sich alle verhielten wie in einer Zusammenkunft im Königreichssaal.

Ich nahm meine Tasche und ging auf die Toilette. In diese hatte ich vorher einen Flachmann eingepackt, denn ich hatte geahnt, dass der Abend lang, anstrengend und absolut ermüdend werden würde. Ich nahm zwei kleine Schluck Wodka, die herrlich in meiner Kehle brannten, und wünschte mich fort. Am liebsten hätte ich mich im Klo runtergespült, anstatt wieder in den Saal zu gehen und in meine Rolle zu schlüpfen. Die weiße Bluse und der lange blaue Rock fühlten sich an wie eine Zwangsjacke. Aber ich spielte meine Rolle gut.

Mit siebzehn war ich immer noch nicht getauft. Als ungetaufte Verkünderin hatte ich mich noch nicht vollständig zu Jehova Gott bekannt, hatte dadurch auch keine sichere Chance auf eine Wiederauferstehung im Paradies. Es war ein Zwischenschritt auf dem Weg zum ewigen Leben, und alle um mich herum wussten, dass ich nicht vollwertig war. Es war an der Zeit, das zu tun, was von mir erwartet wurde. Auch wenn mich keiner drängte, ließen mich die anderen Christen in meiner Umgebung spüren, dass ich nicht ebenbürtig war. Ich wurde einfach nicht für voll genommen.

Als ungetaufter Verkündiger hält man sich alles offen, bekennt sich nicht zu Gott und ist auch kein fester Bestandteil der Gemeinschaft. Und wer nicht zur Gemeinschaft gehört, kann auch nicht aus ihr entfernt werden und muss nicht mit den Konsequenzen eines Ausschlusses rechnen. Das bedeutet: Wenn sich ein ungetaufter Verkündiger entscheidet, die Wahrheit zu verlassen, wird er nicht geächtet. Er ist von diesem Moment an einfach inaktiv, Familienmitglieder und Freunde bei den Zeugen Jehovas dürfen aber weiterhin mit ihm Kontakt haben. Dieses Privileg genießt ein getaufter Zeuge, der sich gegen den Glauben entscheidet, nicht.

Doch mit der Taufe verspricht man Gott, das eigene Leben fortan in seinen Dienst zu stellen, verspricht, dass er das Wichtigste im Leben ist. Nach der Taufe trägt man mehr Verantwortung, hat mehr Rechte, aber auch mehr Pflichten. Man hat sich als Gottes Diener bekannt, und das ist notwendig, um die Chance auf ein ewiges Leben im Paradies zu bekommen. Der Welpenschutz ist vorbei, und man muss Farbe bekennen, um gerettet zu werden. Trotz meiner permanenten Zweifel wuchs der Druck von außen. Die meisten ließen sich schon mit dreizehn oder sogar noch früher taufen. Irgendetwas konnte doch mit mir und meinem Glauben nicht stimmen, wenn ich mich nicht positionierte. Also musste ich mich entscheiden und mich endlich taufen lassen, um dazuzugehören. Und wusste ich nicht, dass die Wahrheit wirklich die Wahrheit war? Ich hatte mich lange genug mit der Bibel beschäftigt, kannte nichts anderes und hatte das Privileg, zu Gottes Auserwählten zu gehören. Daher sollte ich meine Dankbarkeit, Treue und Loyalität unter Beweis stellen, um Jehova zu zeigen, dass ich es wert war. Seine Gnade, seine Liebe und das Leben, das er mir geschenkt hatte, das war doch so viel, oder? Aber ich wusste, diese Entscheidung hatte weitreichende Konsequenzen. Eine Taufe war gleichzusetzen mit einer Hochzeit. Ich wäre auf ewig mit Gott verbunden. Lebenslang. Diese Hingabe ging mit einigen Versprechen einher. Mit Opfern. Eines dieser Opfer bestand darin, jeglichen Kontakt zu Ausgeschlossenen abzubrechen. Auch wenn es der eigene Vater war.

Aus all diesen Gründen wollte ich die Taufe so lange wie möglich aufschieben. Aber es ging nicht mehr. Also tat ich, was von mir erwartet wurde. Ich ging zu den Ältesten meiner Versammlung und teilte ihnen mit:

»Ich möchte mich taufen lassen.«

»Das ist eine große Freude«, verkündete einer der Ältesten. »Jehova wird stolz auf dich sein und dich dafür reich belohnen.«

»Das ist ein großes Privileg«, sagte ich.

Alle Ältesten nickten einhellig. »Aber es wurde auch Zeit.« Die Mahnung durfte nicht fehlen. »Wir hatten schon Sorge, du hättest Probleme, und dein Glaube sei schwach. Aber es scheint ja doch alles in Ordnung zu sein.«

»Ja«, erwiderte ich. »Von nun an wird sich alles ändern.«

Der Taufe geht eine lange Liste mit Fragen und Gesprächen voran, die man mit den Ältesten führt. Sie prüfen, ob man wirklich bereit ist, sich Gott hinzugeben. Sie sprechen mit dem Umfeld, den Mentoren, mit denen man studiert hat, und geben einem die Möglichkeit, über die begangenen Sünden zu sprechen.

»Sophie, wie sieht es mit deinen Sünden aus? Möchtest du uns nicht deine Sünden gestehen?«

»Ich habe keine Sünden begangen«, erklärte ich.

Natürlich hätte es einiges zu gestehen gegeben, aber ich war so clever zu schweigen. Hätte ich meine Vergehungen gebeichtet, wären Hirtenbesuche und Gespräche die Folge gewesen, und meine Taufe wäre bestimmt ausgefallen. Man wäre sicher zu der Meinung gekommen, ich sei noch nicht so weit. Das hätte nur noch mehr Aufmerksamkeit auf mich und meine Fehler gelenkt. Das konnte ich wirklich nicht gebrauchen.

»Bist du sicher?«

Mit einem beharrlichen Nachfragen hatte ich gerechnet. »Ich bin ganz sicher«, sagte ich und sah den Ältesten direkt in die Augen. Gespielte Unschuld.

»Nun gut, dann können wir bei den nächsten Treffen die sechzig Komplexe durchgehen, die in unserem Buch *Organisiert, Jehovas Willen zu tun* aufgeschrieben sind. Du wirst dich vorher intensiv damit befassen und studieren. Dann gehen wir in den nächsten Gesprächen alles gemeinsam durch und schauen, ob du wirklich schon so weit bist.«

In dem Buch geht es um Christi Stellung in der Organisation Gottes, um die Aufseher, die die Herde hüten, um Dienstamtgehilfen, Methoden, die gute Botschaft zu predigen, um eine weltweite Unterstützung des Königreichswerks. Zu den einzelnen Aspekten werden verschiedene Bibeltexte angeführt, die ich selbstverständlich vorher gründlich gelesen haben musste. Ich musste das Einmaleins der biblischen Grundsätze kennen, natürlich bezogen auf die Übersetzung von Jehovas Zeugen. Ich musste wissen, dass wir – im Gegensatz zu anderen christlichen Religionsgemeinschaften – von keiner Dreieinigkeit ausgehen, an keine Hölle glauben und nur die 144 000 gesalbten Christen in den Himmel kommen.

Es ging in den Gesprächen aber auch um meine persönliche christliche Lebensführung. Mein ganzes Leben wurde wie unter einem Mikroskop seziert, anschließend wurde besprochen, ob ich mich im Einklang mit Gottes Anforderungen befand, ob ich mein Leben nach der Bibel ausrichtete. Es wurde auf Dinge wie das Verbot von Abtreibungen, Blut und spiritistischen Handlungen eingegangen. Ich kannte die Antworten auf all diese Fragen, aber sie waren dennoch manchmal unangenehm, besonders jene, die mir ein schlechtes Gewissen machten.

»Was sollte jemand sofort tun, wenn er eine schwere Sünde begangen hat und wieder Gottes Anerkennung haben möchte?«

Ich wusste, was ich zu antworten hatte, und so kamen wir relativ schnell vorwärts.

Kurz vor dem Ende eines dieser Treffen kam es zu einer Frage, auf die ich mich ebenfalls vorbereitet hatte. Ungern.

»Es wird bekannt gegeben, dass jemand kein Zeuge Jehovas mehr ist. Wie sollten wir uns ihm gegenüber verhalten?«

Eines der aufgeführten Bibelzitate zu dieser Frage lautete: »Wenn jemand zu euch kommt und diese Lehre nicht bringt, so nehmt ihn niemals in euer Haus auf, noch entbietet ihm einen Gruß« (2. Joh. 10). Und ich zitierte diese Bibelstelle.

»Und hast du Kontakt zu Ausgeschlossenen, Sophie?«

»Ja, ich habe noch Kontakt zu meinem ausgeschlossenen

Vater«, erwiderte ich. Zwar kannte in meiner neuen Versammlung niemand meinen Vater, aber dennoch wussten sie, dass er ein Ausgeschlossener war. Er war abtrünnig, und da dieser Umstand in der Versammlung allgemein bekannt war, wäre es zwecklos gewesen zu lügen.

Oft sah ich meinen Vater nicht mehr, aber wir telefonierten regelmäßig und nahmen so am Leben des jeweils anderen teil.

Er wusste, dass ich nach wie vor weiter die Zusammenkünfte besuchte und mich irgendwann taufen lassen würde. Und er wusste auch, was das für unser Verhältnis bedeuten würde. Für meine Taufe war es notwendig, den Kontakt zu ihm abzubrechen.

Es war nur eine Frage der Zeit. Trotz seines Ausschlusses standen wir uns immer wesentlich näher als meine Mutter und ich. Wir sind uns sehr ähnlich, ich habe viel von ihm geerbt und war immer stolz, einen lustigen Vater zu haben, der bei allen beliebt war. Außerhalb der Versammlung, versteht sich. Klassenkameraden, Lehrer und Familie kamen immer gut mit ihm aus.

Die Zeit bis zu meiner Taufe zog sich aber noch eine Weile hin. Eigentlich hatte ich sie mir zum Sommerkongress gewünscht, aber die Ältesten meinten, das sei zu knapp. Die Hirtengespräche und das persönliche Studium sollten nicht unter Zeitdruck stattfinden, also musste ich mich bis zum nächsten Kongress im Winter gedulden.

Auf einmal waren Motivation und Wille da. Ich war fleißig, ging viel predigen und hatte endlich meine Gefühle und mein Doppelleben im Griff. Mein Glaube war stark, und ich voller Tatendrang. Ich war mir meiner Sache sicher. Aber ich kannte mich. Ich wusste, mein Eifer konnte schnell verfliegen, und deshalb wollte ich die Taufe auch endlich hinter mich bringen, solange ich noch das Gefühl hatte, das Richtige zu tun. Man konnte sich nicht das ganze Jahr über taufen lassen, sondern nur zu den Kongressen. Die Wachtturm-Organisation der Zeugen Jehovas besitzt überall auf der Welt große Kongresssäle und Königreichssäle, die nur dem Zweck dienen, religiöse Veranstaltungen abzuhalten. Es gibt mehrere Arten von Kongressen bei Jehovas Zeugen. Tagessonderkongresse finden, wie der Name schon sagt, nur an einem Tag statt, Kreiskongresse dauern zwei Tage und Bezirkskongresse drei Tage. Manchmal werden die Kongresse auch international abgehalten, und dann kommen Zeugen Jehovas aus den verschiedensten Ländern, und das Programm wird in mehrere Sprachen übersetzt. Je kleiner der Kongress angelegt ist, umso enger ist auch der Kreis der anwesenden Ortsversammlungen.

Bei einem Kongress besteht das Programm aus Vorträgen, Darbietungen, Gebeten und Liedern. Zwischendrin gibt es die Taufansprache mit der anschließenden Taufzeremonie, bei der die Täuflinge aller Versammlungen sich in einem Wasserbecken untertauchen lassen und so ihre Hingabe an Gott sichtbar für alle beweisen.

Doch dann war der Tag gekommen. Meine Taufe fand im Kongresssaal im sächsischen Glauchau statt, es war der 3. November 2012. Den Saal kannte ich, er war mir vertraut, da die Kongresse meiner Heimatversammlung ebenfalls dort stattfanden. Am Tag zuvor fuhr ich zu meiner Mutter und schlief in meinem alten Zimmer. Mein alter Wohnort war nur eine kurze Fahrt vom Saal entfernt, und so hatte ich am nächsten Morgen etwas mehr Zeit. In der Nacht konnte ich vor Aufregung kaum schlafen, sollte der morgige Tag doch der wichtigste in meinem Leben werden. Wichtiger als meine Hochzeit oder die Geburt meiner Kinder, sollte es irgendwann dazu kommen. Es war der Tag, an dem für jeden Christen die neue Zeitrechnung begann.

Ich hatte mich Jehova zuvor im Gebet hingegeben, was bedeutete, dass ich mich selbst verleugnete, meine selbstsüchtigen Wünsche und Begierden, stattdessen stellte ich ihn an den obersten Platz in meinem Leben. Meine persönlichen Bedürfnisse und Ziele hatten sich ihm von nun an unterzuordnen. Es klingt etwas hart, sich selbst zu verleugnen, aber genau das war es, was Jesus von seinen Jüngern in Matthäus 16:24 verlangte. Er verlangte es von mir, und ich tat es. Die Stimme in meinem Kopf, die in den letzten Monaten meine Zweifel geschürt hatte, war aber nicht völlig verstummt. In manchen Momenten blitzte ein Gedanke auf: »Was mache ich hier eigentlich?«, um in der nächsten Sekunde wieder zu verschwinden. Es war ein kurzer Augenblick des Erwachens und der Weitsicht, bevor ich wieder in den Sog aus Manipulation und Indoktrination gezogen wurde. Wie ein Schiffbrüchiger, der kurz nach Luft schnappt, nur um danach unter den Wassermassen begraben zu werden.

Als Taufbewerber musste ich etwas eher im Kongresssaal sein, um mich in den Ablauf der Taufe einweisen zu lassen. Ich legte mein Handtuch und meine Badesachen in die Umkleideräume, die an den Raum mit dem Wasserbecken angrenzten. Ich hatte einen Bikini dabei und ein großes cremefarbenes T-Shirt zum Überziehen. Eigentlich tragen alle Täuflinge weiße Shirts, aber da ich kein reinweißes besaß, hatte ich dieses mitgenommen. Weder ich noch mein Shirt waren blütenweiß, und wir würden es auch niemals werden.

Das Motto des Tagessonderkongresses war »Behüte dein Gewissen«, angelehnt an 1. Tim. 1:19. Wie passend, dachte ich. Um 9:40 Uhr begann für zehn Minuten die Musik im Saal zu spielen, und alle Anwesenden begaben sich nun zu ihren Plätzen. Danach folgte ein Lied, welches wir alle gemeinsam sangen, dann trat ein Redner auf die Bühne zum Gebet. Im Saal saßen über tausend Zeugen aus verschiedenen Versammlungen, die alle gemeinsam sangen und nach dem Gebet einstimmig »Amen« sagten. Eine Stunde lang folgten nun Vorträge zum Thema *Innere Stimme* und *Biblisch geschultes Gewissen*, bei denen jeder aufmerksam zuhörte und sich Notizen machte. Ich versuchte, den Kloß im Hals, der sich in mir ausbreitete, herunterzuschlucken. Nur noch eine kurze Weile, dann würde ich endlich geläutert und von meinen Sünden befreit werden. Dann müsste ich mich nie wieder schlecht fühlen und könnte ab sofort die treue und perfekte Christin sein, die jeder von mir erwartete.

Um 11:35 Uhr war der Programmpunkt *Hingabe und Taufe* an der Reihe. Ein Vortrag extra für uns Taufbewerber. Der Redner sah uns genau an, und ich spürte die Blicke des halben Saals im Nacken. Wir Täuflinge hatten in der ersten Reihe vor der riesigen Bühne Platz genommen. Neben mir gab es noch ein paar wenige andere Täuflinge, die ich alle nicht kannte. Ich erinnerte mich daran, wie ich als kleines Mädchen immer neugierig schaute, wer sich alles taufen ließ. Nun saß ich selbst hier, in meinem langen bunten Stufenrock und dem schwarzen Oberteil. Um meinen Hals baumelte eine glänzende schwarze Perlenkette und an meinem Finger mein zarter silberner Schlangenring. In der Tasche mein Achat. Dinge, bei denen ich mir einredete, sie würden mich beschützen und beruhigen. Ich wusste, dass so etwas zu glauben fast schon spiritistisch war, aber ich konnte nicht anders. Ich war aufgewühlt, weil ich nicht wusste, ob ich das Richtige tat, und Beten machte alles nur noch schlimmer. Gott schenkte mir nicht den Frieden, um den ich ihn anflehte, also drehte ich den Ring an meinem Finger und versuchte, so gelassen wie möglich zu wirken. Ich musste an all die Dinge denken, die ich getan hatte, meine Sünden. Daran, dass ich von nun an nie wieder sündigen durfte. Denn eine Taufe ist etwas Einmaliges. Danach konnte ich nie wieder reingewaschen werden. Bei dem Gedanken, niemals mehr sündigen zu dürfen, lief mir ein Schauer über den Rücken. Das würde ich nicht schaffen. Nicht einmal einen einzigen Monat. Ich wollte unbedingt perfekt sein, ja, ich hatte den Ehrgeiz dazu, aber mir war klar, das würde nicht funktionieren.

Am liebsten wäre ich aufgestanden und weggerannt. Aber es war zu spät. Ich starrte auf die Notizen vor mir, in dem blauen Buch, das mir zur Feier des Tages eine Schwester aus meiner Versammlung geschenkt hatte. Jana. Ich dachte an sie und all die anderen, die so viel Hoffnung und Erwartungen in mich setzten. Ihnen allen stand eine große Enttäuschung bevor. War das hier ein Fehler? Wie auch immer, ich konnte es nicht mehr aufhalten. Vielleicht gab Jehova mir ja seinen Segen und die Kraft, die über das Normale hinausgeht, und ich würde nach der Taufe endlich ein neuer Mensch sein. Voller göttlicher Eigenschaften, rein und unbefleckt. Ich schaffe das.

Der Redner veränderte seine Tonlage und riss mich damit aus meinen Gedanken. Ich sah zu ihm auf, und er mir direkt in die Augen, obwohl er sicher fünfzehn Meter entfernt hinter seinem Pult stand. Er hatte seinen Vortrag fast beendet, und nun mussten alle Taufbewerber aufstehen, um zwei Fragen zu beantworten:

1. Hast du deine Sünden bereut, dich Jehova hingegeben und Jesus Christus als Gottes Mittel zur Rettung angenommen?

2. Ist dir bewusst, dass deine Taufe dich als Zeugen Jehovas kennzeichnet und du damit zu Jehovas Organisation gehörst?

Die anderen Taufbewerber und ich waren bis auf den Redner und die Ordner an den Ausgängen die Einzigen im ganzen Saal, die nun standen. Hinter uns saßen über tausend Verkündiger und spitzten die Ohren. Ich hielt meinen Blick fest nach oben auf die Bühne und den Ältesten gerichtet, der auf unsere Antwort wartete. Beide Fragen beantwortete ich laut mit »Ja«. Der Zweifel in mir schrie »Nein«, aber mir blieb nichts anderes übrig, als »Ja« zu sagen und somit ein ewiges Bündnis mit Gott und seiner Organisation einzugehen. In dem riesigen Saal verschwommen unsere Stimmen, obwohl wir laut und deutlich sprachen. Hauptsache, Jehova hörte die Antwort.

Anschließend betete der Redner für unseren Segen, dann wurde das Königreichslied Nummer sechzig, »Er wird dich stärken«, zur Hingabe an Gott gespielt. Alle im Saal sangen. Tausende Augenpaare waren auf uns Täuflinge gerichtet, und Tausende Münder sangen für uns, während wir den Gang Richtung Taufbecken beschritten. Ich fühlte mich einerseits euphorisch und andererseits unangenehm berührt, weil jeder mich ansah. Manche streckten sogar ihre Hände aus, als wir an ihnen vorbeigingen. Ich hoffte, ich würde beim Laufen nicht hinfallen, denn mein Rock war ziemlich lang. Ich versuchte, entspannt zu lächeln und den Bauch einzuziehen, als ich am Ende des Ganges Katharina mit einer Kamera in der Hand entdeckte, die eifrig Bilder von mir schoss.

Ich zog mich um und trat nun zum Taufbecken. Es befand sich in einem kleinen Raum in der hintersten Ecke des Saals, die engsten Angehörigen aller Täuflinge standen um das Becken herum und sahen uns zu. Aber auch andere Kongressbesucher konnten alles verfolgen, da der Raum über eine Glaswand zum Saal verfügte. Direkt vor der Glasscheibe ging es ein paar Stufen nach unten, sodass sich viele Verkündiger aufreihten und von draußen die Taufzeremonie beobachten konnten. Mir war das ziemlich unangenehm. Ich war nicht gerade schlank und fühlte mich komisch, vor so vielen Leuten nur im Bikini und mit Shirt untergetaucht zu werden, das durch das Wasser durchsichtig wurde. Beim Umziehen hatte ich ganz vergessen, meine schwarze Perlenkette abzulegen. Ich liebte sie, sie gehörte einst meiner Balloma, und immer wenn ich sie trug, hatte ich das Gefühl, sie würde mir Kraft geben. Als wäre meine Großmutter bei mir und würde mir beistehen. Die Kette hatte in der Mitte die größten Perlen, zum Verschluss hin wurden sie etwas kleiner. Eigentlich waren es gar keine Perlen, sondern schwarze Kristallsteine, ein bisschen eckig geschliffen, sodass sie funkelten, wenn Licht auf die glatten Flächen fiel. Ich bemerkte erst, dass ich die Kette nicht abgelegt hatte, als ich bereits unter Wasser war.

Nachdem ich mich abgerubbelt, umgezogen und meine Haare getrocknet hatte, warf ich noch einen Blick in den Spiegel. Da war es endlich: mein neues Ich.

Ich beeilte mich, denn ich wusste, draußen warteten schon alle darauf, dass ich endlich aus der Tür trat. Ich verließ etwas nervös die Taufräume und ging in den Saal. Das war mein Auftritt als frischgebackene Schwester. Hinter der Tür warteten schon viele meiner Glaubensbrüder und -schwestern auf mich. Alle umarmten mich, viele weinten vor Freude. Sie beglückwünschten mich zu meinem neuen Leben. Ich selbst hatte auch das Gefühl, als wäre ich gerade geboren. Eine Welle der Euphorie und Zuversicht überrollte mich. Mit Jehova an meiner Seite konnte ich alles schaffen. Ich fühlte mich plötzlich stark und unbesiegbar, alle um mich herum gaben mir dieses Gefühl.

Ich bekam handgeschriebene Glückwunschkarten, auf deren Rückseite Bibeltexte und Prophezeiungen für meine

Zukunft standen. Meine Mutter hatte ihre Karte aus einer Pralinenschachtel geschnitten, auf der Vorderseite waren verschiedene Sorten Konfekt abgebildet. Ich nahm an, sie hatte vergessen, eine Karte zu kaufen, oder es nie vorgehabt. Diese war ja gratis. Die offene Schachtel hatte ich am Abend zuvor in ihrer Küche gesehen.

Auch aus meiner Heimatversammlung waren viele meiner Brüder und Schwestern angereist, sogar Hanna mit ihrer Familie, Katharina und Tanja. Selbst meine Freundin Amelie war extra aus Erfurt mit ihren Eltern gekommen. Amelie und ich kannten uns seit frühester Kindheit. Ihre Eltern hatten Verwandte in meiner Heimatversammlung, die sie oft besuchten, und so wurden wir über die Jahre enge Freundinnen, machten zusammen Sport und gingen gemeinsam in den Predigtdienst. Sie alle weinten und lachten ebenfalls, und ich war völlig aufgelöst, spürte ich doch, wie erleichtert alle waren, dass ich es nun geschafft hatte. Ich war gerettet, auf mich warteten ein ewiges Leben und Glück im Paradies. Sogar viele fremde Brüder und Schwestern traten auf mich zu, umarmten mich und verwickelten mich in Gespräche. So viel Nähe mit völlig Unbekannten war mir fast zu viel, aber ich konnte sie schlecht abweisen. Jeder wollte an diesem Tag ein Stück von mir haben. Als würde mein frischer göttlicher Segen auf sie abfärben, wenn sie mir nur nah genug kamen. Oft hatte ich mir etwas Aufmerksamkeit gewünscht, aber in diesem Moment fühlte es sich ein klein wenig unbehaglich an. Als würde jeder meiner Schritte, Blicke und jedes Wort haargenau begutachtet werden.

Als ich nach dem Programm allein durch den Saal lief, fragte ich mich: Fühlst du dich jetzt anders? Alle hatten zuvor so getan, als wäre ich mit einem Schlag ein neuer Mensch und hätte ein neues Level im Leben erreicht, aber irgendwie spürte ich das nicht. Ich lächelte zwar so, wie man es von jemandem erwartete, der gerade von seinen Sünden freigesprochen worden war. Selig. Aber als sich die Aufregung legte, sah es in mir drin genauso düster und unsicher aus wie vor der Taufe.

Die anfängliche Hochstimmung, die diesem Ereignis vorangegangen war, war auf einmal erloschen. Offenbar hatte ich mich nur taufen lassen, um den Erwartungen der Menschen um mich herum gerecht zu werden. Aber was wollte ich? Vielleicht konnte ich diesen Moment auch einfach nur nicht richtig genießen, weil ich ahnte, was mir noch bevorstand. Die Taufe würde meine Probleme nicht lösen, sondern nur Unmengen neue schaffen. Es würde eine Glaubensprüfung nach der anderen folgen. Satan würde Jagd auf mich machen, mir Fallen stellen, um meinen Glauben an Jehova zu erschüttern. Schon wieder! Aber durch meine Hingabe an Jehova Gott hatte ich nun mehr Segen denn je. Er würde mich schützen und mir die Kraft, die über das Normale hinausgeht, geben (2. Kor. 4:7). Oder?

# MAKELLOSE SÜNDE

Die erste Glaubensprüfung hatte ich direkt nach meiner Taufe zu bestehen. Mir war klar, was ich zu tun hatte. Es war allen klar. Jeder wusste, was mir bevorstand. Meine Brüder und Schwestern, vom Kreisaufseher über die Ältesten bis hin zum stinknormalen Verkündiger – und allen voran Jehova Gott. Sie alle beobachteten mich mit Argusaugen und voller Spannung, ob ich diese Prüfung bestehen würde und meinen Worten Taten folgen ließ. Würde ich scheitern? Oder würde ich Gott meine Treue beweisen? Ich hatte keine Wahl. Lügen wäre keine Option. Nicht noch mehr Sünden. Ich war eben erst reingewaschen worden, von nun an wollte ich alles richtig machen. So, wie Jehova es von mir verlangte.

Ich weiß nicht mehr genau, wann nach meiner Taufe ich den Anruf tätigte, aber ich kann mich noch bis ins kleinste Detail an diesen Moment erinnern, der einer der schlimmsten meines Lebens werden sollte. Ich war bei einer Familie aus meiner Versammlung, mit der ich sehr viel Zeit verbrachte. Die Eltern hießen Jana und Mathias. Sie waren Mitte vierzig und gehörten zu den wenigen aus meiner Versammlung, die weder eingebildet noch falsch oder prüde bis in die Haarspitzen waren. Sie waren eine lustige Familie, und manchmal wäre ich gern Teil davon gewesen. Jana war ziemlich groß, hatte lange dunkelblonde Haare, eine Brille und ebenso wie ihr Mann Mathias Lachfalten um die Augen. Eines ihrer Kinder, ihre jüngste Tochter, war wie mein Vater aus der Gemeinschaft ausgeschlossen worden. Sie verstanden, wie ich mich fühlte. Die ausgeschlossene Tochter war etwa in meinem Alter, und Jana und Mathias hatten sie vor die Tür gesetzt, als sie sich für den Ausstieg entschied. Sahen sie sie in der Stadt, redeten sie nicht mit ihr. Nicht mal ein Gruß. Als wäre sie Luft.

Jana und Mathias lebten das Paradebeispiel treuer Christen und verhielten sich so, wie Gott und die Organisation es forderten. Es wurde immer gelehrt: Wer seine Kinder streng nach Gottes Maßstäben erziehe und die Wahrheit in ihr Herz pflanze, werde damit gesegnet, dass die Kinder auf ewig auf dem Weg des Lebens wandelten, sprich: Zeugen Jehovas blieben. Es war schon einleuchtend und nachvollziehbar, dass ein Kind die Dinge glaubte und verinnerlichte, die es von den Eltern gelehrt bekam. Deshalb war es auch eher selten, dass sich Kinder irgendwann gegen die Wahrheit entschieden, wenn die gesamte Familie nur aus Zeugen Jehovas bestand. Aber in der heutigen Zeit, wo Selbstbestimmung und Persönlichkeitsentwicklung einen anderen Stellenwert haben, lassen sich viele Menschen glücklicherweise nicht vorschreiben, wie sie zu leben haben. Niemand muss mehr blind den Eltern oder einer Organisation gehorchen. Niemand muss sich mehr erpressen und manipulieren lassen. Viele wachen auf und beginnen, ihr Leben nach eigenen Regeln zu führen. Die meisten Eltern geben sich selbst die Schuld, wenn sich ihr Kind gegen Jehova entscheidet. Sie schämen sich und glauben, sie hätten ihre Kinder nicht richtig erzogen.

Bei Jana und Mathias war das auch der Fall. Sie litten sehr darunter, ihre Tochter verstoßen zu haben, aber was sein musste, musste sein. Der Glaube hatte Priorität. Ich fühlte mich ihnen verbunden, da mir nun ein ähnlicher Schritt bevorstand.

Eines Abends sah mich Jana mit ihren dunkelbraunen

Augen ernst an und sagte mir, dass ich meinen Vater anrufen müsse, um ihm zu sagen, dass ich nun getauft sei.

Mathias fügte hinzu, dass es nicht einfach werden würde, und strich sich dabei mit seiner Hand durch die kurzen schwarzen Haare.

»Ich weiß, ihr habt recht. Aber ich komme besser mit meinem Vater zurecht als mit meiner Mutter.« In einem sehr persönlichen Moment hatte ich den beiden erzählt, wie es mir bei meiner Mutter ergangen war und dass ich ein paar Jahre zuvor versucht hatte, mich umzubringen. Ihnen war klar, dass es mir wesentlich leichter gefallen wäre, hätte ich den Kontakt zu meiner Mutter abbrechen müssen, auch wenn es keiner aussprach. Schließlich war sie wie wir eins von Gottes Kindern.

»Du musst daran denken«, fuhr Jana fort, »es ist nicht nur das Beste für dich und dein Verhältnis zu Jehova, wenn du diesen Schritt gehst, sondern auch für deinen Vater.«

»Wie meinst du das?«, fragte ich. Aber in dem Moment, als die Wörter aus meinem Mund kamen, war mir klar, warum.

»Auf diese Weise bewegst du ihn vielleicht zum Umdenken, und er kehrt zu Jehova und zu der Wahrheit zurück. Er hat sich zwar einst gegen Jehova entschieden, aber Gott ist jederzeit bereit, ihn mit offenen Armen zu empfangen. Er müsste nur seine Sünden bereuen, und indem du den Kontakt zu ihm abbrichst, zeigst du ihm, was er damals weggeworfen hat. Es ist die einzige Chance, ihn zum Aufwachen zu bewegen. Du könntest ihm damit sein ewiges Leben retten. Aber es liegt an ihm allein, was er daraus macht.«

»Genau«, bestätigte Mathias. »Dein Vater ist ein verlorenes Schaf, und die Ältesten sind die Hirten, die Gottes Herde hüten. Deswegen wird jeder Ausgeschlossene auch einmal im Jahr aufgesucht und bekommt die Möglichkeit, ein Gespräch mit den Ältesten zu führen, zu bereuen und sich wieder der Wahrheit zuzuwenden.«

Ich erinnerte mich, ein paar dieser Hirtenbesuche ließ mein Vater über sich ergehen, aber am Ende hatten sie nichts an seiner Meinung ändern können. Er hatte sie nur ihnen zuliebe empfangen, immerhin waren die beiden Ältesten, die ihn besuchten, jahrelang Teil seines engsten Bekanntenkreises gewesen. Aber er vergaß nicht, wie ungerecht sie ihn während der Trennung behandelt hatten und dass die Versammlung stets versucht hatte, mich gegen ihn aufzuhetzen. Er sah nun alles viel klarer. Und es führte für ihn kein Weg zurück. Er war vom Glauben abgefallen. Es stimmte, durch meinen Kontaktabbruch bot ich ihm eine letzte Chance, sein Verhalten noch einmal zu überdenken und wach zu werden. Aber insgeheim wusste ich, dass mein Vater schon lange nicht mehr an Jehova glaubte und die Lehren der Zeugen für falsch hielt. Niemals würde er umkehren. Doch das behielt ich für mich.

»Du musst aber auch konsequent sein. Du darfst nicht zögerlich rüberkommen, sonst begreift er es nicht.« Das war wieder Jana. »Wegen seiner Untreue gegenüber Gott darfst du dir nicht dein ewiges Leben nehmen lassen. Auch wenn du jetzt deinen Vater verlierst, so hast du doch eine große geistige Familie, die immer für dich da ist und dich nie verlassen wird. Mit uns und Gott an deiner Seite kannst du alles schaffen.«

Wieder pflichtete ihr Mathias bei: »Es gibt nun mal Prüfungen, die deinen Glauben auf die Probe stellen, die dir aber auch die Möglichkeit geben, dein Verhältnis zu Jehova zu festigen und ihm deine Liebe zu beweisen. Du wirst nicht drum herumkommen, das zu tun, was zu tun ist.«

Ich hatte das alles schon tausendmal gehört, hatte deswegen endlose Nächte wach gelegen und darüber nachgedacht.

»Ja, ich weiß, was zu tun ist.«

Jana nahm mich in den Arm und betete mit mir: »Lieber Vater Jehova im Himmel, wir danken dir für alles, was du für uns getan hast. Dass du uns das Leben geschenkt hast, unsere Brüder und Schwestern, und dass du uns dein Wort, die Bibel, gegeben hast. Es ist nicht immer leicht, deine Gebote zu befolgen, bitte, gib Sophie die Kraft, um deinen Worten zu folgen und ihren abtrünnigen Vater aus ihrem irdischen Leben zu streichen. Gib ihr Ruhe, Weisheit und Verständnis, damit sie dir ihre Treue und Loyalität beweisen kann und diesen schwierigen Schritt meistert. Und bitte, gib ihr doch deinen Segen auf ihrem weiteren Lebensweg als treue Christin. Schütze uns und unsere Brüder und Schwestern weltweit, unterstütze das Predigtwerk überall auf der Erde und schütze uns vor Satan, dem Teufel, und seinen Versuchungen. Dies bringen wir vor dich, im Namen deines Sohnes Jesus Christus. Amen.«

»Amen«, sagte auch ich und schickte mit diesem Wort das Gebet nach oben. Ich öffnete meine Augen und faltete meine verkrampften Finger auseinander. Dieses Gebet sollte mir Stärke geben, mich durch Gottes heiligen Geist segnen und mich in meinem Vorhaben bestärken.

Jana wartete dann im Wohnzimmer, während ich in die Küche ging und im Handy die Nummer meines Vaters suchte. Drei Mal öffnete ich den Kontakt und legte kurz darauf mein Telefon zur Seite, weil ich einfach nicht auf »Anrufen« drücken konnte. Ich brauchte noch einen Moment. Ich sah aus dem Fenster und ging das Gespräch im Kopf durch. Mein Herz schlug bis zum Hals, denn ich wusste nicht, wie ich es ihm sagen sollte. Tränen stiegen mir in die Augen. Ich setzte mich an den Küchentisch und betete noch einmal zu Jehova Gott. Bat ihn, mir meine Schwäche zu vergeben und mir den Mut zu schenken, es durchzuziehen. Ich presste meine Augenlider aufeinander, aber die Tränen fanden dennoch ihren Weg, tropften auf meine zum Gebet gefalteten Hände. Nachdem ich im Kopf mein Gebet Richtung Himmel gesandt hatte, putzte ich meine Nase und wischte mir die Tränen aus dem Gesicht, nahm wieder das Handy an mich und stellte mich ans Fenster. Ich wählte die Nummer – und mein Vater nahm ab.

Es war eines dieser Gespräche, die einem die Kehle zuschnüren. Eines, bei dem man sich nur gegenseitig verletzt, ohne es zu wollen. Irgendwann begann mein Kopf, die schmerzhaften Erinnerungen auszusortieren und auszulöschen. Bis heute habe ich keine Ahnung, wie lange das Telefonat dauerte oder wer was sagte. Das Einzige, was ich weiß, ist die Zeit davor und danach. Aber die Minuten des Schmerzes sind weg. Das mulmige Gefühl, das nach dem Gespräch blieb, verriet mir, was passiert sein musste. Und es war sowieso klar.

Ich brach zusammen. Ich fühlte mich absolut elend und furchtbar, obwohl es eigentlich keinen Grund dafür gab. Immerhin hatte ich das Richtige getan. Ich hatte getan, was von mir erwartet worden war. Jehova Gott, Jesus und alle meine Glaubensbrüder und -schwestern waren stolz auf mich, dass ich diesen Schritt geschafft hatte. Warum konnte ich es nicht sein? Ich hatte meine Glaubensprüfung bestanden und sollte eigentlich fester denn je in der Wahrheit stehen. Ich sollte glücklich darüber sein, dass ich Mut und Stärke bewiesen hatte. Aber ich fühlte mich mies und schuldig.

Es verging kein Tag, an dem ich nicht heulend zusammenbrach. Nach außen hin musste ich aber so tun, als wäre ich mit der Entscheidung zufrieden. Ich hasste die unangenehmen Fragen nach meinem Vater. Nicht nur in der Versammlung. Wenn mich jemand in der Berufsschule oder auf Arbeit nach meiner Familie fragte, wusste ich nie, was ich antworten sollte. Am liebsten hätte ich laut losgeheult. Aber das konnte ich nicht. Vor Weltmenschen war es noch wichtiger, den Schein zu wahren, als vor meinen Brüdern und Schwestern. Hätten sie gemerkt, dass ich etwas getan hatte, hinter dem ich nicht stand, hätte das ein schlechtes Licht auf Jehova und die Organisation geworfen. Würde ich diese Entscheidung betrauern und in Frage stellen, hieße das, ich würde Gott in Frage stellen. Von Weltmenschen hätte ich Schlimmes zu hören bekommen, Äußerungen wie: »Wie kannst du nur den Kontakt zu deinem eigenen Vater abbrechen?« Das wollte ich mir nicht antun. Das hätte ich nicht verkraftet. Aber das durfte niemand wissen.

Der Schmerz zerfraß mich. Vor Jana und ihrer Familie konnte ich meine Gefühle zwar zeigen, denn sie hatten Ähnliches durchgemacht, aber das war nicht auf Dauer möglich. Meine Trauer brachte in ihnen die Erinnerungen an ihre verlorene Tochter zurück. Ich zog sie hinunter, und sie litten. Nicht wegen mir, sondern wegen ihrer eigenen Erfahrungen. Ich redete mir ein, dass ich und mein Glauben nur zu schwach wären und dass es eine Weile dauern würde, bis ich damit besser klarkam. Ablenkung würde helfen.

Ich ging viel predigen, war eine Zeit lang sogar als Hilfspionierin tätig, zog über dreißig Stunden im Monat von Tür zu Tür, um die frohe Botschaft zu verkünden. Zudem versuchte ich, viel zu studieren und intensiv zu beten, aber ich fand darin keine Hoffnung. Stattdessen stopfte ich Schokolade und Snacks in mich hinein, während ich erbärmlich vor mich hin heulte. Ich war leer. Ausgesaugt und erledigt. Manchmal gab es kurze Momente, in denen ich den Schmerz vergaß und mich glücklich fühlte. Doch eben nur für Momente. Dann kam alles hundertfach zurück und traf mich wie ein Donnerschlag. Wie konnte ich glücklich sein, wenn ich doch gerade meinen eigenen Vater verleugnete?

Einen Monat nach meiner Taufe und dem Kontaktabbruch schrieb mir mein Vater eine E-Mail:

*Hallo Sophie,*
*es fällt mir sehr schwer zu begreifen, dass Du wirklich keinen Kontakt mehr zu mir willst, es ist für mich ein kräftiger Schlag ins Gesicht, aber ich realisiere das langsam, und das macht mich sehr traurig. Erklärungen dazu unterlasse ich lieber, Glaube hin, Glaube her, mit dem eigenen Vater tut man so etwas jedenfalls nicht! … Mir geht es aufgrund dieser Situation seelisch nicht besonders gut, und ich hoffe irgendwann auf eine Änderung. Zurzeit scheinst du ein etwas fragwürdiges Unterscheidungsvermögen zu haben. Ich fühle mich auch nicht so toll, wenn mir andere Deine Bilder zeigen, die im Internet kursieren und mit Bemerkungen versehen sind, wie wichtig Dir die Taufe war und wie gut Du Dich fühlst. Du wirst Dich wundern, was noch alles auf Dich zukommt, Du bist noch nicht achtzehn! Ich habe auch etwas Angst um Dich. Aber ich weiß in der jetzigen Situation leider nicht, was ich hier tun kann. Ich wünsche Dir aber weiter alles Gute, immerhin bist Du ein Stück von mir.*
*Viele liebe Grüße,*
*Dein Papa*

Lese ich diese Zeilen, blutet mir noch heute das Herz. Mit den Bildern meinte er ein Foto, das mich am Tag meiner Taufe im Kongresssaal zeigte. Ich hatte es auf Facebook gepostet, und scheinbar hatte es ihm jemand gezeigt, denn in meiner Freundesliste waren fast nur Zeugen.

Diese E-Mail berührte mich damals sehr. Stundenlang weinte ich, fühlte mich schrecklich und allein. Nachts konnte ich nicht schlafen, war geplagt von endlosen Gedankenschleifen, die irgendwann in Albträume übergingen, als mein Kopf auf Stand-by schaltete. Ich las sie wieder und wieder, zwang mich dann, den Laptop zuzuklappen, weil mein Verstand mir sagte, es würde mir nicht guttun, die Mail so oft zu lesen. Nur, um sie fünf Minuten später wieder von Neuem zu lesen.

Die Nachricht hatte mich in einer Zeit erreicht, in der die Weltmenschen in Besinnlichkeit und Weihnachtsstimmung ertranken. Alles leuchtete, Weihnachtslieder wurden überall gespielt, und glückliche Familien um einen Tannenbaum zierten Plakate. Und ich hatte dem Menschen in meiner Familie, dem einzigen Elternteil, das mir wirklich viel bedeutete, gesagt, dass ich nie wieder mit ihm reden oder ihn sehen möchte. Wie gemein konnte man sein? Sollte es sich so grausam anfühlen, das Richtige zu tun?

# SCHULDIGE BEGIERDE

Kurz nach meinem achtzehnten Geburtstag, acht Monate nach meiner Taufe, trat ich meine erste richtige Reise an. Meine Freundin Amelie und ich flogen gemeinsam mit ihren Eltern nach Sardinien. Amelie war fast auf den Tag genau zwei Jahre jünger als ich, hatte von Natur aus eine braune Lockenmähne und ein schmales hübsches Gesicht mit eisblauen Augen. Dass ihre Eltern ebenfalls Zeugen waren, war der einzige Grund, warum meine Mutter die Reise genehmigte. Zwar wohnte ich schon länger alleine, aber als die Sardinien-Ferien geplant wurden, war ich noch minderjährig und sie mein Vormund. Aber meine und Amelies Mutter verstanden sich gut, also ließ sie mich mit gutem Gewissen den Urlaub antreten. Nicht dass es sie großartig gekümmert hätte, Hauptsache, sie musste kein Geld für mich ausgeben. Von meinem Ausbildungsentgelt zahlte ich meinen Teil selbst, aber Amelies Eltern waren echt großzügig und übernahmen ein paar der Kosten.

Amelie führte ebenso wie ich ein Doppelleben, wir rauchten zusammen und trafen uns mit Jugendlichen, die für uns verbotene Dinge taten. Wir beide hatten Phasen, in denen wir voller Eifer für die Wahrheit waren, gefolgt von denen, bei denen es so aussah, als würden wir den Versuchungen der Welt erliegen. Meistens war Amelie aber die brave, vorbildliche Christin gewesen, sie hatte sich auch schon vor mir taufen lassen. Ihr Vater war Ältester, und ihre Mutter eine fleißige Dienerin Gottes. Die besten Voraussetzungen, um eine Vorzeige-Glaubensschwester zu werden.

Obwohl sie erst sechzehn war, hatte sie mich jedoch in den letzten Monaten überholt, was das Sammeln von verbotenen Erfahrungen anging. Wir forderten uns oft gegenseitig heraus, und dadurch, dass ich alleine wohnte, hatte ich scheinbar mehr Möglichkeiten, das Doppelleben in vollen Zügen zu genießen. Aber Amelie war schon eine Weile nicht mehr das brave, naive Mädchen, das leicht von meinen Erfahrungen zu beeindrucken war. In vielen Dingen nahmen wir uns nichts mehr, und jetzt beeindruckte sie mich. Die Schülerin war zur Meisterin geworden. Hatte die Meisterin sogar überholt. Denn sie hatte eine Erfahrung gemacht, mit der ich bisher nicht mithalten konnte: Jungs. Oder besser gesagt: Männer. Das andere Geschlecht war für mich nach wie vor ein rotes Tuch, und mir boten sich auch nicht wirklich Gelegenheiten. Die Kerle in meiner Berufsschulklasse waren mir zu kindisch, ich fand sie ziemlich unattraktiv, außerdem wäre es nur blamabel gewesen, etwas mit einem von ihnen anzufangen. Immerhin hatten sie im Gegensatz zu mir sicherlich einiges an Erfahrungen in diesen Dingen gesammelt, und ich wollte mich nicht vor jemandem blamieren, den ich regelmäßig wiedersah oder der sich vor anderen über mich lustig machen konnte. Also ersparte ich mir das.

Der Urlaub mit Amelie bot mir die Chance, etwas aufzuholen. Wir bewohnten ein kleines Bauernhaus am Rand eines Berges, etwa fünf Kilometer vom Strand entfernt. Die nächstgelegene Stadt war San Teodoro, und eines Abends fuhr Amelies Mutter mit uns im Mietwagen in dieses wunderschöne Städtchen. Es war Markt, in den Straßen wuselten die Leute, und es wurde laute Musik gespielt. Überall waren Stände mit Süßigkeiten, handgemachtem Schmuck und Souvenirs aufgebaut. Die Stadt war trotz der Nacht hell erleuchtet und zum Leben erwacht.

Die Mutter meiner Freundin setzte uns ab, und wir bahnten uns unseren Weg durch die Gassen. Irgendwann gingen wir in dem Getümmel verloren. Wir betraten einen kleinen Laden und kauften Zigaretten. Mein Herz pochte bis zum Hals, und Amelie sah sich draußen nach ihrer Mutter um. Niemand da. Dieser Kick turnte uns wahnsinnig an. Ich packte die Zigaretten in meine kleine Umhängetasche, und wir verließen den Laden.

Wir liefen durch eine kleine Gasse und standen plötzlich an der Promenade. Hier war es dunkler, und es waren nicht so viele Menschen unterwegs. Wir zündeten uns eine Zigarette an, nachdem wir uns vergewissert hatten, dass niemand in der Nähe war. Ich machte die ersten Züge, dann gab ich die Zigarette Amelie. Sie tat es mir gleich und gab mir die Zigarette zurück, deren Filter nun feucht war.

»Spuck doch nicht immer so die Zigarette an, das ist ja eklig«, sagte ich angewidert, musste dabei aber lachen, weil sich die Situation so befreiend anfühlte.

»Ich spuck die nicht an, das passiert einfach.« Amelie verzog das Gesicht, nachdem sie beim Sprechen versehentlich den Rauch eingeatmet hatte, und hustete kurz.

Ich kicherte und sagte dann mit Blick auf das tiefschwarze Meer: »Hättest du jemals gedacht, dass wir irgendwann hier sitzen und eine Zigarette rauchen? Dass sich unser Leben so entwickelt und wir so *böse* werden?«

Amelie sah mich an und überlegte kurz. Dann erwiderte sie: »Wir waren noch nie normal. Selbst in der Versammlung waren wir doch schon immer die Außenseiter. Hanna oder Melanie und alle anderen eigentlich auch wollten doch nie wirklich was mit uns zu tun haben. Sie haben nur auf uns herabgesehen.«

Amelie hatte recht. »Stimmt. Eigentlich war von Anfang

an klar, dass wir irgendwann zusammen dasitzen und sündigen.« Ich lachte über meine eigene Aussage, weil mir in dem Moment klar wurde, wie wahr sie war. Wir waren nicht Teil der Glaubensfamilie. Nicht richtig. Egal, was wir taten und wie sehr wir uns bemühten, wir waren anders und passten nicht ins Bild.

Kurz vor unserem Urlaub war ich bei Amelie gewesen, und wir besuchten gemeinsam ihre Versammlung in Erfurt. Auf der Fahrt dorthin sagte Amelies Vater, dass sie, seine Tochter, aussähe wie eine Nutte. Der Grund dafür war, dass ihr Rock beim Sitzen übers Knie gerutscht war. Dieser Moment war prägend für uns beide. Ihr Vater war sonst immer still und hatte tolerant gewirkt, aber diese Worte aus seinem Mund waren für Amelie wie ein Schlag ins Gesicht. Und »Nutte« gehört auch nicht in den Sprachgebrauch eines treuen und loyalen Ältesten. Nach dieser Äußerung brach ein heftiger Streit zwischen Amelies Mutter und ihrem Vater vom Zaun, während wir beide auf der Rückbank im Auto saßen und uns schweigend ansahen. In diesem Moment dachten wir wohl dasselbe: Wir wollen das nicht mehr!

Diese Erinnerung im Kopf, schaute ich Amelie an. Und ich war in diesem Moment glücklich, mit ihr hier zu sein. Der kühle abendliche Sommerwind kitzelte unsere nackten Schultern und fuhr unter unsere Kleider, während sich das Meersalz in der Luft mit dem Geschmack der Zigarette auf unserer Zunge mischte. Es war ein magischer Augenblick.

»So muss sich Freiheit anfühlen«, rief ich laut in die Dunkelheit hinein. Ich schnippte die Zigarette weg und bot Amelie einen Kaugummi an.

»Na komm, lass uns zurückgehen. Hier ist es ziemlich windig, und ich habe Hunger«, sagte sie.

Bald waren wir wieder auf der hell erleuchteten Straße und

sahen uns an ein paar Ständen die gefälschten Handtaschen an. Schließlich setzten wir uns vor ein Restaurant und teilten uns eine Pizza. Wir tranken jeder einen Cider, dann zogen wir weiter. Am Ende der Straße war eine Karaokebar, und wir standen eine Weile davor und hörten einer wahnsinnig talentierten Italienerin beim Covern eines Songs zu. Ich wollte auch unbedingt singen, und Amelie ermutigte mich. Musik faszinierte mich, und ich sang tagtäglich in meiner Wohnung lauthals vor mich hin. Wir setzten uns, und als »Unfaithful« von Rihanna gespielt wurde, war ich an der Reihe. Ich war extrem nervös, aber ich wusste, dass mich hier niemand kannte. Also sang ich, so gut ich konnte.

Wir tranken noch einen Cider und hörten gespannt den Sängern zu, die danach dran waren. Manche von ihnen waren richtig klasse. Ich kannte viele der Lieder nicht, und Amelie ging es ähnlich. In diesem Moment wurden wir wieder daran erinnert, wer wir waren und warum wir diese Lieder nicht kannten. Nicht wegen unseres Alters, sondern weil es weltliche Musik war.

Als plötzlich »LoveGame« von Lady Gaga einsetzte, gab mir Amelie das Mikrofon, und ich musste singen, obwohl ich den Text kaum konnte. Ich sang erbärmlich falsch. Aber es war lustig. Lachend verließen wir die Bar. Wir hatten noch etwas Zeit, bevor wir zurück zur Unterkunft fahren sollten, also setzten wir uns erneut vor eine Bar, wo wir einen leeren Tisch entdeckten. Die Straße war voll von Menschen, und wir waren wie berauscht von all dem Leben um uns herum. Und vom Cider. Wir zündeten uns abermals eine Zigarette an. Der Kellner kam, und Amelie bestellte eine Cola und ich noch einen Cider. Ich gab Amelie die Zigarette und kramte in meiner Tasche nach dem Labello.

Plötzlich hörten wir neben uns eine Stimme. »Was

zum …« Wir drehten uns panisch um. Es war Amelies Mutter. Alarmglocken schrillten in meinem Kopf. Amelie drückte die Zigarette in den Aschenbecher, aber es war zu spät. Ihre Mutter hatte uns erwischt. Sie war außer sich vor Empörung, und wir stammelten etwas davon, dass uns der Kellner die Zigarette angeboten hatte und wir aus Höflichkeit nicht ablehnen wollten. Sie glaubte uns nicht, und es gab einen heftigen Streit. Wir beteuerten weiter, dass es das erste Mal sei, dass wir rauchten, und dass wir es gar nicht wollten, aber sie bestand darauf, sofort zu gehen. Auf der Autofahrt zu unserem Ferienhaus hielt uns Amelies Mutter einen langen Monolog, es ging allein darum, wie enttäuscht sie und Jehova von uns seien, von angestrengter Stille überschattet. Wir wussten nicht, was wir noch sagen sollten.

Wir hatten Angst, dass dieser Vorfall irgendwelche Konsequenzen haben könnte, aber ein paar Tage später war er scheinbar vergessen. Wir besuchten mit ihren Eltern die Zusammenkünfte der ortsansässigen Versammlung in Sala del Regno dei Testimoni di Geova und versuchten, aufmerksam zuzuhören, obwohl wir kein Wort Italienisch verstanden. Die Brüder und Schwestern freuten sich über unseren Besuch und machten Fotos mit uns. Uns überkam für einen Moment ein schlechtes Gewissen, als uns bewusst wurde, welcher großen geistigen Familie wir doch angehörten und dass wir drauf und dran waren, uns das mit unserem sündigen Verhalten kaputtzumachen.

Reue und Gewissensbisse hielten nicht lange an, und so kam es, dass Amelie und ich uns ein paar Tage später in einer benachbarten Stadt wieder von den Begierden des Teufels verleiten ließen. Wir trafen auf eine Gruppe junger Italiener, mit denen wir uns in gebrochenem Englisch unterhielten und zusammen Schnaps tranken. Wir gingen in eine Gasse, rauchten und fanden es toll, von den Jungs beachtet zu werden.

Es war so weit. Ich hatte endlich die Chance, aufzuholen. Ich knutschte mit einem Jungen namens Dario rum, und Amelie mit einem seiner Freunde. Dario und ich konnten die Finger nicht voneinander lassen, und so geschah es, dass er mit seiner Hand unter meine cremefarbenen Shorts zwischen meine Beine wanderte. Ich zog ihm seine Hose ein Stückchen herunter und tat etwas, das ich noch nie zuvor getan hatte. *Pompino.* Italienisch für Blowjob. Ich lutschte meine Schuldgefühle weg und ergab mich dem inneren Drang, diese Art von Erfahrungen sammeln zu müssen. Immerhin war ich schon achtzehn, es wurde Zeit. Bis zur Ehe warten war schon lange keine Option mehr, und ich wollte nicht länger das junge unerfahrene Mädchen sein. Ich fühlte mich nicht wohl dabei, aber ich wollte es unbedingt, um mir etwas zu beweisen. Als ich aus dem Augenwinkel sah, wie Amelie mit Darios Kumpel in einem verlassenen Hauseingang verschwand, hörte ich auf und lief ihr hinterher.

»Was hast du vor?«, fragte ich sie.

»Ich will es tun«, antwortete Amelie.

Trotz meines Drangs, selbst all die verbotenen Sachen zu machen, dachte ich, dass das dann doch irgendwie zu viel und zu schnell sei.

»Wir müssen los«, sagte ich und zog sie von dem Italiener fort. Wir gingen ein paar Meter, und ich merkte, dass Amelie betrunken war. An einem Pizzastand hielt ich an und bestellte uns die billigste Pizza auf der Karte, da ich kaum noch Geld übrig hatte. Ich dachte, es wäre eine Pizza Margherita, aber wir bekamen nur einen Pizzaboden mit Gewürzen.

»Iss schnell auf«, sagte ich, weil wir uns gleich mit ihrer Mutter treffen sollten und Amelie auf gar keinen Fall so betrunken sein durfte. Die Pizza half nicht viel, und Amelie saß auf dem Bordstein wie ein Schluck Wasser.

Natürlich bemerkte ihre Mutter, dass sie betrunken war, und zog mich zur Rechenschaft. Ich versicherte ihr, dass ich nicht bemerkt hätte, wie viel Amelie getrunken hatte, und dass es mir leidtue. Ihre Mutter war stinksauer, glaubte, ich hätte einen schlechten Einfluss auf ihre Tochter. Als Amelie sich später übergab, hatte ich wieder einmal ein extrem schlechtes Gewissen. Ich hatte vergessen, dass sie erst sechzehn war, und ich fühlte mich furchtbar, weil ich sie in diese Situation gebracht hatte. Wenigstens hatte ich sie davon abhalten können, noch intimer mit diesem Italiener zu werden.

Am nächsten Tag lachten wir beide darüber und freuten uns, den besten Abend unseres Lebens gehabt zu haben. Es kam uns vor, als wären wir Kriminelle, und wir genossen das Gefühl, durch ein weiteres Geheimnis verbunden zu sein. Wir kicherten noch über die Jungs, als wir nackt in der Sonne lagen.

»Spürst du auch diesen Kick, wenn wir etwas tun, was wir nicht tun dürfen?«, fragte sie.

»Natürlich, und wie! Am Anfang hatte ich ziemliche Schuldgefühle, vor allem, als du mit dem Typ im Hauseingang verschwandst. Aber jetzt, im Nachhinein, finde ich, wir hatten eine richtig geile Zeit«, sagte ich.

»Haha, ich war ziemlich besoffen, aber es war so irre, dass wir machen konnten, was wir wollten.«

»Immerhin ist es für alle anderen normal. Hast du manchmal ein schlechtes Gewissen wegen Jehova?« Gespannt wartete ich auf ihre Reaktion.

»Nee, nicht wirklich. Manchmal ganz kurz wegen meiner Mum, aber nicht wegen der Versammlung. Die anderen sind sowieso alles Heuchler und machen viel Schlimmeres, also warum sollen wir uns schlecht fühlen?«

Ich nickte stumm. Sie hatte recht. Wir kannten beide die Leichen im Keller von vielen anderen Zeugen. In den Zusammenkünften taten sie so, als wären sie Jesus höchstpersönlich, aber in ihrer Freizeit machten sie Dinge, dagegen waren wir noch harmlos. Das wussten wir beide. Ein schlechtes Gewissen war also überflüssig. Und dennoch ließ es einen nie los.

Nach ein paar Tagen flogen wir von Sardinien nach Mailand, um dort noch ein paar letzte Tage zu verbringen. Amelie und ich hatten ein eigenes Hotelzimmer, und so konnten wir abends wieder losziehen, auf der Suche nach neuen Erfahrungen und teuflischen Versuchungen. Amelie wollte unbedingt jemanden finden, der Gras hatte, aber auch das war eine Sache, bei der ich nicht mitreden konnte. Schließlich lernten wir erneut ein paar verrückte Typen kennen, tranken zu viele Cocktails in einer Bar und trafen in den Morgenstunden auf schwedische Studenten, die mit uns warteten, bis die Gitter der U-Bahn öffneten und wir zurück zum Hotel konnten. Wir klauten einem Typen die Sonnenbrille, fanden eine Kreditkarte und hauten vor einem verrückten Mofafahrer ab, der uns ein paar Blocks verfolgte. In diesen wenigen Tagen erlebten wir so unglaublich viel wie nie zuvor. Es erschien uns, als würde uns erst jetzt bewusst werden, wie riesig doch die Welt war und dass wir bisher in einem Käfig lebten.

Wir erzählten niemandem von den Dingen, die in diesem Urlaub geschehen waren. Wir teilten beide die Angst vor Konsequenzen, nicht nur durch Amelies Eltern, sondern auch durch die Versammlung. Ein Rechtskomitee oder Hirtenbesuche konnte keiner von uns gebrauchen. Wir hatten zu viel zu verlieren. Da wir auch nicht wussten, wem von den Weltmenschen wir trauen konnten, schworen wir uns, unsere Geheimnisse auf ewig zu begraben. Aber nach dieser Reise sollten wir nie wieder dieselben sein. Wir hatten von der Freiheit gekostet, und es war uns unmöglich, ihren Geschmack zu vergessen.

Während Amelie zurück in Erfurt ihr Leben lebte, litt ich wie üblich. Obwohl es mir Spaß gemacht hatte, fühlte ich mich wieder schlecht und unwürdig. Nach meiner Taufe hatte ich doch ein besserer Mensch werden wollen, eine treue Christin ohne Sünde – und was war passiert? Kaum waren acht Monate vergangen, hatte ich schlimmer gesündigt als je zuvor. Schon wieder war ich eine Enttäuschung für Gott. So konnte es nicht weitergehen. Das Auf und Ab aus schlechtem Gewissen, Scham und dem verzweifelten Versuch, endlich eine perfekte Dienerin Gottes zu sein, nahm abermals seinen Lauf.

Es war ein Teufelskreis. Ich versuchte, noch fleißiger und aufrichtiger zu sein, aber ich wusste, ich konnte von meinen Sünden nicht reingewaschen werden, solange ich sie nicht gestand und bereute. Nur würde das auf gar keinen Fall passieren. Nie würde ich zu den Ältesten gehen und haarklein erzählen, was ich getan hatte. Niemals! Das würde Folgen haben. Alle würden wieder wissen, dass ich versagt hatte, dass mein Glauben schwach war. Also machte ich es weiter mit mir selbst aus.

Ein paar Monate später wurde Amelie ausgeschlossen. Meine Amelie. Trotz unseres Doppellebens und all der Dinge, die passiert waren, dachte ich, es würde einfach so weitergehen. Ich hätte nicht im Traum daran gedacht, dass sie diesen Schritt wagen könnte, zumal ihre Eltern Zeugen waren und sie wusste, was ein Ausschluss bedeutete. Sie wusste doch, dass ich dann nie wieder mit ihr reden durfte.

Die ganzen Jahre war sie an meiner Seite gewesen, egal,

wie groß die Entfernung zwischen uns war. Wir hatten davon geträumt, zusammen in eine WG zu ziehen, beste Freundinnen für immer. Im irdischen Leben und auch im Paradies. Als ich auf der Suche nach einer Ausbildung war, hatte ich mich bei ihr in Erfurt beworben und hätte die Stelle auch bekommen. Aber leider war meine Mutter nicht einverstanden gewesen, und so hatte ich keine Wahl. Wäre ich damals nach Erfurt gegangen, überlegte ich, hätte sich Amelie sicher nicht gegen die Wahrheit entschieden.

Die Nachricht hatte mich wie ein Donnerschlag getroffen. Per WhatsApp hatte ich von ihrem Ausschluss erfahren, und ich musste die Konsequenzen ziehen, die ich nur zu gut kannte. Ich versuchte, sie zu überreden, bei den Zeugen zu bleiben, brachte all die Argumente an, von denen ich wusste, dass sie sie nur zu genau kannte.

»Amelie, willst du wirklich die Chance auf ein ewiges Leben im Paradies verlieren? Willst du deine Eltern, alle deine Freunde, mich verlieren? Willst du wirklich sterben, wenn Harmagedon kommt? Weißt du, wie enttäuscht Jehova von dir sein wird?«

»Sophie, du meinst es nur gut«, sagte Amelie mit sanfter Stimme. »Du weißt selbst, dass niemand einfach so geht. Ich bin mir sehr sicher, ich habe lange darüber nachgedacht, aber ich kann nicht das Leben meiner Eltern führen. Ich möchte mein eigenes Leben haben. Außerdem weißt du, was wir alles getan haben, und ich habe keine Lust, mich länger zu verbiegen, nur um anderen zu gefallen. Ich will endlich die Dinge tun, die mich glücklich machen. Und ich will nicht immer in Sorge sein, bei Sachen erwischt zu werden, die für andere selbstverständlich sind.«

»Aber dann werden wir uns nie mehr wiedersehen!«, warf ich verzweifelt ein. »Dann ist es so wie bei meinem Vater.«

»Sophie, ich kann nicht wegen dir bei den Zeugen Jehovas bleiben. Das geht nicht«, sagte Amelie traurig.

»Noch vor einem Jahr, bei meiner Taufe, haben wir uns in den Armen gelegen und waren überglücklich darüber, das beste Leben zu führen, das ein Mensch haben kann. Gesegnet von Jehova Gott und auserwählt, zu seinem Volk gehören zu dürfen. Ich verstehe es nicht. Du bist von klein auf mit den Lehren, Hintergründen und Prinzipien des Glaubens vertraut. Jehova Gott war genau wie bei mir der Mittelpunkt deines Lebens. Auch wenn wir uns nicht immer an die Gebote gehalten und Scheiße gebaut haben, wussten wir doch trotzdem, dass das die Wahrheit ist, oder? Was ist passiert?« Zugleich dachte ich: Wenn Amelie es nicht schafft, treu zu bleiben, wie soll ich das dann schaffen? Sie hat im Gegensatz zu mir Eltern, die alles dafür tun, dass sie stark im Glauben ist.

»Ich will meine eigenen Gedanken haben und sie mir nicht verbieten lassen.«

Das war meine zweite Glaubensprüfung. An diesem Abend lag ich abermals lange wach und konnte nicht schlafen. Ich ging das Gespräch mit Amelie wieder und wieder durch. Auch wenn ich selbst von Schuldgefühlen zerfressen wurde, war ich doch beeindruckt von ihr. Sie hatte den Mut, eine Entscheidung zu treffen, und war nicht wie ich die ganze Zeit hin- und hergerissen zwischen dem Sog der Welt und dem Drang nach Vergebung. Sie hatte sich selbst befreit und konnte nun tun und lassen, was sie wollte. Sie zog bei ihren Eltern aus und ein in eine WG und lebte von nun an ihr eigenes Leben.

Obwohl ich den Kontakt zu ihr abbrechen musste, hörte ich doch nie auf, an sie zu denken. An all die Momente, die wir zusammen erlebt hatten. War ich nicht diejenige, die sie zu all den bösen Dingen verleitet hatte? Ohne mich wäre sie vielleicht heute noch eine treue Dienerin Jehovas. Oder vielleicht doch nicht? War es womöglich besser für sie, dass sie diese Entscheidung getroffen hatte? War das der richtige Weg? War ich eventuell diejenige, die an einem Irrglauben festhielt, sich täuschen und manipulieren ließ?

Meine Gedanken überschlugen sich. Aber eines war klar: Ich war wirklich eine elende Heuchlerin. Seit Jahren versuchte ich erfolglos, der Mensch zu sein, den alle von mir erwarteten. Gott. Meine Glaubensbrüder. Meine Mutter. Ich selbst. Aber das war ich nicht. Ich schaffte es nicht. Weil ich es nicht konnte? Oder weil ich es nicht wollte? Wann würde ich endlich einsehen, dass der Versuch zwecklos war?

In den Publikationen der Zeugen Jehovas gibt es oft Erfahrungsberichte von Personen, die die verschiedensten Hürden im Leben als treue Diener Gottes gemeistert haben und beispielhaft und loyal im Glauben vorangehen. Sie sollen die Verkündiger, die sich in ähnlichen Lebenslagen befinden, ermuntern und ihnen beweisen, dass mit Gottes Hilfe alles gut wird, wenn der eigene Glaube nur stark genug ist. In der Studienausgabe des *Wachtturms* vom März 2018 mit dem Titel *Lass dich von Jehova erziehen und werde weise* wurde auch darüber berichtet, wie man sich gegenüber ausgeschlossenen Familienmitgliedern zu verhalten hat:

*Eine der größten Prüfungen für manche Eltern hat mit dem Verhalten gegenüber einem ausgeschlossenen Kind zu tun. Eine Mutter, deren ausgeschlossene Tochter von zu Hause auszog, gibt zu: »Ich suchte nach Schlupflöchern in unseren Veröffentlichungen, um mit meiner Tochter und mit meiner Enkelin Zeit zu verbringen.« Dann sagt sie: »Aber mein Mann erklärte mir liebevoll, dass wir es nicht mehr in der Hand haben, wie es mit unserem Kind weitergeht, und dass wir uns nicht einmischen dürfen.«*

*Einige Jahre später wurde die Tochter wiederaufgenommen. »Sie ruft mich jetzt fast jeden Tag an – oder sie schreibt mir«, erzählt die Mutter. »Und sie hat großen Respekt vor meinem Mann und mir, weil wir Gott gehorcht haben. Jetzt haben wir wieder ein richtig gutes Verhältnis.« Hast du ein ausgeschlossenes Kind? Vertraust du dann »auf Jehova mit deinem ganzen Herzen, und stützt dich nicht auf deinen eigenen Verstand«? (Spr. 3:5, 6). Denk daran: Jehovas Erziehungsmaßnahmen sind ein Beweis seiner unvergleichlichen Weisheit und Liebe. Er gab seinen Sohn für jeden von uns – auch für dein Kind. Unser himmlischer Vater möchte nicht, »dass irgendjemand vernichtet werde« (Lies 2. Petrus 3:9). Vertraue also Jehova und folge seiner Anleitung, selbst wenn es schmerzlich ist. Arbeite in Erziehungsfragen immer mit Jehova zusammen, nicht gegen ihn.*

Lese ich solch eine rührende Erfahrung, kommen mir fast die Tränen. Nicht vor Freude, weil mir warm ums Herz wird. Nein. Sondern weil ich mir sicher bin, dass so etwas nie passiert ist und mir diejenigen, die das glauben, leidtun. Ich kannte damals und kenne auch heute niemanden, der zur Wahrheit zurückgekehrt ist. Mit diesen Berichten, die meiner Meinung nach erfunden sind, wird den Menschen, die jemanden durch einen Ausschluss verloren haben, vorgegaukelt, sie haben das Richtige getan. Sie werden manipuliert, und es wird endlos Hoffnung in ihren vernarbten Herzen geschürt, dass die abtrünnigen, aber geliebten Menschen irgendwann Reue bekunden und umkehren. Vorausgesetzt, sie sind treue Diener Gottes, die sich an die Spielregeln halten und aus *Liebe* keinerlei Kontakt zu den Ausgeschlossenen haben.

Mir wurde eingeredet, ich hätte das Richtige getan. Jehova wäre stolz auf mich, Jesus, die Ältesten, meine Glaubensbrüder und -schwestern könnten stolz auf mich sein. Auch ich könne stolz auf mich sein. War ich aber nicht. Es war eher so, als hätte ich meinen einzigen Vater und meine beste Freundin verraten. Verlogene Heuchlerin.

# SÜSSE REBELLION

»Nun komm schon mit, du bist jetzt achtzehn, du darfst in einen Club, niemand kann es dir verbieten.« Mandy, die fast jedes Wochenende irgendwo feierte, wollte mich überreden, mich ihrer Clique anzuschließen. Sie war eines der Mädchen aus der Berufsschule, mit dem ich mich gut verstand und das von meiner Religion wusste und sie auch relativ akzeptierte. Mandy war drei Jahre älter als ich, hatte ebenholzschwarze Haare, blasse Haut, ein feenhaftes Gesicht und war immer top gestylt. Ihre Stimme war weich, ihr Blick verführerisch, und sie erinnerte mich oft an Schneewittchen. Sie wirkte wie eine kleine Prinzessin, war beliebt und amüsierte sich gern. Sie wohnte noch bei ihren Eltern, die ihr einziges Kind gern und oft verwöhnten.

»Aber ich war noch nie in einer Disco und bin da sicher absolut fehl am Platz«, widersprach ich. »Ich hab doch gar keine Ahnung, wie das abläuft oder was ich anziehen soll. Am Ende halten mich deine Leute noch für verrückt. Oder dich, weil du mich im Schlepptau hast.«

»Blödsinn. Je mehr du dich verkriechst, umso merkwürdiger wirst du. Noch ist nichts zu spät. Also, abgemacht, bist du dabei?«

Ich nickte. Warum nicht? Warum nicht mal ein Club? Ich wollte keine Außenseiterin sein. Ich wollte Erfahrungen sammeln und mich normal fühlen.

In dieser Zeit begann ich auch mit der Fahrschule, unbedingt wollte ich einen Führerschein machen, ein weiterer Schritt in die Freiheit. Der Unterrichtsraum war nur ein paar Minuten zu Fuß von meiner Wohnung entfernt. In meinem Theoriekurs gab es einen Jungen, der extrem viel Energie hatte, extrovertiert war und nur ein paar Häuser entfernt von mir wohnte. Sein Name war Steve. Spitzname Stiefel. Stiefel war sehr dünn, wog ungefähr sechzig Kilo bei einer Größe von einem Meter achtzig. Er hatte braune gestylte Haare mit abrasierten Seiten. Seine Kleidung war modern, und er zeigte gern seinen Körper, an dem kein Gramm Fett zu sehen war. Muskelstränge, so weit das Auge reichte. Nicht weil er viel Sport machte, sondern weil er einfach kein Fett aufbaute. Er wirkte noch sehr jung, in seinem hübschen Gesicht waren ein paar kleine Pickelchen erkennbar, und sein Bart war eher zarter Flaum. Ich fand ihn süß. Auf platonische Weise.

Irgendwann nach unserem Unterricht verwickelte er mich in ein Gespräch, während wir zusammen in Richtung meiner Wohnung gingen. Wir hatten ja dieselbe Strecke. Er war unglaublich lustig, selbstbewusst, authentisch und offen, ohne zu zögern erzählte er mir von sich und seinem Leben. Jegliche Schüchternheit meinerseits legte ich sofort ab.

Es gab an Stiefel etwas, mit dem ich bislang nie konfrontiert worden war. Er war anders. Schwul. Stiefel war schwul. Er stand dazu, lebte es aus und genoss sein Dasein als homosexueller Mann in vollen Zügen. Was mich jedoch in einen Konflikt brachte. Mir war eingetrichtert worden, dass Jehova Männer verabscheue, die bei männlichen Personen lägen. Das sei Sünde.

Wie immer hatten sie das in den Versammlungen geschickt aufgezogen: »Manche meinen, die Bibel schüre Vorurteile gegen Homosexuelle, und wer sich an die Sexualmoral der Bibel hält, sei intolerant. Sie sagen vielleicht: ›Als die

Bibel geschrieben wurde, waren die Menschen noch nicht so tolerant. Aber heute akzeptiert man jede Hautfarbe, Nationalität und sexuelle Ausrichtung.‹ Homosexualität abzulehnen ist für sie das Gleiche, wie einen Menschen anderer Hautfarbe abzulehnen. Doch sie übersehen einen entscheidenden Punkt. Es ist ein Unterschied, ob man das homosexuelle *Verhalten* ablehnt oder den *Menschen.* Die Bibel fordert Christen dazu auf, jeden Menschen zu respektieren. Das bedeutet allerdings nicht, dass sie auch jedes *Verhalten* akzeptieren müssen.

Dazu ein Vergleich: Angenommen, man findet Rauchen schädlich und abstoßend, aber ein Arbeitskollege raucht. Würde man als intolerant gelten, nur weil man übers Rauchen anders denkt als er? Würde es automatisch bedeuten, dass man Vorurteile gegen ihn hat? Was aber, wenn der Arbeitskollege verlangen würde, dass man den eigenen Standpunkt ändert: Wäre dann nicht *er* intolerant?

Jehovas Zeugen wollen sich an die Sexualmoral der Bibel halten, und deshalb lehnen sie alle *Handlungen* ab, die in der Bibel verurteilt werden.«

Nie zuvor hatte ich einen Menschen mit homosexueller Neigung kennengelernt, was wahrscheinlich daran lag, dass ich fast nur von Zeugen umgeben war. Ja, ich hatte mich in meiner Pubertät selbst mit Hanna ausprobiert, und mir gefielen weibliche Körper. Das war aber eher den Umständen und mangelndem männlichen Einfluss und fehlenden Möglichkeiten geschuldet. Ich hielt mich nicht für lesbisch.

Jetzt war da Stiefel, von dem ich wusste, dass er das Paradies auf gar keinen Fall erleben würde. Er war ein Mensch, der falsche Dinge tat, Dinge, die Gott verabscheute. Ich wusste, dass er schlechter Umgang war. Aber es fühlte sich nicht so an. Ich hatte noch nie zuvor einen Menschen getroffen, der so voller Lebensfreude war. Stiefel wirkte so souverän, war aber dennoch emotional und empathisch. Er war lebendig. Je mehr Zeit ich mit ihm verbrachte, umso mehr fiel mir auf, wie tot und leer doch im Gegensatz zu ihm die Menschen im Königreichssaal waren.

Stiefel wollte oft Zeit mit mir verbringen, wollte viel mit mir spazieren gehen. Da er manchmal unangemeldet vorbeikam, gab es Tage, an denen ich ihn abwimmeln musste. Diese Tage waren der Freitag und der Sonntag. Denn an diesen Tagen fuhr ich mit Rita, der Freundin meiner Mutter, nach Leipzig in den Königreichssaal und besuchte die Zusammenkünfte. Ich wollte nicht, dass Stiefel von meiner Religion erfuhr. Er war der erste Mensch, der Interesse an mir hatte, ohne von meinem Glauben zu wissen, und mich so völlig unvoreingenommen einschätzen konnte. Ich schämte mich, von meiner Religion zu erzählen, und wollte wissen, ob ich vor einem normalen Menschen bestehen konnte. Nahm er mich als einen Freak wahr? Merkte er, dass etwas an mir anders war? Dennoch genoss ich es sehr, Zeit mit jemandem zu verbringen, der nichts von diesem Teil meines Lebens wusste. Und kurioserweise konnte ich bei ihm wirklich ich selbst sein. Obwohl er das, was mich ausmachte, nicht wusste. Verrückt.

Eines Nachmittags, der Unterricht an der Berufsschule war vorbei, war ich mit Jana zum Predigtdienst eingeteilt. Für den Rückweg nahmen wir die Straßenbahn. An einer Haltestelle stieg Stiefel ein. Ich grüßte ihn kurz, unterhielt mich aber weiter mit Jana. Ein paar Haltestellen später verließen wir die Straßenbahn, Jana ging zu Fuß nach Hause, während ich weiter zur S-Bahn-Haltestelle lief, denn mein

Wohnort war noch ein Stück entfernt. Stiefel, der auch ausgestiegen war, aber sich hinter uns befunden hatte, holte mich ein.

»Wer war denn die Frau?«, fragte er.

»Eine Bekannte«, erklärte ich knapp.

Damit schien er sich zufriedenzugeben.

Zum Glück fragte er nicht, warum wir beide hässliche Wollröcke trugen und flache braune Schuhe. Auch meine Predigtdiensttasche, eine Umhängetasche, in die perfekt die Broschüren passten, fiel ihm nicht als solche ins Auge. Ich war erleichtert, nichts mehr zu der seltsamen Situation sagen zu müssen. Aber noch mehr war ich darüber erleichtert, dass Jana nicht bemerkt hatte, dass ich mit diesem offensichtlich schwulen Jungen redete, der ein riesiges Bild von einem halb nackten Jared Leto mit sich herumtrug, ein Geburtstagsgeschenk für eine Freundin.

Stiefel zündete sich auf dem Weg zum Bahnhof eine Zigarette an. Ich drehte mich reflexartig um, um zu sehen, ob Jana schon weg war. Hätte meine Glaubensschwester das beobachtet, hätte mir das ein Gespräch zum Thema falsche Freunde beschert. Ich wollte nicht, dass mich jemand mit Stiefel sah, und dieser Gedanke beschämte mich. Nicht wegen ihm, sondern wegen mir. Auch wenn wir bei uns im Ort spazieren gingen, hoffte ich immer, dass uns Rita nicht sah. Sie war eine der wenigen Zeugen in der Gegend, aber sie wohnte nebenan – und ich war paranoid. Doch das konnte ich Stiefel gegenüber unmöglich zugeben. Also war ich auf der Hut und hoffte, dass uns niemand begegnete, der misstrauisch hätte werden können.

Aber es gab auch einige Veranstaltungen und Aktivitäten, bei denen ausschließlich junge Zeugen anwesend waren. Bei ihnen musste ich mir keine Sorgen machen, ob sie guter Umgang waren. Denn jeder noch so untätige und faule Zeuge war besser als ein Ungläubiger. Einmal im Jahr trafen sich viele am Edersee, zum Winterball, in Marienberg zum Baden oder auf anderen Zeugenpartys. Da ein paar der Singlefreundinnen meiner Mutter auch Kinder hatten, kannte ich einen Bruder, der ein paar Jahre älter war als ich und mich mit nach Chemnitz zu einer Feier nahm. Er holte mich in seinem Auto von zu Hause ab, und an jeder roten Ampel knutschte ich mit ihm herum.

Die Party war lustig. Der DJ spielte weltliche Lieder, und Pärchen tanzten eng umschlungen – manche von ihnen nicht mehr ganz nüchtern – auf dem Dancefloor. Ich war zwar umgeben von gleichgesinnten Christen, aber es fühlte sich nicht so an. Dieser Abend passte eher zu meinem Doppelleben als zu dem der treuen Christin, die ich sonst vorgab zu sein. Ich lernte an diesem Abend sogar einen jungen Mann kennen, der Dienstamtgehilfe war. Er tanzte mit mir, und kurz kam wieder mein Drang, einen Vorzeigechristen zu beeindrucken, in mir auf. Aber er war eigentlich nicht vorzeigbar. Vielleicht offiziell, in den Zusammenkünften. Trotzdem tanzte er mit mir auf einer Party, die alles andere als gesittet und biblisch war.

Der junge Bruder, mit dem ich gekommen war, nahm mich wieder mit nach Hause. Nachdem er mich vor meiner Wohnung abgesetzt hatte, fiel ich betrunken in mein Bett. Am nächsten Tag musste ich zeitig aufstehen und in die Versammlung gehen, beim Einschlafen dachte ich noch: Was soll's. Mit etwas Restalkohol ist die ganze Show sowieso viel besser zu ertragen. Der Kick des Verbotenen, die Furcht, erwischt zu werden, und die Genugtuung, wenn man es nicht wurde, machten mich an. Ich wollte mehr davon.

Auch mehr Nächte in Clubs. Es dauerte noch ein wenig,

bis Mandy mich überredet hatte, mit ihr in die Moritzbastei zu gehen. Der Leipziger Club befand sich in einem alten Backsteinkeller, hauptsächlich Studenten und Azubis kamen hierher. Ich fuhr zu ihr nach Hause, wir glühten mit zwei Flaschen Hugo vor und machten uns fertig. Sie zog sich wahnsinnig sexy an, aber vielleicht kam es mir mit meiner prüden Art auch nur so vor. Ich wagte es nie, einen Ausschnitt oder kurzen Rock zu tragen, besaß auch keine derartigen Kleidungsstücke. Was, wenn mich jemand in so einem Outfit gesehen hätte? Neben ihr fühlte ich mich, als würde ich eine Burka anhaben. Später lieh sie mir Klamotten, und ich lernte von ihr, mich richtig zu schminken. Zuvor hatte ich nie etwas von Contouring gehört. Als ich mich im Spiegel erblickte, sah mich ein anderer Mensch an. Keine Ahnung, wer dieses Mädchen war, aber es gefiel mir. Ich war nicht mehr schüchtern und unsicher. Ich war attraktiv. Wild. So wie dieses Mädchen auf Sardinien. Und für einen Moment frei.

Wir fuhren mit der Straßenbahn in die Innenstadt und tranken noch eine Flasche Hugo während der halbstündigen Fahrt. Jedes Mal, wenn die Bahn hielt und sich die Türen öffneten, hatte ich Angst, jemand aus meiner Versammlung oder einer Nachbarversammlung würde eintreten und mich erkennen. Mein Herz schlug bis zum Hals. Aber es stieg nie jemand ein. Genauso beim Überqueren einer Ampel. Ich musterte alle Autos, die bei Rot warteten, alle Fußgänger, die mir entgegenkamen. Aber in einer Stadt mit einer halben Million Einwohnern war ich anonym. Keiner konnte mich verraten und an den Pranger stellen. Außer Gott natürlich. Jehova sah alles. Aber bisher hatte er mich nicht verraten.

Die Schlange vor dem Club war eine weitere Herausforderung. Menschen liefen vorbei und starrten uns an. Panik. Als wir endlich im Keller waren, fiel eine Last von mir ab. Selbst wenn mich hier jemand erkannte, hatte ich genauso viel gegen ihn in der Hand wie er gegen mich. Es war eine Erlösung. Ich war umgeben von fremden Menschen, die mich nicht verurteilten und denen ich nichts vormachen musste. Und ich bemerkte etwas Neues. Männer reagierten auf mich. Mandy hatte schon mehrere Beziehungen, hatte schon Sex gehabt und war auf der Suche nach einem neuen Lover. Sie bezeichnete sich selbst als sexsüchtig, was ich gar nicht nachvollziehen konnte. Zwar war ich volljährig, aber ich hatte noch nie eine Beziehung oder ein Date, geschweige denn Sex gehabt. Das Krasseste, was ich bisher erlebt hatte, war der von Gewissensbissen verdrängte *Pompino* auf Sardinien. Ich hing ziemlich hinterher und hatte keine Ahnung, wie das Leben außerhalb meiner Blase funktionierte. Aber dafür war Mandy ja da.

Sie hielt die Augen auf und suchte nach passablen Typen, die uns ein Getränk spendieren konnten. So lernten wir zwei Studenten kennen, Mandy gefiel der eine, und ich scheinbar dem anderen. Wahnsinn. Jemand stand auf mich. Das hatte ich noch nie erlebt, zumindest nicht auf diese Weise. Wir vier tranken ein paar Shots, und ich war vollkommen überrascht, dass die Jungs sie bezahlten. Ich fühlte mich irgendwie verpflichtet, und ich wollte Hannes, jenem Studenten, der mir zwei Kurze spendiert hatte, gerne meine Dankbarkeit zeigen und ihm irgendetwas zurückgeben. Ich wollte nicht, dass er dachte, ich würde ihn ausnutzen. Gott, was war ich naiv.

Mandy war schon ziemlich angetrunken und wollte mit mir verschwinden, um sich nach anderen Kerlen umzusehen, während die beiden auf der Toilette waren.

»Das können wir doch nicht machen, die haben sich doch so nett mit uns unterhalten und extra Shots spendiert«, warf ich ein, völlig überrascht, dass sie so unbeeindruckt weiterziehen wollte.

»Mach dir darüber keine Gedanken«, sagte sie. »Das ist völlig normal, du musst dich zu nichts verpflichtet fühlen.«

»Aber ich will auf keinen Fall einen falschen Eindruck hinterlassen. Das ist der erste normale Mann, mit dem ich hier trinke.«

Mandy lachte. »Ach, das vergesse ich immer wieder. Hab einfach Spaß. Die sind zwar ganz süß, aber wir finden sicher noch bessere, glaub mir.«

Ich verdrehte die Augen, sagte aber nichts und folgte meiner Freundin, die zielstrebig durch den Club steuerte und alle Männer abcheckte. Scheinbar fand sie doch nichts Besseres, also trafen wir nach einer Weile erneut auf Hannes und Paul, und die Jungs bestellten noch eine Runde.

An diesem Abend war auch einer von Mandys Ex-Freunden in der Moritzbastei und sah sie mit Paul eng umschlungen tanzen. Sie bemerkte das und provozierte ihn, indem sie mit Hannes' Kumpel noch anzüglicher tanzte. Nicht ohne Folgen: Der Ex flippte komplett aus und schlug Paul mitten auf der Tanzfläche ein paar rein. Alles ging ganz schnell. Die Security tauchte auf und brachte uns vier zum Hintereingang raus. Damit war der Abend vorbei. Und weil es auch schon spät war, entschieden Mandy und ich, nach Hause zu fahren. Bevor wir aber in ein Taxi stiegen, gab ich Hannes noch meine Handynummer.

Was für ein krasser Abend. Ich war geflasht, geschockt und überwältigt gleichermaßen. Wieder einmal tat sich eine neue Welt für mich auf, eine Welt, die mich faszinierte. Mandy faszinierte mich. Ihr Umgang mit Männern war so ungehemmt und provokant. Sie wirkte auf mich wie eine Naturgewalt, die sich holte, was sie wollte. Mich hatte sie vielleicht als Freundin ausgesucht, weil ich einen guten Sidekick abgab, anders konnte ich es mir nicht erklären.

Mandy zeigte mir auch, mich besser zu kleiden. So etwas wie Modebewusstsein war mir fremd, in Stilfragen war ich doch eher geprägt von Secondhandklamotten und dem biederen Zeugenlook. Ich wünschte mir schon lange, schön und anziehend auszusehen, aber ich hatte keine Ahnung, wie ich das hinbekommen sollte. Vielleicht lag das daran, dass meine Mutter mich und mein Äußeres ständig kritisiert und mir nie jemand das Gefühl gegeben hatte, hübsch zu sein. Stattdessen machte sie oft spitze Bemerkungen über mein Gewicht, und schon als Teenager hatte sie mich regelmäßig darauf aufmerksam gemacht, wie unvorteilhaft ich doch in vielen Sachen aussehen würde. Aber endlich verdiente ich mein eigenes Geld und musste nicht mehr die abgelegten Sachen anderer tragen. Zwar kam ich mir immer noch zu dick für gewisse Outfits vor, doch Mandy stritt das entschieden ab.

»Du siehst super aus in diesem Top und den engen Leggins«, sagte sie anerkennend, als ich mich aus der Kabine traute. »Dreh dich mal!«

»Ich bin viel zu fett dafür.«

»Du spinnst.«

»Aber sieh doch, wie dick meine Oberschenkel sind. Du bist schlank, du bist eine Traumfrau, du kannst solche Sachen tragen, aber mir steht das überhaupt nicht.«

»Ich verlasse gleich den Laden, wenn du weiterhin so dummes Zeug redest. Du wiegst vielleicht fünf Kilo mehr als ich, jetzt tu nicht so. Schau dich hier doch mal um, da hinten diese Frau, die sollte mal ans Abnehmen denken.«

Mandy blickte zu einer Frau, die fast doppelt so dick war wie ich. Eigentlich kein Maßstab, und es sollten noch ein paar Jahre vergehen, bis ich zu einem gesunden Körperbewusstsein fand, aber der Grundstein war immerhin gelegt. Und ich kaufte mir das Top mit dem tiefen Ausschnitt und die engen Leggins.

Es war ein ungewohntes Gefühl, wie nach einer Verwandlung, als ich in heißen Outfits mit ihr ausging. Ich sah nicht nur anders aus, ich empfand mich auch anders. Ich spürte diesen neuen Menschen, die Seite von mir, die ich sonst verheimlichte. Es stimmte, was Mandy gesagt hatte, ich konnte mit ihr mithalten. Ich wurde von Männern angesprochen. Und es gab mir ein seltsames Gefühl der Befriedigung, begehrt zu werden.

Saß ich am darauffolgenden Tag in der Versammlung, war da wieder die Angst, dass mich jemand gesehen haben könnte, wie ich nachts im kurzen Rock angetrunken durch die Stadt gezogen war. Aber da war auch wieder dieser Kick, ein Geheimnis zu haben. Etwas zu wissen, das niemand sonst wusste, mit Ausnahme von Jehova.

Die Sünden der Nacht blieben im Verborgenen, es war fast wie Magie. Ich fürchtete Konsequenzen, aber der Drang, Regeln zu brechen und mich lebendig und frei zu fühlen, war größer. Manchmal ließ ich die Zusammenkünfte sogar ausfallen. Die verrückte Freundin meiner Mutter befand sich zu dieser Zeit mal wieder in einer krassen Phase. Vor ein paar Wochen saß ich noch bei ihr zu Hause und tröstete die heulende Rita, die sich umbringen wollte. Jetzt war ihre Suizidphase vorbei, und sie litt wieder unter Paranoia und Verfolgungswahn. Sie bildete sich ein, ich würde in der Versammlung Lügen über sie erzählen und alle gegen sie aufhetzen. Ihre bösen Blicke und schnippischen Kommentare wurden immer verstörender, und ein paar Tage später zog ich eine Karte mit folgendem Text aus dem Briefkasten:

*Liebe Sophie!*
*Bitte verdrehe nicht die Tatsachen. Das, was du über mich erzählt hast, entspricht nicht der Wahrheit. Das habe ich nicht gesagt! Auf Lüge und Verleumdung gibt es Gemeinschaftsentzug. Bleibe bitte schön bei der Wahrheit. Sonst ist es vorbei mit Schwester Sophie!*
*Liebe Grüße von Rita*

Ich hatte keine Ahnung, wovon sie da sprach und was sie glaubte, dass ich über sie erzählt hätte. An ihren Formulierungen merkte ich, dass sie es selbst nicht wusste, sonst hätte sie ja konkret benannt, was ich angeblich gesagt hatte. Dennoch machte mir ihre Drohung zu schaffen. Alle in der Versammlung wussten von ihrer Krankheit, denn sie war bekannt dafür, regelmäßig ellenlange E-Mails an die komplette Ältestenschaft und sogar Kreisaufseher zu schicken, wenn sie sich wieder in etwas verrannte und jemanden auf dem Kieker hatte. Es war regelmäßig jemand anderes an der Reihe, und offensichtlich war nun ich dran. Wahrscheinlich war sie harmlos, aber ich hatte trotzdem panische Angst vor ihr. Sie war einfach unberechenbar, und durch die Freundschaft zu meiner Mutter kannte sie all die düsteren Geheimnisse aus meiner Vergangenheit. Wenn sie das in der Versammlung herumposaunte, wäre ich geliefert.

Ich erzählte Jana und Mathias von der seltsamen Karte und dass ich mir Sorgen machte, aber sie beruhigten mich damit, dass jeder wisse, wie irre Rita sei, und sie von niemandem ernst genommen werde. Doch da ich ihnen nicht eingestehen konnte, warum ich solche Angst vor Ritas Aktionen hatte, war ich weiterhin beunruhigt. Bei der nächsten Zusammenkunft hielt ich mich fern von ihr, nur um sicherzugehen.

Genau eine Woche später zog ich einen Brief aus dem Briefkasten mit folgendem Inhalt:

*Liebe Sophie!*
*Ich lasse mich von dir nicht anlügen. Deine frei erfundenen Worte über mich verbiete ich dir! Das habe ich nicht gesagt. Verdrehe bitte nicht die Tatsachen. Du fährst ab sofort mit jemand anderem mit. Machst du das noch einmal, bekommst du Gemeinschaftsentzug wegen Lügen und Verleumdung. Bei Mathias traust du dich nicht, so frech zu sein. Ändere dich mir gegenüber, und das ab sofort. Jedes kleine Kind weiß: Du darfst nicht lügen, und du darfst nicht stehlen. Wie bist du mit fünfzehn Jahren auf die Idee gekommen, du kannst stehlen und es merkt niemand? Wie oft hast du deine Mutti getäuscht und belogen? Du warst mit sechzehn nicht einmal ungetaufte Verkündigerin, als du nach Leipzig gekommen bist. So geht das nicht weiter. Dein Verdrehen der Tatsachen und deine große Klappe haben ein Ende!*
*Liebe Grüße von Rita*

Dieser Brief war einer jener Momente, in denen mir erneut klar wurde, in was für einer Freakshow ich gelandet war. War das etwa die Nächstenliebe, die gepredigt wurde? Früher hielt ich es fast für normal, dass gefühlt jeder Zweite in meinem Umfeld suizidgefährdet war oder diverse andere psychische Erkrankungen hatte. Aber seit ich mit offeneren Augen durch die Welt ging, Menschen begegnete, von denen mir gesagt wurde, dass sie krank seien und Heilung benötigten, da sie unter Satans Einfluss stünden, mir diese Menschen aber geistig gesünder erschienen als der Großteil meiner Glaubensbrüder, begann ich zu merken, dass ich in einer verdrehten Umgebung lebte.

Ich befand mich mal wieder in einer Phase, in der meine Motivation für den Glauben stark abnahm. Ich merkte das daran, dass ich wieder Stunden auf meinem Predigtdienstbericht fälschte, ohne darüber nachzudenken. Worüber ich aber nachdachte: So kann es nicht weitergehen. So kann ich nicht weiterleben. In meinen Träumen sah ich meinen enttäuschten, trauernden Vater, Amelie und Jehova, der ebenfalls enttäuscht von mir war. Ich sah, wie die verrückte Rita allen in der Versammlung von meinen früheren Vergehungen berichtete und mich an den Pranger stellte. Satan rieb sich die Hände, denn er hatte mich in seine Schlinge gezogen, und ich fand es nicht einmal schlimm. Ich fragte mich, was mich noch mit dieser Religion verband. Waren es die Menschen? Sicher, es gab in meiner neuen Versammlung ein paar tolle Frauen und Männer, auch in den Nachbarversammlungen, aber ich passte nicht in diese langjährigen Cliquen, wollte das eigentlich auch gar nicht. In Wahrheit war ich selbst ein Einzelgänger.

Mit Mandy oder Stiefel fühlte ich mich frei und konnte alles vergessen, aber die endlosen schlaflosen Nächte wurden nicht weniger. Und schlief ich doch, plagten mich Albträume. Ich vermisste meinen Vater. Ich vermisste Amelie. Auch wollte ich mich nicht schlecht fühlen, weil ich einen Freund hatte, der schwul war. Ich wollte mich nicht schlecht fühlen, wenn ich mich attraktiv und sexy stylte und selbstbewusst war. Ich wollte mich nicht schlecht fühlen, wenn ich mit Menschen befreundet war, die keine Diener Gottes waren. Ich wollte mich nicht schlecht fühlen, wenn mich ein Mann küsste. Ich wollte mich nicht schlecht fühlen, wenn ich Spaß am Leben hatte. Ich wollte mich überhaupt nicht schlecht fühlen. Aber ich fühlte mich schlecht. Sehr. Einerseits genoss ich mein Leben. Das war die neue, wilde Sophie. Andererseits hasste ich mein Leben. Das war die alte Sophie, die nie genug war und allen und vor allem sich selbst etwas vormachte.

Ich musste mich entscheiden, und zwar endgültig. Viele Jahre hatte ich mich davor gedrückt. Gewohnte Muster aufzubrechen, die wohlbekannte Umgebung zu verlassen hatte ich mich bisher selten getraut. Ich hatte schon immer Zweifel gehabt, aber ich hatte sie mit dem Gedanken erstickt, dass die Schuld daran mein zu schwacher Glaube war. Ich hatte mich schlecht gefühlt, schuldig und erbärmlich, weil ich nie der Mensch war, der ich sein sollte. Ich war nicht das, was man von mir erwartete. Ich dachte stets, das wäre falsch. Aber vielleicht war das gerade richtig. Vielleicht war dieses Gefühl richtig. Nicht gut genug, nicht christlich genug, nicht perfekt genug.

# BÖSE LEIDENSCHAFT

Ich rauchte meine dritte Zigarette und atmete den Rauch tief in meine Lunge ein. Genoss es, ihn drei Sekunden in mir zu halten, dann entließ ich ihn mit gespitzten Lippen. Der Atem der Freiheit. Ein Schritt weiter von Gott weg, auf den Teufel zu.

Ich dachte an meinen letzten Predigtdienst. Gestern, am Samstagmorgen, war ich wieder in einen hässlichen Wollrock geschlüpft, dazu Lederstiefel und die Umhängetasche. Eisiger Wind wehte um meine Ohren. Meine Nase lief. Zu gerne wäre ich zu Hause geblieben, stattdessen hatte ich zusammen mit den anderen ein kleines Dorf aufgesucht. Fünfhundert Leute wohnten hier, sicher nicht mehr. Und sie alle hatten die Chance gehabt, gerettet zu werden. Von uns. Mir und den anderen. Meinen Brüdern und Schwestern. Ich kam mir vor wie eine Bäuerin, die Ackerland bearbeitete. Säen und Ernten.

Ich hatte die Abneigung der Leute förmlich riechen können. Wie sie hinter ihren Spitzengardinen zum Küchenfenster hinausspähten, voller Groll im Bauch, weil in diesen frühen Morgenstunden sonst niemand wagte zu klingeln. Manchmal entwickelte sich der Groll auch erst, wenn ihnen klar wurde, wer wir waren. Wir waren bekannt. Und nicht beliebt. Noch unbeliebter als Vertreter. Wir waren schlimmer. Sahen harmlos aus, so harmlos, dass viele sich gar nicht trauten, ihrem Unmut Luft zu machen. Sie waren nett und höflich, obwohl sie am liebsten »Verpisst euch!« geschrien hätten.

Lächelten einen Moment gequält und hörten reserviert zu, was wir zu sagen hatten. Und das war für sie das Schlimmste. Nicht anders für mich. Auch gestern hatte ich die Ablehnung gespürt, ich wünschte mir förmlich, dass mir jemand ins Gesicht brüllte. Damit ich aufwachte. Einen Grund hatte, mich zurückzuziehen. Ganz offiziell.

Ein schlimmes Erlebnis hätte gerechtfertigt, mich für eine Weile auszuruhen. Ein paar Zusammenkünfte zu versäumen. Vielleicht hätte ich eine solche Situation dramatisieren können. Wie sehr ich doch litte unter den bösen Menschen. Welchen Schmerz mir ihre Ungläubigkeit bereite. Dass es mich zerreiße, helfen zu wollen, um Gottes Stimme zu vernehmen, aber sie wollten einfach nicht hören. Diese Ungläubigen. Sie würden sterben. Aber so wollte es Gott. Sein Wille geschehe.

Schwach, dachte ich. Mein Glauben ist schwach. Wäre er es nicht, würden mir keine solchen Gedanken kommen. Nichts ist schlimmer als ein Ungläubiger. Bin ich nicht. Nicht richtig. Ich glaube schon, nur weiß ich nicht genau, was. Mir wird mein Glauben vorgeschrieben, keine Abweichung vom Skript. Daran habe ich mich zu halten. In diese Form habe ich zu passen. Alles ist geregelt. Kein Platz für Freiheiten und Änderungen.

Früher fand ich es irgendwie beruhigend, genau zu wissen, wie mein Leben verlaufen würde. Was ich für ein Mensch sein würde, welchen Job ich haben würde, welche Hobbys und welche Freunde. Dieser Glaube war aber nicht nur ein Glaube. Er war mehr, als nur einmal pro Woche in die Kirche zu gehen und ab und an das Vaterunser zu beten, wie es *normale* Christen tun. Dieser Glaube war mein Leben. Dieser Glaube war die Wahrheit. Mal sehen wie lange noch.

Es gibt Momente, in denen ändert sich das Bewusstsein. Einen solchen Moment hatte ich damals. Es war keine vollständige Erleuchtung, eher ein Lichtstreif. Dinge, die bisher als unumstößlich gegolten hatten, warfen nun Fragen auf. In meinem Leben hatte ich schon viele dieser Momente gehabt. Immer hatte ich diese Zweifel mit Schwäche assoziiert. Nur ein schwacher Mensch zweifelt. Dass Glaube und Zweifel zusammengehören, hatte mir niemand gesagt. Auch wenn diese dunklen Fragen meist bald verschwanden, sie kamen wieder. Immer und immer wieder. Sie waren wie ein Bumerang. Vornehmlich dann, wenn ich es nicht erwartete, trafen sie mich wie ein harter Schlag am Hinterkopf. Ich hatte sie nicht kommen sehen, war nicht vorbereitet gewesen.

Und jetzt war der Schlag so heftig ausgefallen, dass eine Entscheidung zwingend notwendig erschien. Für oder gegen die Wahrheit. Auf der einen Seite stand meine geistige Familie, eine Gemeinschaft, die geprägt war von identischen Zielen, Werten und Moralvorstellungen. Ein gewohntes Umfeld, in dem ich mich zwar nicht wohlfühlte, das mir aber vertraut und bekannt war. Ein paar Menschen, die ich mochte und die mich verstanden.

Auf der anderen Seite die Welt. Die böse, grausame Welt, randvoll mit Versuchungen, Intrigen und Verführung. Dinge, die falsch sein sollten und sich richtig anfühlten. Freiheit, Selbstbestimmung und Akzeptanz. Ich musste mir eine Liste machen. Bevor ich eine Entscheidung traf, musste ich mir zu einhundert Prozent sicher sein. Denn egal, wofür ich mich entschied – es gab dann kein Zurück. Eine nicht durchdachte Entscheidung hätte alles nur um ein Vielfaches schlimmer gemacht. Erst aussteigen und nach einer Weile zurückwollen, weil man in der Welt nicht klarkommt? Auf gar keinen Fall!

Noch mehr Selbsterniedrigung war nicht drin. Ich musste alles abwägen, mich auf jede mögliche Situation vorbereiten, alles im Kopf durchspielen. Hatte ich das getan, wäre ich, so hoffte ich, bereit. Bereit zu gehen oder zu bleiben. Für was ich mich auch entscheiden würde, eines stand fest: Es würde ein Kampf sein, und es würde hart werden. Was wollte ich? Das Doppelleben aufgeben und weiterhin die Fesseln von Heuchelei und erpresserischer Indoktrination akzeptieren? Oder mich lösen und mein komplettes Leben, wie ich es kannte, verlieren? Wie auch immer, ich würde nicht gewinnen. Nur verlieren.

Ich brauchte einen Überblick. Zettel und Stift. Auf meine Liste schrieb ich die Namen der Menschen, die ich nicht mehr sehen dürfte, sollte ich aussteigen, und jener, die ich zurückgewinnen könnte. Würde mich die Gemeinschaft ausschließen, und das würde sie, sollte ich ihr den Rücken kehren, würde man mich ächten. Das kannte ich nur zu gut. Mein Vater, Amelie und viele andere hatte ich ächten müssen. Ich, das Schaf, das seiner Herde abtrünnig geworden war, musste mich darauf vorbereiten, dass keiner jemals wieder ein Wort mit mir sprechen würde. Genau so, wie ich es bei denen getan hatte, die vor mir die Gemeinschaft verlassen hatten. Eine große Familie. Ich wollte meine große Familie verlassen. Wollte ich das?

Oft hatte ich bei Brüdern und Schwestern aus der Versammlung übernachtet oder mit ihnen Ausflüge gemacht. Endlose Erinnerungen würden verlöschen. Meine Mutter würde ich nicht mehr sehen, würde nicht mehr mit ihr reden, und sie nicht mit mir. Da unser Verhältnis aber noch nie wirklich eng war, könnte ich diesen Verlust wahrscheinlich noch am ehesten verschmerzen. Auch wenn unsere Beziehung nach meinem Auszug besser geworden war, von einem Mutter-Kind-Verhältnis, wie ich es von anderen kannte, konnte noch längst nicht die Rede sein. Inzwischen begegneten wir uns alle paar Monate, wenn wir mit anderen Zeugen zu Pioniertagen gingen oder gemeinsam Tanzveranstaltungen besuchten. Somit hatte sich unsere Lage etwas entspannt, war aber noch lange nicht auf einem normalen Level.

Um andere Zeugen tat es mir mehr leid, sollte ich aussteigen. Menschen, die mich seit meiner Geburt kannten, Freunde, mit denen ich im Orchester spielte. Sie alle würden verschwinden. Ich würde einer von den Menschen werden, deren Verlust ich immer betrauert hatte, als wären sie gestorben. Nein, ein Gemeinschaftsentzug ist noch schlimmer als der Tod. Denn wer als treuer Christ stirbt, hat eine Auferstehungshoffnung und wird ewig in einem irdischen Paradies leben können. Aber wer ausgeschlossen wird, der hat gar nichts mehr. Keine Hoffnung, keine Zukunft, kein Leben. Er ist verloren. Ich wäre verloren. Für sie alle. Für Familien, die mir meine eigene ersetzten. Mütter, die für mich da waren, wenn es meine eigene nicht war. Väter, die für mich da waren, als mein Vater wegging. Großmütter und Großväter, die für mich da waren, als meine Balloma nicht mehr am Leben war. Schwestern und Brüder, die für mich da waren und mir die Familie gaben, die ich niemals hatte. Sie alle würden sich gegen mich wenden. Ich würde das einzige Leben verlieren, das ich bisher kannte.

Und die Welt, was bedeutete sie? In sie würde ich ebenso wenig reinpassen wie in die Gemeinschaft der Zeugen. Die achtzehn Jahre, die ich in einer Blase gelebt hatte, hatten Spuren hinterlassen, hatten mich geprägt. Ich hatte kaum Ahnung, wie ein Leben draußen funktionierte. Die Menschen außerhalb meiner kleinen Welt waren mir fremd und unheimlich. Ich verstand sie immer noch nicht. Nicht wirklich. Wenn sie redeten, war das für mich, als würde ich eine fremde Sprache hören. Sie hatten andere Ziele, Werte und Moralvorstellungen. Ein völlig anderes Leben. Ich passte eigentlich nirgends rein. Weder in die reine, tugendhafte Welt, in der ich aufgezogen worden war, noch in die böse, dunkle Welt der Versuchung, die von Satan, dem Teufel, regiert wurde. Ich war mittendrin, ohne eine Vorstellung davon zu haben, wie es weitergehen sollte. Aber als mir alle diese Sachen in endlosen Schleifen durch den Kopf gingen und ich meine Liste schrieb, spürte ich, was ich wollte. Nicht, was andere von mir wollten.

Ich wollte Menschen, die ich verloren hatte, zurückgewinnen. Das gab mir auch die Gewissheit, nicht völlig allein zu sein, sollte ich diesen Schritt gehen. Die Chance auf ein ewiges Leben, die ich mir bei einem Ausstieg nahm – das kam mir auf einmal nicht mehr so furchtbar vor. Denn mein Vater und Amelie hatten ihre Chance auf das Paradies ebenfalls verspielt. Und Stiefels oder Mandys Chancen standen sowieso bei null. Also lieber ein schönes und kurzes Leben in Freiheit mit den geliebten Menschen als ein ewiges Leben im Paradies ohne sie.

Ein weiterer Punkt, der mich zunehmend beschäftigte: meine Zukunft mit einem Mann. Würde ich weiterhin Zeugin Jehovas bleiben, müsste ich mich beeilen, um einen Bruder zu finden, der mich heiraten würde. Die annehmbaren Männer waren schnell weg, die Auswahl – bei bestimmten Ansprüchen – sowieso sehr begrenzt. Viele Zeugen heiraten oft nach Erreichen der Volljährigkeit. Der Grund ist Sex. Triebe offiziell ausleben zu dürfen, sich dem anderen und vor allem sich selbst hinzugeben, ohne die Angst und Schuldgefühle im Nacken, etwas Verbotenes zu tun. Kaum einer gab das zu, aber ich wusste es. Michael, den ich schon seit dem Kindergarten kannte, und seine Freundin Jennifer hatten schon länger Sex gehabt, ohne verheiratet zu sein. Zwar hatten sie dieses Jahr geheiratet, aber ich als Freundin und Trauzeugin kannte ihr Geheimnis. Und ich fand es nicht einmal schlimm.

Auf den Zeugenpartys lernte ich zwar einige heiratsfähige Brüder kennen, die ebenso wie ich ein Doppelleben führten und sich nicht dafür schämten. Aber bisher wollte ich immer »die Guten«. Ich sah auf zu den verklemmten, überkritischen und theokratischen Männern, um die einen jede treue Christin beneidete. Die, die vor der ganzen Versammlung Vorträge hielten und um die sich alle ledigen Schwestern rissen. Diese Männer hatten ein Dienstamt inne, opferten viel Zeit im Predigtdienst und würden ihre Kinder streng nach biblischen Lehren großziehen. Zu diesen Männern konnte man aufsehen, sie respektieren und ihnen untertan sein. Denn so steht es in der Heiligen Schrift geschrieben: Die Ehefrau ist ihrem Mann untertan. Dieser Grundsatz war für mich geradezu in Stein gemeißelt. Achtung und Ehrfurcht vor dem Haupt der Familie. Die Hierarchie innerhalb Gottes Organisation ist ganz klar: Oben steht Gott Jehova, dann kommt sein Sohn Jesus und danach der Mann, als Haupt der Frau, die ganz unten steht. Die Frau hat sich mit göttlichen Eigenschaften wie Demut zu kleiden und ihrem Mann zu gehorchen. Diese Hierarchie hatte ich bislang nie in Frage gestellt.

Vor meinem geistigen Auge hatte ich mich als liebevolle, unterwürfige, loyale Ehefrau, Christin und Mutter gesehen, deren Lebensaufgabe darin bestand, ihren Mann zu unterstützen und Gott zu dienen. Die ersten Zweifel an dieser Lebensphilosophie tauchten nach meiner Taufe auf, als ich

Christian kennenlernte, der ein paar Jahre älter als ich war und zu einer Versammlung gehörte, die etwa eine Stunde Autofahrt entfernt lag. Irina, eine Freundin aus Christians Versammlung, stellte uns vor, wir waren zum gemeinsamen Predigtdienst verabredet. Eine Art Blind Date. Irina ging mit einem anderen Bruder aus der Versammlung in den Dienst, und ich mit Christian. Sein Predigtdienstgebiet war ein Dorf, und wir fuhren in seinem gelben Seat Ibiza mit schwarzen Flammen an den Seiten dorthin.

Da ich sonst fast nie mit einem ledigen Bruder im Predigtdienst war, machte sich Nervosität in mir breit. Bevor ich überhaupt einen Gedanken an das Auto verschwenden konnte, begann er sich bereits zu rechtfertigen und erklärte, er hätte es nur vorübergehend, er werde sich bald ein neues kaufen.

Ich nickte nur, und weil wir schwiegen, konnte ich ihn genauer betrachten. Er sah keineswegs hässlich aus, war schlank, hatte ein ebenmäßiges Gesicht, freundliche Augen und ordentlich gekämmte braune Haare. Er sah aus, als könnte er keiner Fliege etwas zuleide tun. Aufgefallen war mir auch, dass er sehr langsam und ruhig gesprochen hatte, fast schon monoton. Ansonsten gab es nichts an ihm, was ihn hervorhob (abgesehen von seinem Auto). Christian war genau der stinknormale, langweilige, liebevolle gute Mann, den ich mir vorgestellt hatte. Ein vorbildlicher Christ. Aber war er wirklich der Traummann, den ich wollte?

Er war an mir interessiert, schon beim zweiten Treffen brachte er mir eine kleine Schachtel Pralinen und eine Orchidee mit. Ich spürte seine Aufregung, als er mich zum Predigtdiensttreff abholte. Bei der Begrüßung hatte er mir seine nassgeschwitzte Hand gegeben und mich eine Sekunde lang zaghaft an sich gedrückt.

Christian wusste nichts von meiner Vergangenheit, auch nicht, dass ich erst frisch getauft war. Ich war zurückhaltend, nett, höflich und all das, was von mir erwartet wurde. Er musste mich für die optimale Partnerin halten. Bei unserem dritten Treffen – ein weiteres Mal in Leipzig – gingen wir erst wieder predigen, danach hatte er eine Überraschung geplant. Es war ein kalter, regnerischer Tag, und ich war erkältet. Nach den drei Stunden von Haustür zu Haustür war ich ziemlich durchgefroren und freute mich darauf, ins Warme zu kommen. Christian hatte zwei Kumpels aus seiner Versammlung gebeten, uns zu begleiten, denn wir beide durften nicht allein irgendwohin, einzige Ausnahme war das Predigen. Schon im Dienst merkte ich, dass ich keine richtige Lust auf ihn hatte. Die Gespräche waren ermüdend, er hatte nichts Dominantes und Durchsetzungsfähiges an sich. Ich war froh, dass ich in der zweiten Runde mit Mathias gehen konnte, Janas Mann. Unterwegs erzählte ich ihm von Christian und dass ich überhaupt nicht darauf erpicht sei, mich später noch auf seine »Überraschung« einzulassen.

»Sophie, versuche es einfach«, sagte er. »Vielleicht läuft alles viel besser, als du denkst. Christian ist ein feiner Kerl, ich würde ihn mir genauer anschauen.«

»Und wenn es schiefläuft?«

»Läuft es eben schief. So etwas kommt vor. Und falls du Hilfe brauchst, melde dich. Kopf hoch, das wird schon.« Mathias zwinkerte mir zu.

»Okay, ich lasse mich mal drauf ein.«

Er fragte noch, wo wir überhaupt hingehen würden. Und als ich ihn darauf hinwies, dass es doch eine Überraschung sein sollte, wünschte er mir viel Spaß.

Nach dem allgemeinen Mittagessen im Königreichssaal fuhren Christian, seine Kumpels und ich los. Was hatte er sich bloß überlegt? Wir hielten noch kurz am Hauptbahnhof, weil ich dort eine Flasche Wein für eine Glaubensschwester aus der Nachbarversammlung, die mich abends eingeladen hatte, besorgen wollte. Anschließend ging es nach Leutzsch, einem Stadtteil im Nordwesten von Leipzig. Keine Ahnung, was wir da wollten. Dann bog Christian mit seinem Seat auf einen Weg ein. Langsam dämmerte es mir. Oh mein Gott! Wir waren am Bruno-Plache-Stadion. Er wollte mit mir ein Fußballspiel ansehen.

Ich versuchte, mir nichts anmerken zu lassen. Immerhin war ich eine liebevolle, selbstlose, aufopferungsbereite Christin, die dem Mann untertan ist. Flehentlich sah ich die Polizisten am Eingang des Stadions an und hoffte, sie deuteten meinen Blick als Entführung und würden mich befreien. Wunschvorstellung. Und die Security am Eingang durchsuchte meine Tasche und nahm mir auch noch die Weinflasche und mein Deo ab. Meine Stimmung sank. Nun hatte ich ein Date zu viert, bei einem Fußballspiel, im Predigtdienstrock und bei Nieselregen.

Christian zahlte sieben Euro für meine Eintrittskarte, dann holten er und seine Kumpels sich je einen Radler. Nach fünf Minuten kippte mir bereits einer der betrunkenen Hooligans in der Fankurve sein Bier über meine Jacke und den Rock. Meine Laune sank noch weiter in den Keller, auch mein Husten wurde schlimmer. Wäre es wenigstens ein Spiel von Red Bull gewesen, aber es war der FC Lok! Die fünfzehn Einsatzwagen der Polizei standen nicht aus Spaß vor dem Eingang. Es gab hier regelmäßig Schlägereien und Ausschreitungen zwischen gegnerischen Fans.

Christian schien nicht zu bemerken, dass ich seine Überraschung wenig toll fand, und selbst wenn, es war mir inzwischen auch egal. Ich hatte die Nase voll. Am liebsten wäre ich weggerannt, nur blöd, dass ich zuvor keine Haltestelle entdeckt hatte, womöglich hätte ich ewig durch den stärker gewordenen Regen laufen müssen. In meiner Not schrieb ich Mathias eine SMS:

»Das Treffen ist eine Katastrophe. Kannst du mich abholen?«

»Wo bist du denn?« Prompt antwortete er auf meine Nachricht.

»Im Bruno-Plache-Stadion.«

»Herrje, eine perfekte Überraschung. Ich hole dich gleich ab. Bin sowieso in der Nähe. Warte am Eingang auf mich.«

»Mache ich.«

Zu Christian sagte ich: »Das hier ist nichts für mich. Zu viel Geschubse und Gegröle. Ich verschwinde besser. Außerdem wird meine Erkältung schlimmer.«

Verwundert schaute er mich an. »Ich hätte gedacht, dass es dir gefällt«, erwiderte er. »Du bist doch sehr temperamentvoll.«

Ich schüttelte den Kopf, nieste und hustete ihn versehentlich an.

»Und wie kommst du nach Hause?«

»Mathias, der Bruder aus meiner Versammlung, holt mich ab. Ich soll am Eingang auf ihn warten.«

»Dann bringe ich dich noch dorthin.«

Als Christian mich vor dem Eingang abgeliefert hatte, verabschiedete er sich sofort, um zu seinen Kumpels zu kommen und keine weitere Minute des Spiels zu verpassen. Er hatte nicht einmal geschaut, ob Mathias schon da war.

Wenige Minuten später tauchte der zum Glück auf. Er war Taxifahrer und hatte gerade keine Fahrt.

»Bin ich froh, dass du da bist«, sagte ich zu Mathias, als ich in sein Taxi kletterte. »Das war nicht zum Aushalten.«

Verschmitzt schaute mich Mathias an. »Kannst von Glück sagen, dass du jetzt nicht jedes Wochenende auf den Platz musst. Ich denke mal, es gibt kein weiteres Date?«

»Davon kannst du ausgehen. Oder meinst du, ich hätte das durchstehen sollen?«

»Nein, nicht bei diesem Wetter, und schon gar nicht mit einer Erkältung.«

Im Stillen dachte ich: Aber sonst schon, oder? Sonst sollte ich Dinge tun, um es anderen recht zu machen. Insbesondere einem zukünftigen Ehemann. Was war schon ein bisschen geheucheltes Interesse an einem Fußballspiel? Aber ich hatte auf der Tribüne mit einem Mann gestanden, der keine Ahnung von mir, der nicht einmal die geringste Frage an mich gestellt hatte. Doch womöglich war auch Christian nur das Opfer einer Lebensform, bei der man in ein Korsett gepresst wurde.

»Mathias, was soll ich bloß tun?«, fragte ich unvermittelt. »Ich habe das Gefühl, dass ich nicht weiterweiß. Ich habe so viele Zweifel. Manchmal denke ich, dass unsere Religion nicht die Wahrheit ist.«

»Nach so einer Überraschung wären wohl auch mir Zweifel gekommen. Aber an Christian, nicht an der Wahrheit.« Nachdenklich blickte er mich kurz an, während er mich Richtung Hauptbahnhof fuhr. »Es ist nicht immer leicht, ein Diener Gottes zu sein. Aber ich bin mir sicher, dass es bei dir nur eine vorübergehende Phase ist. Jeder kennt sie. Hab Geduld mit dir.«

Wenn das nur stimmte. Plötzlich wurde mir siedend heiß.

»Bitte, erzähle Jana nichts von meinen Zweifeln. Das würde ihr nur das Herz brechen. Falls es stimmt, was du sagst, würde es nur unnötig für Aufregung sorgen. Und falls nicht, möchte ich selbst mir ihr darüber reden.«

»Versprochen«, sagte Mathias.

Wir waren im Zentrum angelangt. Fröstelnd stieg ich aus, winkte ihm noch hinterher, auf dem Weg zu seiner nächsten Fahrt.

# ZARTE HÖLLE

Kurze Zeit nach dem missglückten Date bekam ich einen Brief. Von Christian. Handgeschrieben auf weißem Papier, die Zeilen mit Lineal vorgezeichnet und dann wegradiert. Seit dem Nachmittag im Fußballstadion mied ich ihn, und schrieb er mir eine SMS, antwortete ich nur mit wenigen Worten. Ich hoffte, er würde den Wink verstehen und mich in Ruhe lassen, sodass sich »die Sache« für ihn genauso erledigt hatte wie für mich. Christian war aber nicht ich. Ich las den Brief und konnte kaum fassen, was da stand. Er beteuerte, wie wichtig ich ihm bin, was für ein toller Mensch ich doch sei. Etwas, das ich unmöglich glauben konnte, denn er kannte mich ja nicht. Er kannte nur die Version von mir, die ich ihm vorgespielt hatte. Das war nicht ich gewesen. Christian trauerte einer Frau hinterher, die nicht existierte. Und diese emotionalen Floskeln, sie klangen so falsch. Er wusste nichts über mich und klammerte sich dennoch verzweifelt an eine Illusion, die einer gemeinsamen Zukunft. Im Sinne der Zeugen Jehovas.

Christian hatte mir die Augen geöffnet, dafür bin ich ihm sogar dankbar. Die Vorstellung, diesen Mann zu heiraten, mit ihm zu schlafen, Kinder zu bekommen und mein gesamtes irdisches Leben und danach noch im Paradies an ihn gebunden zu sein – nein, das war undenkbar. Diesen Mann hätte ich niemals respektieren und ihm untertan sein können. Christian war für mich nicht jemand, zu dem ich hätte aufsehen können. Ich konnte mit ihm nicht reden, ihn nicht ernst nehmen, und er übte keinerlei sexuelle Anziehung auf mich aus.

Ich rief ihn an und teilte ihm mit, dass ich kein Wiedersehen wolle. Christian flehte mich an, ihm noch eine Chance zu geben, aber ich blieb bei meinem Nein. Aus Mitleid wollte ich mich nicht zu einer Beziehung überreden lassen. Aber eigentlich hatte ich kein Mitleid mit ihm, auch kein schlechtes Gewissen. Absolut untypisch für mich. Ein Meilenstein. Das erste Mal stand ich zu dem, was ich tat, dachte zuerst an mich und erst dann an den anderen. Ich ließ mich nicht überreden oder gar manipulieren – und es ging mir fantastisch damit. Ich fühlte mich stark. Ich hatte getan, was ich wollte. Ich. ICH. Nicht, was andere wollten. Dieses Gefühl war so berauschend, dass ich mehr davon wollte. Niemals mehr wollte ich mich wieder in eine Form pressen lassen, niemals wieder andere glücklich machen müssen und dabei selbst unglücklich sein.

Ja, ich fühlte mich böse, und ja, es gefiel mir. Der Teufel schien wohl doch Macht über mich zu haben.

Mein neu erwachtes Selbstbewusstsein motivierte mich, noch weitere Aufräumarbeit zu leisten. Ich wollte Klarheit, wollte niemandem mehr etwas vormachen, vor allem mir selbst nicht. Die Männerthematik stand nun allgemein auf meiner Liste. Das Problem Christian hatte sich erledigt, aber was war mit den anderen? Da man sich als Zeuge Jehovas nur scheiden lassen darf, wenn ein biblischer Scheidungsgrund vorliegt (Ehebruch), hat das zur Folge, dass man ewig an den Partner gebunden ist, selbst im Paradies. Dieser Gedanke war schon unerträglich, war man mit jemandem wie Christian zusammen, aber letztlich war er noch harmlos. Was, wenn ich einen Ehemann hätte, der mich regelmäßig verprügelte, Alkoholiker war oder sich über die Jahre in einen Mistkerl verwandelte? Dann wäre ich ebenfalls auf ewig an ihn gekettet. Oder wenn ich mir nach einer Scheidung einen neuen Partner suchen würde, wäre ich eine Geächtete. So, wie mein Vater ein Geächteter wurde.

Und dennoch halten viele Zeugen in ihren Ehen durch. Durch die jahrelange mentale Manipulation erweisen sich viele Mitglieder zwischenmenschlich als kompromissbereit, demütig, gütig, selbstlos, loyal und verfügen noch über zahlreiche weitere »göttliche« Eigenschaften, die sie sich mühevoll haben antrainieren lassen. Eine gute Grundlage für eine lebenslange Partnerschaft.

Und unter den Zeugen jemanden zu finden, den ich lieben würde? Das kam mir aussichtslos vor. Ein Gefängnis mit bunter Tapete und schillernder Inneneinrichtung ist immer noch ein Gefängnis. Nur dass es sich länger in ihm aushalten lässt. Würde ich mein Leben so weiterleben wie bisher, könnte ich mit einem Dienstamtgehilfen oder später Ältesten verheiratet sein, hätte zwei Kinder und einmal wöchentlich Sex in Missionarsstellung. Ich würde in meiner sicheren Zelle hocken, wäre ein gut geöltes Zahnrädchen im Getriebe der Organisation. Ich wäre nicht glücklich, aber ich würde funktionieren, so wie man es eben erwartete. Aber so war ich nicht.

Doch Männer waren nicht alles. Da gab es ja noch den Umstand, dass Bluttransfusionen verboten waren. Bislang hatte ich Glück gehabt, ich hatte als Kind nie eine gebraucht. Ich war mir sicher, dass meine Mutter mich hätte für Gott sterben lassen, wäre sie in eine solche Situation geraten. Aber nun versuchte ich, mir auszumalen, ich selbst wäre eine Mutter und hätte meine Kinder in der Wahrheit erzogen. In dem Fall, dass nur eine Bluttransfusion ihr Leben hätte retten können, hätte ich meine Kinder sterben lassen müssen. Nein. Diese Vorstellung übertraf alles, was ich bisher gedacht hatte. Niemals könnte ich den Tod meiner Kinder wollen. Ich würde einer Bluttransfusion zustimmen.

Ein paar Jahre nach meinem Ausstieg fragte ich meinen Vater danach. Der Gedanke, in was für einer potenziellen Gefahr ich als Kind geschwebt hatte, ließ mich einfach nicht los.

»Papa, als Kind musste ich immer meinen Blutausweis dabeihaben. Meine Mutter hätte sicher nie einer Bluttransfusion zugestimmt – aber hättest du mich auch sterben lassen?«

»Als deine Mutter und ich noch zusammen waren, hätte sie sicher versucht, mich durchzusetzen.«

»Aber nach der Scheidung, was wäre da passiert, wenn ich einen schweren Unfall gehabt hätte?«

Durch die Leitung hörte ich sein Seufzen. »Ich hätte alles unternommen, um dich am Leben zu halten. Aber wenn ich mich durchgesetzt hätte und du der Transfusion auch zugestimmt hättest, wärst du danach unrein gewesen. Und du weißt ja sicher, was für Folgen das gehabt hätte.«

Oh ja, das wusste ich auch nur zu gut.

»Wie können diese Menschen in den Spiegel schauen, wenn sie ihre eigenen Kinder auf dem Gewissen haben?« Wut kam in mir auf, weil ich selbst jahrelang der Ansicht gewesen war, solch eine Entscheidung wäre richtig.

»Da siehst du mal, wie sehr man Menschen beeinflussen kann.« Damit hatte mein Vater mehr als recht.

Noch ein anderer Punkt war verstärkt in mein Bewusstsein gerückt: das Verbot von Abtreibungen. Ohne Wenn und Aber. Zwar ist in der Bibel nie direkt von Abtreibung die Rede, doch es wird davon ausgegangen, dass Jehova jegliches ungeborene Leben schützt, dass die Leibesfrucht ein Segen Jehovas ist. Aber was, wenn eine Frau vergewaltigt wurde? Diese Frage stellte ich auch einmal einem Ältesten in meiner Versammlung.

Seine Antwort: »Wenn eine Frau von einer Vergewaltigung schwanger wird, darf sie das Kind trotzdem nicht abtreiben. Nur Jehova darf Leben geben und Leben nehmen.«

»Aber wie soll man denn das Kind eines Vergewaltigers gebären und großziehen?« Schockiert schaute ich den Ältesten an.

»Es ist auch dein Kind. Ein Kind Gottes.«

Meine Liste wurde länger und länger – und ich mir immer sicherer. Ja, ich wollte aussteigen. Ich spürte, es war die richtige Entscheidung. Dieses eine kleine Prozent Zweifel, das noch blieb, ignorierte ich. Es gab keine hundertprozentige Sicherheit. Woher auch? Man konnte sich immer irren. Aber Selbstbestimmung war nur möglich, wenn man bereit war, ein Risiko einzugehen.

Nachdem ich alles tausendmal gründlich durchdacht hatte, war ich so weit. Der Entschluss war gefasst und unumstößlich. Die Freiheit zum Greifen nah. Viele Aussteiger schreiben einen Brief an die Ältesten und kommen sogar in die Versammlung, wenn ihr eigener Ausschluss verkündet wird. Ich halte das für eine moderne Form der Folter.

Stell dir vor, du kommst in den Saal, und vor der Zusammenkunft sind alle freundlich und fragen dich, warum du so blass aussiehst. Du kennst die Menschen seit Jahren, und alles ist wie immer, keiner außer dir hat den Hauch einer Ahnung, was gleich von der Bühne bekanntgegeben wird. Und dann, zwei Stunden später, redet keiner mehr ein Wort mit dir, man sieht dich kaum von der Seite an, und der Raum voller Menschen ist getränkt von Ablehnung oder Mitleid. Das grenzt an Selbstverletzung. Denn gerade in dem Moment, in dem man sich für ein Leben ohne Gehirnwäsche entscheidet, sollte doch die Selbstbestimmung anfangen. Und dazu gehörte für mich, auf die Art und Weise zu gehen, die für mich am besten war, und nicht so, wie es verlangt wurde.

Ich wollte zwar auch ein letztes Mal die Zusammenkunft besuchen, aber in ihr wollte ich den wenigen, die mir ans Herz gewachsen waren, persönlich sagen, dass sie mich nie wiedersehen würden. Ich hatte mir einen Abend ausgesucht, an dem das Gedächtnismahl zelebriert wurde, ein Mahl zur Erinnerung an den Tod Jesu Christi, eine Feier zu seinem Gedenken. Es handelt sich dabei um den einzigen Anlass, den zu feiern Jesus Christus seine Jünger angewiesen hatte. Es wird auch Abendmahl des Herrn genannt und wird in der Regel Ende März oder Anfang April begangen. Dann versammeln sich weltweit alle Zeugen Jehovas nach Sonnenuntergang, wie es zu biblischer Zeit üblich war.

Während des Programms herrschte eine besinnliche, bedrückte Stimmung, denn man betrauerte Jesu Tod, dankte aber auch Jehova Gott für das Loskaufopfer. Durch Adams Ungehorsam im Paradies verlor er seine Vollkommenheit und somit auch wir, seine Nachkommen. Um uns Menschen von der Sklaverei der Sünde und des Todes zu befreien, beschaffte Jehova ein Lösegeld: seinen Sohn Jesus. Durch seinen Tod opferte er sein vollkommenes Leben als Preis für Adams Sünde um uns zu retten. Er verteidigte Jehovas Namen vor Satan, in dem er bewies, dass ein vollkommener Mensch mit freiem Willen bereit ist, Gott treu zu bleiben, sogar bis in den Tod. Jesus wurde an den Marterpfahl genagelt. Jehova nahm den Wert des Opfers Jesu als Lösegeld an und damit bietet sich uns die Möglichkeit von Sünde befreit zu werden. Um Vergebung zu erlangen, sind Glauben und Werke notwendig. Wir müssen unsere Sünden bereuen, Gott treu dienen und unser Leben in seinen Dienst stellen.

Als Symbol für Christi Leib gingen Teller mit Brot durch

die Reihen. Jeder, der den Teller umfasste, hielt kurz inne und reichte ihn dann an den Nächsten weiter. Ebenso kreiste ein Glas Rotwein, Symbol von Jesu Blut. Keiner aß vom Teller oder trank aus dem Glas, mit Ausnahme der kleinen Gruppe der Gesalbten. Allerdings hatte ich in all den Jahren nie erlebt, dass jemand von den Symbolen nahm, denn es lebten nur noch sehr wenige der 144 000 Auserwählten. Nach einem letzten Gebet war der Abend beendet. Ich trug ein bodenlanges schwarzes Kleid, was nicht nur dem Anlass angemessen war – das Gedächtnismahl überzog immer der leichte Hauch einer Trauerfeier –, sondern auch meinem persönlichen Abschied. Bis auf die Tatsache, dass das Kleid eng anlag. Aber ich wollte gut aussehen bei meinem letzten Auftritt. Dazu ein hübsches Make-up und High Heels. Mein Abgang sollte sexy sein. Eine Hymne an mein neues Leben.

Nach dem Programm sagte ich einigen mir lieb gewordenen Personen, dass ich heute aussteigen würde. Auch wenn ihre Trauer mich schmerzte und mir Tränen über das Gesicht liefen, wir uns umarmend dasaßen – ich musste diesen Weg gehen. Es war schlimm. Ich wusste, was sie alle in diesem Moment fühlten. Kannte ihren Schmerz, ihre Verzweiflung und ihre Enttäuschung nur zu gut. Verlust. Ich war verloren. Für sie alle starb ich in diesem Moment. Aber für mich war es nicht weniger schlimm. Sie alle hatten sich gegenseitig, aber ich hatte niemanden. Sie verloren einen Menschen, aber ich verlor sie alle. Meine große Familie. Nie wieder würde einer von ihnen ein Wort mit mir sprechen. Weil sie es so wollten. Und sie wollten es, weil es ihnen vorgeschrieben wurde. Sie litten darunter, genauso wie ich damals bei meinem Vater und Amelie. Aber so waren die Regeln. Ich war ihnen nicht böse. Sie hatten sich entschieden, wie sie leben wollten. Ich hatte nun meine eigene Entscheidung getroffen.

Da ich vorher schon meinen Verlust betrauert, mir diese Reaktionen auf meine Abtrünnigkeit bewusst gemacht, das Übermaß an Gefühlen erwartet hatte, brach ich an diesem Abend nicht zusammen. Ich hatte schon seit Wochen Qualen gelitten und war voller Trauer gewesen, hatte Schmerz und Kummer heftig gespürt.

Schließlich verabschiedete ich mich. Ich nahm meinen Mantel, zog ihn an, griff meine Tasche und trat aus dem Königreichssaal hinaus in die Dunkelheit. Ich hatte viel geweint und fühlte mich erschöpft, aber der frische Wind machte mich schlagartig wach. Die kühle Luft und die Ruhe taten mir gut. Langsam realisierte ich sie. Die Freiheit. Ich war frei.

Der Moment, als ich das Gebäude verließ und wusste, ich würde niemals wieder dorthin zurückkehren, haute mich fast um. Ich ließ das Licht hinter mir, ging über den Parkplatz und durch das Tor. Ich drehte mich nicht um, lief mit schnellen Schritten in die Dunkelheit hinein. Meine hohen Absätze auf dem Fußweg füllten die Stille der Nacht mit einem Klackern. In meinem Kopf das Lied »Reach The Sun« von meiner Lieblingsband Northern Lite, das ich auf der Hinfahrt gehört hatte. Der Wind streichelte mein Gesicht, und ich musste lächeln. Ja, ich erreichte die Sonne, spürte das Licht. Erleuchtung. Ich fühlte mich stark. Wie eine Kriegerin, die siegreich aus einer Schlacht hervorgegangen war. Geschunden, aber lebendig. Verwundet, aber unzerstörbar. Müde, aber doch voller Klarheit. Ich war ein neuer Mensch. Ich stieg in mein Auto und fuhr los. Die Fenster ließ ich unten, die Musik drehte ich laut auf, meine Haare umwehten mein Gesicht.

# VERDAMMTE ILLUSION

Unbedingt musste ich nun Stiefel von meinem Ausstieg erzählen, dabei hatte er nicht einmal von meinem Leben als Zeugin Jehovas gewusst. Natürlich hatte er mich manchmal gefragt, wohin ich denn in meinen komischen Klamotten gehen würde, aber ich hatte immer ausweichend geantwortet. Glücklicherweise hatte er nie weiter nachgefragt. Gab sich zufrieden, bohrte nicht nach. Vielleicht dachte er sich ja seinen Teil.

Bei unserem nächsten Spaziergang wollte ich ihn nicht länger im Unklaren lassen. Wir gingen wie so oft mit dem Golden Retriever seiner Eltern eine Runde. Ich war aufgeregt wegen meines bevorstehenden Geständnisses. Ich musste es loswerden, ihm mitteilen, was mir schon so lange unter den Nägeln brannte. Die Seifenblase meiner Kindheit mit all ihren Hoffnungen war zerplatzt, von einem Moment auf den anderen. Es war nichts mehr übrig als Realität.

»Stiefel«, sagte ich, als wir durch den nahen Wald spazierten. Es war noch Frühling. Ich sah die Sonne die lichten Baumkronen durchfluten, auf dem Boden gab es wunderbare Schattenspiele. Die Vögel fingen an, sich zu paaren, sie bauten Nester und flatterten zwischen den Bäumen hin und her. »Ich muss dir was beichten.«

»Nur raus damit. Ich habe schon länger bemerkt, dass dir was auf der Seele liegt.«

»Wenn ich dir das jetzt sage – du wirst mich auch nicht dafür verachten?«

Stiefel lachte. »Ich weiß ja nicht mal, worum es geht. Aber

ich kann mir nicht vorstellen, dass du etwas getan hast, was mein Bild von dir auf den Kopf stellen würde.«

»Also«, sagte ich zögernd, da ich nach den richtigen Worten suchte. »Ich habe lange Zeit ein Doppelleben geführt.«

»Du und ein Doppelleben. Als was denn?«, Stiefel war stehen geblieben, um mir ins Gesicht zu sehen.

»Ich war bei den Zeugen Jehovas.«

»Wow, das ist ja mal eine Enthüllung. Eigentlich hatte ich mir so was schon gedacht.«

»Und du findest das nicht schlimm?«

»Nö. Wieso sollte ich? Außerdem hast du gerade ›war‹ gesagt, anscheinend bist du bei denen ausgestiegen.«

»Ja, vor zwei Tagen.« Erleichtert atmete ich auf, ich hatte Angst gehabt, dass er nichts mehr mit mir zu tun haben wollte, wenn ich ihm von meiner Vergangenheit erzählte.

»Tja, das ist bestimmt nicht so leicht jetzt für dich«, sagte Stiefel, während wir weiter über Tannennadeln stapften. »Ich habe einiges über die Zeugen Jehovas gehört, klang ziemlich nach Sekte und Gehirnwäsche.«

»Irgendwie funktioniert es dort auch so. Alles in deinem Leben wird kontrolliert. Aber ich kannte es nicht anders. Du bist einer der wenigen Menschen, die ich kenne, die nicht dazugehören.«

»Die hätten mich auch hochkant rausgeschmissen. Einen Schwulen.« Stiefel grinste vor sich hin.

»Stimmt. Aber ich bin jetzt auch für sie gestorben. Nicht mehr existent.«

»Und wie fühlt sich das für dich an?«

»Wie ein Aufwachen. Als wäre ich aus einem langen Dornröschenschlaf erwacht. Aber auch das Aufwachen selbst hat lange gedauert. Deswegen habe ich irgendwie einen innerlichen Abstand, ansonsten wäre ich wohl fix und fertig. Jedenfalls erscheint mir jetzt alles irreal und suspekt, dabei hat es sich einmal völlig echt angefühlt. Es war wie ein realer Traum. Er hatte eine Eigendynamik, ich habe ihn nicht nur wahrgenommen, sondern auch gelebt. Dieser Traum war lebendig. Wie ein Mensch, der schläft und träumt und weiß, wie es ist, wach zu sein. Doch er weiß auch, dass auf der anderen Seite noch mehr ist. Eine andere Welt. Aber ich habe mein ganzes Leben lang geschlafen. War nie wirklich wach gewesen.«

»Und nun bist du es.« Stiefel hatte das nicht als Frage formuliert, mehr wie eine Feststellung. »Aber ich vermute mal, dass sich dein Traum mit den Jahren änderte.«

Ich nickte. »Er wurde immer kälter, immer düsterer, und alles, was einst schön schien, wurde hässlich. Am Ende blieb nichts Gutes übrig. Der Traum war der Inbegriff eines Albtraums. Ein Albtraum, aus dem es kein Entkommen gab.«

»Doch, es gab ein Entkommen, dein Erwachen. Aber hast du dich gefragt, wie es für dich sein könnte, wenn du nach dem Erwachen nichts findest? Ein Traum, so hässlich und kalt er auch sein mag, kann sich immer noch lebendiger anfühlen als die Realität.«

»Da sagst du was. Damit kämpfe ich gerade. Es heißt ja, dass dann, wenn man das Ende des Tunnels erreicht, Licht da ist. Aber in dunklen Stunden kommt es mir vor, als wäre da der Tod.«

»Nix da, Sophie. Das darfst du dir nicht einreden. Es ist alles noch so frisch für dich. Wenn man alles verliert, was man kennt, dann ist das brutal. Oder bereust du es schon?«

»Nein. Ich bereue eher, dass ich diesen Schritt nicht schon früher gemacht habe.«

»Du klingst, als wärest du vierzig oder fünfzig, als hättest du nicht noch alles vor dir.«

»Aber es wäre einfacher gewesen. Mein Platz in der großen Familie Gottes wäre dann nicht so fest gewesen. Und ich hätte eher die Weltmenschen verstehen lernen können.«

»Weltmenschen! Was für ein Begriff, wie aus einem Science-Fiction-Roman!« Stiefel hob einen Zweig auf und warf ihn für Rasto, den Golden Retriever, fort, der sofort hinterherstürzte.

»Uns wurde gesagt«, fuhr ich fort, »dass Weltmenschen verloren sind, weil sie sich nicht an Gottes Gebote halten. Weltmenschen haben den Geist des Teufels in sich. Nur innerhalb der Gemeinschaft ist man sicher, denn alle passen aufeinander auf.«

»Doch das denkst du jetzt nicht mehr, oder?«

»Nein. Aber ich habe Furcht davor, dass ich zu lange diesem Irrglauben aufgesessen bin. Dieses ständige Gerede von bedingungsloser Liebe. Doch diese Liebe, die ich erfuhr, war nicht bedingungslos. Sie war an eine große Bedingung geknüpft, die mein Leben bestimmte: in der Gemeinschaft bleiben und ein möglichst treuer Diener Gottes sein. Der Köder ist die Liebe. Wenn man einen Fehler macht und aus der Reihe tanzt, wird einem die Liebe entzogen.«

»Ziemlich abgefahren. Wobei ich ehrlich gesagt die Hälfte deiner Wörter nicht mal verstehe.« Stiefel nahm den Zweig aus Rastos Maul und warf ihn zwischen zwei Bäumen hindurch. »Wie auch immer, mir kommt das wie emotionale Erpressung vor. Clevere Taktik, um Menschen zu manipulieren. Begeht man eine Sünde – aus die Maus. Perfekte Disziplinarmaßnahme.«

»Ich bin jetzt eine Abtrünnige. All die Brüder und Schwestern, die mich angeblich so wahnsinnig geliebt haben, reden plötzlich nicht mehr mit mir. Sie dürfen es nicht, und sie wollen es auch nicht. Stattdessen wird einem das Gefühl gegeben, ohne den Glauben wertlos zu sein.«

»Sophie, ich passe ganz doll auf dich auf, damit du ja nicht anfängst, auf komische Gedanken zu kommen. Und jetzt Schluss mit dem Philosophieren, für mich bist du immer noch dieselbe.«

Stiefel hatte sofort verstanden, was mir im Kopf rumging. Von vielen, die vor mir ausgestiegen waren, glaubte ich, dass dieser Schritt sie in eine tiefe Depression getrieben hatte. Sie waren selbstmordgefährdet, weil sie keinen Platz im Leben gefunden hatten und immer zwischen den beiden Welten schwankten, sich nirgends zugehörig fühlten. Sie waren zu gebrochen, um ein normales Leben zu führen, aber nicht mehr blind genug, um an die falsche Wahrheit zu glauben. Wer seine Augen einmal geöffnet hatte, vergaß nicht, was er gesehen hatte. Aber das grelle Licht der Realität blendete. Es blendete auch mich, so sehr, dass ich manchmal einfach nur schreien wollte. Aber ich wollte nicht zu denen zählen, die es nicht ertragen, alleine auf einem Weg zu gehen, von dem sie nicht wissen, wohin er führt. Ich wollte mich nicht verloren im Kreis drehen, bis meine Seele zersprang. Ich wollte, dass mich die Freiheit tatsächlich befreite. Wollte nicht Illusionen nachhängen, den Kampf verlieren, obwohl er schon gewonnen war.

»Ich will es packen«, sagte ich bestimmt. »Ein paar von ihnen hoffen sicher, ich komme irgendwann zurück. Werde geläutert, und mein Herz wird gereinigt. Bekomme Vergebung für meine Sünden. Aber sie erkennen nicht das System dahinter. Sie glauben, sie tun mir einen Gefallen, indem sie mich mit Ignoranz und Gleichgültigkeit zu disziplinieren versuchen. Es bestärkt mich eher. Beweist, dass ich recht habe: Das ist keine Liebe! Das ist Zwang. Ich bin verdammt froh, diesem satanischen Lügenkonstrukt entkommen zu sein. Ich bin endlich ein Mensch. Geschunden und verwirrt, aber angekommen in der echten Welt.«

»So ist es schon besser. Du wirst sehen, irgendwann werden deine Wunden verheilen und die Narben verblassen. Und das meine ich jetzt nicht als Klischee. Trotzdem musst du darauf gefasst sein, dass die Realität auch manchmal so ist, wie man es dir erzählt hat. Viele Weltmenschen, wie du sie nennst, haben üble Eigenschaften, sodass man denen lieber aus dem Weg geht. Als ich mich als Schwuler geoutet habe, musste ich mir sehr unschöne Bemerkungen anhören. Aber es gibt auch andere, die ein riesiges Herz haben und liebevoll sind, und das ganz ohne Bedingungen. Diese Menschen musst du finden. Und danke für dein Geständnis.«

Ich strahlte ihn an. Stiefel hatte mich nicht zurückgewiesen, er hatte nicht über mich gelacht oder falsche Schlüsse gezogen. Es machte für ihn keinen Unterschied. Er war froh, dass ich da raus war, auch wenn er natürlich nicht komplett verstehen konnte, was es für mich bedeutete. Er war froh, dass ich glücklich war.

»Komm, wir kehren um, und dann koche ich was für uns«, bot ich an.

»Sofort angenommen.« Stiefel hatte immer Hunger, und nach diesem Gespräch war ein gemütliches Essen mit ihm genau das, was ich brauchte.

Wir lachten an diesem Abend noch viel, es war alles wie vorher. Nein, nicht ganz, nun konnte ich viel offener mit ihm reden, musste nichts mehr verheimlichen, brauchte auch nicht mehr zu befürchten, dass Rita mich anschwärzen könnte. Sie müsste mich sowieso, sollten wir uns in Zukunft irgendwo begegnen, wie Luft behandeln. Wobei ich aufgrund ihrer Psychosen eher damit rechnete, dass sie mich anschreien würde.

Stiefel gab mir Sicherheit, auch in den nächsten Monaten, wenn wir in der Kiesgrube in der Nähe baden gingen, zusammen einkauften oder in meinem Auto Ausflüge unternahmen. Es gab mir Ruhe, ihn in meiner Nähe zu wissen. Manchmal sprachen wir über mein vergangenes Leben, wenn er eine Frage hatte, und ich antwortete ihm ehrlich und aufrichtig. Ohne Scham. Ein unglaubliches Gefühl. Es war das erste Mal, dass ich einem »fremden« Menschen mein gesamtes Innenleben präsentierte. Amelie hatte von meinem Doppelleben, von meinen dunklen Seiten gewusst, wir hatten sie teilweise gemeinsam ausgelebt. Aber Stiefel hatte keine Ahnung von meinem verrückten Leben gehabt. Ich hatte ihm nichts erzählt, weil ich nicht gewollt hatte, dass er sich von mir abwendete, sobald er wusste, dass ich eine Zeugin Jehovas war. Aber er hatte dieser Tatsache nicht dieselbe Bedeutung beigemessen, die sie für mich gehabt hatte. Meine Angst verschwand, als er mir das Gefühl gab, das sei keine große Sache. Es würde nichts an seiner Meinung über mich als Mensch ändern. Scheinbar hatte er mein wahres Ich erkannt, lange bevor ich es selbst getan hatte.

Natürlich verbreitete sich die Neuigkeit meines Ausstiegs wie ein Lauffeuer. Ich wurde bombardiert mit Nachrichten, E-Mails und Anrufen. Die meisten ließ ich unbeantwortet, aber bei ein paar Menschen aus meiner Heimatversammlung brachte ich es nicht übers Herz, sie zu ignorieren. Mit wenigen Worten versuchte ich, ihnen meine Gründe darzulegen, aber ich merkte schnell, dass es keinen Sinn hatte, da sie absolut verblendet waren. Hanna schrieb mir viele vorwurfsvolle SMS, und ich ließ mich sogar auf ein Telefonat mit ihr ein, was ich später bereute. Sie versuchte, mir ein schlechtes Gewissen zu machen, heulte nur und wiederholte ständig, wie sehr ich doch sie und all die anderen enttäuschte. Sie war geradezu außer sich vor Wut und Enttäuschung und klang total depressiv. Aber meine Meinung stand fest, und nichts, was sie hätte sagen können, hätte meinen Standpunkt geändert.

Eines Tages rief meine Mutter an. Ich hatte mich schon gewundert, dass sie nicht sofort zum Telefon gegriffen hatte.

Sie fragte, ob es stimme, was sie da gehört habe. Sie finde meinen Austritt natürlich sehr schade. Ich wisse sicher selbst, wie enttäuscht sie jetzt von mir sei und was diese Entscheidung für Konsequenzen habe. Ich werfe mein ewiges Leben weg. Ihre Stimme klang sachlich, fast nüchtern. Erstaunlich, da sie ja sonst zu Gefühlsausbrüchen neigte. Eher hatte ich erwartet, dass sie mir endlose Vorhaltungen machen würde. Aber keine Spur davon.

Darauf, dass ich mir die Entscheidung lange überlegt hätte, erwiderte sie, dass sie und Jehova enttäuscht seien und wir ab jetzt nicht mehr miteinander reden würden.

Damit legte sie auf. Ich schätze, sie hatte es kommen sehen. Was hatte ich erwartet? Dass sie mit mir die Gründe für unser misslungenes Mutter-Tochter-Verhältnis aufarbeitete? Dass sie einsah, dass womöglich auch sie ihren Teil dazu beigetragen hatte, dass ich einen anderen Weg eingeschlagen hatte? Dass sie mir vorwarf, ich würde so sein wie mein Vater? Eigentlich nicht. Eigentlich war dieser kühle Abschluss genau passend. Folglich musste ich darüber auch nicht betrübt sein, das hatte ich sowieso schon lange aufgegeben. Volljährig, wie ich war, benötigte ich meine Mutter nicht mehr als Vormund. Sie stand zwar noch im Mietvertrag meiner Wohnung, aber das änderte ich bald, sodass ich in keinster Weise mehr an sie gebunden war. Ich besorgte mir auch eine neue Handynummer, so schützte ich mich vor möglichen Anschuldigungen oder Bekehrungsversuchen.

Eines Tages klingelte es an meiner Tür. Die Einzigen, die

bei mir läuteten, waren Stiefel und der Paketdienst. Ich betätigte die Sprechanlage.

»Ja?«, fragte ich.

»Wir wollen mit dir reden.« Es waren zwei Älteste aus meiner Versammlung, die draußen vor dem Haus standen.

»Ich habe gerade keine Zeit.« Angesichts dieser Überraschung war mir nichts Besseres eingefallen.

»Aber es ist wichtig, mit dir zu sprechen.« Beharrlich brachten sie ihre Worte hervor, ließen nicht locker. »Mach uns bitte die Tür auf.«

»Nein«, sagte ich und hängte den Hörer ein, hoffte, dass sie weggehen würden. Da ihnen nichts anderes übrig blieb, taten sie das auch. Ich lugte zum Fenster hinaus und sah, wie sie um die Ecke bogen.

Als es nach einer Stunde wieder klingelte, begann mein Herz laut zu pochen. Dennoch nahm ich den Hörer ab, vielleicht war es ja Stiefel. Es war Stiefel. Seit diesem Tag schrieb er mir eine Nachricht, bevor er kam, und wir trafen uns nur noch am Hintereingang.

Am Wochenende ging ich nie an die Klingel. Oft hatte ich Angst, die Ältesten würden vor meiner Wohnungstür stehen und nicht vor dem Hauseingang. Manchmal befürchtete ich auch, es könnte die verrückte Rita sein. Deswegen wartete ich meist ein paar Minuten, bis ich mich wieder durch die Wohnung bewegte. Weil mein Arbeitsplatz bekannt war, hatte ich auch lange Zeit die Sorge, sie könnten an ihm auftauchen. Da eine Bibliothek eine öffentliche Einrichtung ist, hätte ich sie nicht einmal wegschicken können. Zum Glück kam nie jemand.

Ich blieb noch eine Weile in meiner Wohnung, nachdem ich einen neuen Job angenommen hatte, aber der Gedanke, dass die Freundin meiner Mutter zwei Eingänge neben mir wohnte und alle Zeugen Jehovas in meinem früheren Umfeld meine Adresse kannten, ließ mich oft nicht schlafen. Die Wohnung gefiel mir sowieso nicht, vieles erinnerte mich an mein altes Leben, und ich wollte einen richtigen Neuanfang. Ich suchte mir eine Wohnung in dem Ort, in dem ich nun arbeitete, und plante meinen Umzug. Stiefel, seine Eltern Silvia und Michael, und auch sein Bruder Tom unterstützten mich in allem, halfen bei meinem Umzug und waren immer für mich da. Meine neue Wohnung wurde zu einem wirklichen Zuhause. Das letzte Zuhause, in dem ich mich sicher und geborgen gefühlt hatte, war das Haus meines Vaters gewesen, bevor meine Eltern sich trennten. Meine neue Wohnung wurde mein Rückzugsort. Auch meine neuen Kolleginnen waren eine riesige Hilfe und nahmen mich von Anfang an auf, als würde ich schon ewig Teil des Teams sein. Ich hatte immer wahnsinnige Angst gehabt, dass die Menschen in der Welt böse und egoistisch wären und ich völlig auf mich allein gestellt wäre, hätte ich Kontakt mit ihnen, aber das Gegenteil war der Fall. Ich wurde überschüttet mit Liebe und Verständnis. So sehr, dass ich mich sogar heute noch manchmal frage, ob das alles nur ein Traum war.

In meinem neuen Job fühlte ich mich sehr wohl und gut aufgehoben. Ich wollte mich weiterentwickeln und etwas aus mir machen. Dummerweise hatte ich kein Abitur, aber ich wollte nicht, dass mir Entscheidungen meiner Vergangenheit Grenzen setzten, und so suchte ich nach Möglichkeiten, mich weiterzubilden. Ich fand eine Möglichkeit, auch ohne Abitur zu studieren, und bekam dafür sogar eine Begabtenförderung.

Das war einer der Momente, in denen mir klar wurde, dass alles möglich ist. Ich dachte: Man muss nur seine eigene Stärke finden, kämpfen für das, was man will – und nicht aufhören, bis man einen Sieg davonträgt. Nach meinem Ausstieg hatte ich angenommen, meine Vergangenheit hätte mir meine Zukunft verbaut. Oder dass meine Chancen begrenzt wären. Aber genau das Gegenteil war der Fall. Es war alles denk- und machbar! Vorher hatte ich mir nie berufliche oder persönliche Ziele setzen können, immer hatte sich alles nur um den Glauben gedreht. Aber jetzt konnte ich mein Leben selbst gestalten. Die Vergangenheit konnte ich nicht ändern. Doch ich konnte all das, was noch vor mir lag, selbst bestimmen. Unabhängig davon, wie viele Steine mir in den Weg gelegt worden war. Ich war voller Dankbarkeit, dass die Entscheidungen meiner Vergangenheit meine Zukunft nicht ruinieren würden.

# BEFREITE SEELE

Es ist ein wunderschöner spätsommerlicher Abend, und ich sitze mit einem Cappuccino auf meinem Balkon. Beobachte den Himmel in seinen strahlend bunten Farben und reflektiere. Hinter der Balkontür liegen meine zwei schwarzen Kater Johnny und Jack und sehen mir dabei zu, wie ich vor dem Laptop sitze und meinen Blick über den Horizont schweifen lasse. Friedvoll. Ich bin fünfundzwanzig Jahre alt und hätte nie gedacht, dass mein Leben einmal so aussehen würde. Dass ich mit mir im Gleichgewicht sein und meine Lebensgeschichte aufschreiben würde. Ich denke nach über all das, was ich erlebt und was ich gelernt habe. Versuche, es in Worte zu fassen und mich zu erinnern. Vor sieben Jahren begann ich zu leben. Mein neues, mein echtes Leben. In diesen Jahren ist viel passiert. Anfangs war ich hilflos und unbeholfen wie ein Baby. Gerade geschlüpft und hatte die Welt zum ersten Mal gesehen.

Bedingungslose Liebe. Klingt gut, ist aber nicht wahr. Denn diese Liebe, von der ich immer dachte, sie wäre bedingungslos, war an die größte Bedingung, die existiert, geknüpft: mein Leben. Emotionale Erpressung ist schwer zu erkennen, aber wenn man erst einmal weiß, wie sie funktioniert, ist sie leicht zu durchschauen. Tu, was dir befohlen wird, und dann bekommst du Liebe, Freundschaft und das ewige Leben. Widersetzt du dich den Anforderungen, droht der Liebesentzug. Jeder Mensch hat Angst davor, nicht geliebt zu werden. Allein und einsam zu sein. Und diese Angst wird als Waffe eingesetzt, um Menschen gefügig zu machen. Der goldene Käfig. Ich wusste, worauf ich mich einließ, als ich die Entscheidung traf, die alles ändern sollte. Ich hatte die Wahl zwischen ewigem Leben und Tod. Ich wählte den angeblichen Tod. Und weißt du was? Ich habe mich noch nie so lebendig gefühlt.

Nach meinem Ausstieg hatte ich mit einem Schlag unendlich viel Zeit. Vorher hatte ich ständig unter Stress gestanden und hatte so gut wie keine Freizeit gehabt. Durch die stundenlangen theokratischen Vorbereitungen und Zusammenkünfte hatte ich mich ausgebrannt gefühlt. Ich war so jung und doch schon so erschöpft. Immer dieser Druck im Nacken. Immer diese Angst, zu versagen und nicht genug zu sein. Nun, endlich frei, musste ich Zeit mit mir selbst verbringen. Auch das Alleinsein muss gelernt sein, insbesondere dann, wenn man vorher sonst nur unter Menschen war. Ich musste lernen, meine Zeit mit Dingen und Personen zu verbringen, die mir guttun.

Amelie ist wieder in meinem Leben, wir reisen viel zusammen, und sie ist der einzige Mensch, der meine Erfahrungen teilt. Meine älteste Freundin. Die letzten fünfzehn Jahre durchlebten wir alle erdenklichen Phasen jenseits von normal. Aber wir sind noch da, stärker denn je. Amelie und Stiefel und seine Eltern sind die Einzigen, die mich in meinem alten Leben kennengelernt haben und mich auch heute noch auf meinem Lebensweg begleiten. Sie beweisen mir immer wieder, was Familie wirklich bedeutet. Liebe anstatt Blut. Ich habe mir immer eine Familie gewünscht, die mich unterstützt, für mich da ist und mit der ich alles teilen kann – ich habe sie endlich. Diese Menschen sind mehr für mich, als meine Glaubensfamilie es jemals war.

Zu meinem Vater habe ich ein sehr gutes Verhältnis, und

ich bin froh, dass meine Stiefschwester auch wieder Teil meines Lebens ist.

Meine Mutter und mich verbindet nichts mehr. Kurz nach meinem Ausstieg hat sie erneut geheiratet. Ihr Ehemann ist ein treuer, braver Vorzeigezeuge, der bis zur Hochzeit mit seiner Mutter zusammenlebte. Enthaltsam, versteht sich. Ich war nicht bei der Hochzeit, da ein Teil der Zeremonie im Königreichssaal abgehalten wurde. Außerdem hätte wahrscheinlich sowieso niemand mit mir reden dürfen. Wahrscheinlich? Bis heute weiß ich nicht einmal, ob ich tatsächlich ausgeschlossen wurde. Aber das ist mir egal. All die anderen Menschen aus meinem früheren Leben existieren nicht mehr.

Es war ein langer Prozess, bis ich endlich der Mensch wurde, der ich heute bin. Es gab vieles zu begreifen und zu verarbeiten auf der Suche nach Glück. Kurz vor meinem dreiundzwanzigsten Geburtstag veröffentlichte ich mein allererstes Youtube-Video. Ich hatte keine Ahnung, was ich da tat, ob es gut oder richtig war und es sich überhaupt jemand ansehen würde. Aber ich tat es. Für mich. Selbst meine engsten Freunde kannten bisher nur Ausschnitte meiner Geschichte. Niemand kannte die ganze Story. Eigentlich hatte ich nur ein Video machen wollen, um mich selbst zu befreien. Aber die Möglichkeit, anderen, die Ähnliches wie ich erlebt hatten, zu helfen und einen aktiven Beitrag zur Aufklärung solch sensibler Themen zu leisten, gab mir genau das, was ich brauchte, um mich endlich selbst zu finden.

Im Zeitalter von Social Media bieten sich völlig neue Möglichkeiten. Als ich dreizehn war, gab es nur ein paar wenige Veröffentlichungen von Abtrünnigen, alles Männer, und an diese kam man als Kind sowieso nur schwer ran. Außerdem hatte ich furchtbare Angst, Dämonen würden in ihnen stecken und über mich herfallen, wenn ich sie lesen würde.

Aber heute hat jeder Schüler ein Handy, kann googeln und sich auf Youtube meine Videos anschauen. Die Eltern oder die Glaubensbrüder in der Versammlung werden nie erfahren, was sie da tun. Die Anonymität des Internets bietet viele neue Gelegenheiten, mehr zu erfahren.

Inzwischen erreiche ich mit meinen Videos und Fernsehauftritten ein Millionenpublikum und gebe viele Interviews. Fast täglich bekomme ich Nachrichten von Leuten, denen ich mit meiner Aufklärungsarbeit helfen konnte. Zeugen, die endlich den Mut finden, auszusteigen. Ehemalige, die wissen, dass sie nicht alleine sind. Angehörige, die ihre Liebsten nun besser verstehen. Oder Menschen, die rein gar nichts mit dieser Thematik verbindet, aber die mit offenen Augen durch die Welt gehen. Aber ich möchte noch viel mehr bewegen. Sämtliche Schandtaten sollten aufgedeckt und nicht mehr unter den Tisch gekehrt werden.

Religionen bieten einen idealen Deckmantel für Verbrechen. Durch die Isolation der Mitglieder nach außen, passiert es leider nur selten, dass solche Dinge an die Öffentlichkeit geraten. Besonders Kindesmissbrauch und Gewalt in der Familie werden oft vertuscht und bleiben jahrelang im Verborgenen. Schweigen um den Namen Gottes nicht zu beschmutzen? Durch meine Aufklärungsvideos und die Vereinsarbeit für JZ Help werde ich nicht nur von ehemaligen Zeugen Jehovas, sondern auch Aussteigern anderer religiöser Gruppierungen kontaktiert. Manche berichten von furchtbaren Dingen aus ihrer Vergangenheit oder ihrem Umfeld und mir wurde klar, dass sexueller Kindesmissbrauch durch religiöse Oberhäupter viel öfter geschieht, als ich je vermutet hätte. Ich wünsche mir, dass den Opfern Gerechtigkeit widerfährt und viel mehr davon an die Öffentlichkeit gerät. Dass die Täter zur Rechenschaft gezogen werden und die Gesellschaft ihre

Augen nicht länger verschließt. Ich bekomme Nachrichten von Menschen, die seit Jahren oder gar Jahrzehnten stillschweigend leiden, aus Angst, ihre Erlebnisse könnten als Lügen von Abtrünnigen dargestellt werden. Aus Angst sich zu wehren und zu kämpfen. Auch wenn ich selbst zum Glück nie Opfer von sexuellem Kindesmissbrauch innerhalb der Zeugen Jehovas wurde, gehen mir solche Erfahrungen unglaublich nahe. Weil ich weiß, es hätte mich treffen können. Weil solche Grausamkeiten vielleicht direkt in meinem Umfeld passierten und ich es nicht einmal bemerkt habe. Weil die 1800 vertuschten Fälle von sexuellem Kindesmissbrauch bei Jehovas Zeugen in Australien vielleicht nur ein Teil sind. Weil die sogenannte »Zwei-Zeugen-Regel« besagt, dass zur Überführung eines Täters innerhalb der Gemeinschaft, was einen Ausschluss zur Folge haben kann, mindestens zwei Zeugen nötig sind. Es wird nur dann ein Rechtskomitee einberufen, wenn für die beschuldigte Sünde als Beweis entweder ein Geständnis oder mindestens zwei Augenzeugen vorhanden sind. Als Zeuge Jehovas verhält man sich politisch neutral und beteiligt sich auch nicht an Wahlen. Gott steht über dem Staat. Das könnten einige der Gründe sein, warum es so vielen Opfern schwerfällt, auch Jahre später noch, zur Polizei zu gehen.

Ich lernte nach dem Veröffentlichen meiner Videos eine große Community von Aussteigern kennen, Menschen, die früher zu meiner riesigen geistigen Familie gehört und sich genau wie ich gegen sie entschieden hatten. Mit vielen habe ich mich in der Zwischenzeit getroffen, und wir haben uns über unsere Erfahrungen ausgetauscht. Ich war nicht mehr allein. Ich war eine von vielen, und mir wurde klar, dass es noch viel mehr Menschen gab, die gerettet werden mussten. Auf ganz andere Weise als früher.

Was ich möchte, ist Gerechtigkeit. Nicht nur für mich, sondern auch für all die anderen. Ich habe so viele ehemalige Zeugen kennengelernt, die teilweise noch Jahrzehnte nach ihrem Ausstieg psychische Probleme haben und sich in der »normalen« Welt nicht zurechtfinden können. Vor einer Weile traf ich eine Neunzehnjährige, die in eine Heroinabhängigkeit gerutscht war. Eine andere junge Frau wollte sich von ihrem Mann scheiden lassen, der weiterhin Zeuge ist, sie hatte aber so starke Depressionen und Suizidgedanken, dass sie nicht in der Lage war, ihr Leben zu ordnen. Sie hatte mit achtzehn geheiratet und nie eine Ausbildung gemacht. Immer nur war sie predigen gegangen, verstand sich als treue Ehefrau und Christin – und war dadurch finanziell und psychisch von ihrem Mann abhängig. Ein anderer Zeuge, der früher einmal Ältester war, kam nach dem Ausstieg nicht mit dem Erlebten klar und musste in eine Psychiatrie eingewiesen werden.

Die Liste dieser Beispiele lässt sich unendlich fortführen. So viele ehemalige Sektenanhänger können keine Beziehungen führen, einer Arbeit nachgehen oder einfach nur glücklich sein. Sie sind seit Jahren allein und haltlos in einer Welt, die sie nicht verstehen. In der sie nicht leben können. Weil sie einer Illusion nachgejagt sind. Sie wurden gebrochen und sind nun sich selbst und ihrer geschundenen Seele überlassen. Geächtet, verstoßen, missbraucht, manipuliert, verraten.

Aber auch ich habe meine Probleme. Es fällt mir heute manchmal noch schwer, die »normalen« Menschen zu verstehen. Manche erscheinen mir halb tot. Menschen, die stumpf und unerfüllt vor sich hin vegetieren, ohne es zu merken. Beschäftigen sich zu sehr mit Nichtigkeiten. Eigentlich könnten sie mir leidtun. Aber oft beneide ich sie. Um ihre Naivität, ihren Egoismus und ihre Unbeschwertheit. Wie sie in den Tag hineinleben, sich über Unwichtiges zu sehr aufregen und nicht das große Ganze sehen. Nur sich selbst. Nichts weiter nachjagen als Illusionen und Trieben. Falschen Zielen. Sie suchen Befriedigung in wertlosen Dingen. Viele Weltmenschen, denen ich begegnete, sagten mir, ich würde zu viel nachdenken. Ich wünschte, es gäbe mehr Menschen, die nachdenken. Ich habe manchmal versucht, zu sein wie sie. Habe mir ihr Verhalten abgeschaut und imitiert. Mich genauso von dem Sog der Sinnlosigkeit infizieren und betäuben lassen. Habe mir falsche Freunde gesucht und mit ihnen sehr viel Spaß gehabt. So viel Spaß, dass die wichtigen Dinge in Vergessenheit gerieten.

Was sind falsche Freunde? Diese Bezeichnung habe ich früher sehr oft gehört. Es sind Menschen, die nicht dieselben Ziele verfolgen wie ich und mich in meinen nicht bestärken. Menschen, die mich zurückwerfen, die blenden und mir nicht guttun. Weil es sie möglicherweise gar nicht interessiert, was mir guttut. Sie denken nur an sich selbst und ihre Bedürfnisse. Benutzen mich, um sie zu erfüllen. Aber sind wir nicht alle irgendwo so? Jeder Mensch ist egoistisch. Jeder Mensch will glücklich sein. Doch jeden Menschen macht etwas anderes glücklich. Also, wie unterscheide ich die Spreu vom Weizen? Den guten Freund vom falschen? »Er oder sie nimmt mich, wie ich bin«, das vernahm ich oft von anderen. »Diese Person versucht nicht, mich zu ändern oder mir Vorschriften zu machen.« Aber eigentlich sollte sich jeder ändern. Jeder hat Fehler und Schwächen, an denen es sich zu arbeiten lohnt. Nicht für andere, sondern für sich selbst. Man sollte immer in Bewegung sein, nicht auf der Stelle treten. Entwicklung und Wachsen. Und manche Menschen begleiten einen nur eine Weile. Manchmal trennen sich die Wege. Oder sie versuchen, bewusst oder unbewusst, etwas aus dir zu machen, was du nicht bist. Am Ende bleibt nur die Frage: Was bist du? Oder: Was möchtest du sein?

Lektionen sind dazu da, gelernt zu werden. Ich verlor schließlich die letzten Hemmungen, Schuldgefühle und Gewissensbisse, die von meinem alten Ich übrig waren. Ich machte Fehler, war sehr oft unvernünftig, enttäuschte meine Freunde. Probierte mich aus. Doch am Ende bin ich nicht hängen geblieben in der Welt der Versuchung. Hätte ich sie nicht kennengelernt, vielleicht hätte ich mich immer gefragt, was passiert wäre, wenn ich nicht alles ausprobiert hätte. So konnte ich mich bewusst entscheiden, welches Leben ich führen wollte. Optionen zu haben und zu schauen, wobei man sich wohlfühlt, ist unglaublich wichtig. Die Stärke und den Mut haben zu erkennen, was einem nicht guttut, auch wenn es im ersten Moment Spaß macht, noch wichtiger.

Ich hänge an meinem neuen Leben und denke über Konsequenzen nach. Weil es jetzt etwas zu verlieren gibt. Weil das Leben jetzt für mich sehr lebenswert ist. Diesen Kick, Grenzen zu überschreiten und etwas Verbotenes zu tun, habe ich sehr genossen. Ich brauchte ihn damals, aber jetzt nicht mehr. Zwischen all den Möglichkeiten und zwischen all den Menschen, die ich traf, habe ich mich selbst gefunden.

Es hat ein paar Jahre gedauert, bis ich wirklich begriffen habe, dass die Gemeinschaft, in der ich aufwuchs, im Grunde eine Sekte ist. Jehovas Zeugen verteidigen sich in Deutschland mit ihrem Status als Körperschaft des öffentlichen Rechts gegen diese Anschuldigung. Aber ich meine, dass das damit nichts zu tun hat. Eine Sekte zeichnet sich durch verschiedene Merkmale aus, die von Beratungsstellen und Experten genau bezeichnet werden. Isolation, Schwarz-Weiß-Denken, Absolutheitsanspruch, Endzeiterwartung, Heilsversprechen, Kontrolle des persönlichen und sozialen Lebens sowie Überwachung sind nur ein paar davon. Auch die strikte hierarchische Struktur und die autoritäre Führung sind ein eindeutiges Merkmal. Aber am schlimmsten erscheint mir die Kontrolle von Gedanken und Gefühlen. Man ist so indoktriniert und manipuliert, dass man in eine psychische Abhängigkeit gezwungen wird, aus der man sich scheinbar unmöglich lösen kann. Dadurch, dass der Glaube zum Lebensinhalt erklärt wird, hat man sonst nichts. Wie stark muss eine Manipulation sein, dass sie Eltern dazu befähigt, ihre Kinder zu verstoßen, nur weil sie etwas anderes glauben? Wie stark muss eine Manipulation sein, dass Menschen freiwillig auf eine lebensrettende Bluttransfusion verzichten und lieber sterben?

Ein weiterer Grund, den Jehovas Zeugen als Begründung dafür anführen, dass sie keine Sekte sind, ist, dass sie keine Abspaltung sind, sondern die einzig wahre Religion. Aber welche Religion behauptet nicht von sich, den *wahren* Glauben zu haben? Jehovas Zeugen wurden Ende des 19. Jahrhunderts von Charles Taze Russell in Pennsylvania gegründet, der auch den ersten *Wachtturm* herausgab. Wenn man all das weiß, kann man nur zu dem Schluss kommen, dass Jehovas Zeugen eine US-amerikanische Sekte sind, oder? Für mich sind Jehovas Zeugen gleichwohl – auch auf Grund ihrer weltweiten Ausbreitung – eine der größten und gefährlichsten Sekten der Welt.

Ja, wenn Harmagedon, der Weltuntergang, doch kommt, werde ich sterben. Aber ich habe jahrelang gehört, ich würde in der Zeit des Endes leben, mir wurde das Gefühl gegeben, als könnte jede Sekunde der Weltuntergang ausbrechen. Und dann? Dann ist nichts passiert. 1975 hatten die Zeugen bereits einen Weltuntergang prophezeit, viele kündigten ihre Jobs, verkauften ihre Häuser, spendeten den Erlös der Organisation, in der Annahme, dass das Ende da sei. Und was passierte? Gar nichts. Nichts. Sie alle standen vor dem Nichts. Nach dieser riesigen Enttäuschung verließen viele die Gemeinschaft. Die Organisation rechtfertigte ihren »Fehler« oder ihre »Falschinformation« mit der Aussage: »Das Licht wird immer heller«, angelehnt an eine Bibelstelle in Sprüche 4:18. Das bedeutete, dass die Erkenntnis über die Heilige Schrift ständig zunehmen würde. Aha.

Wie fühlst du dich, wenn dir eine Person, der du vertraut hast, sagt: »Sorry, da habe ich mich wohl geirrt«? Wenn es nur darum geht, wo die nächste Tankstelle ist oder wie das Wetter wird, ist das nicht weiter schlimm. Aber wenn du durch diese Person dein komplettes Leben geändert hast und jetzt vor dem Nichts stehst? Alles aufgegeben und verloren hast? Familie, Freunde und dein Leben? All das für ein »Hoppla, da habe ich mich wohl verrechnet«? Shit happens? Wenn ich mein Leben für das große Ganze opfere – was habe ich davon? Nein danke. Gott ist doch stark genug, um sich selbst zu helfen. Wozu benötigt er uns? Will Gott nicht, dass wir glücklich sind? In meiner Version hat er uns nicht erschaffen, damit wir wie willenlose Sklaven seinen Willen erfüllen.

Er hat uns geschaffen und uns einen eigenen Willen gegeben, damit wir glücklich sind und unser kurzes Leben genießen können. Ja, das ist egoistisch. Nächstenliebe, Selbstlosigkeit, Demut, Gehorsam und die ganzen anderen gottgefälligen Eigenschaften, die mir jahrelang eingetrichtert wurden, sind essenziell und wichtig, um ein guter Mensch zu sein. Aber machen sie dich auch zu einem glücklichen Menschen? Die wichtigste Person im Leben sollte immer man selbst sein. Das schließt nicht aus, sich um andere zu kümmern. Aber es ist wichtig, sich dabei nicht ausnutzen zu lassen. Ich habe nur dieses eine Leben. Du auch.

Die Welt ist ein wunderbarer und gleichermaßen grausamer Ort. Mein ganzes Leben wurde ich gewarnt vor ihr und ihrer magisch-teuflischen Anziehungskraft. Diese Gefahr war für mich immer real, und ich war erfüllt von Angst und Respekt vor Satan und seinen dunklen Verführungskünsten. Ich wurde verführt. Und was habe ich verloren? Nicht mein ewiges Leben. Sondern eine Illusion. Meine Augen haben sich geöffnet, und jetzt sehe ich die Welt, wie sie wirklich ist. Nicht immer schön, aber auch nicht nur schlecht. Eben Realität. Und was habe ich gewonnen? Das, was ich immer wollte. Leben. Ich lebe. Endlich. Mir wurde jahrelang eingeredet, ich müsste mich vor dem Freisein fürchten. Freiheit sei verbunden mit Schutzlosigkeit. Aber so ist es nicht. Ich bin ein Risiko eingegangen – und habe mein Leben gewonnen. Nichts wird mir mehr vorgeschrieben, ich trage selbst die Verantwortung.

Früher hatte ich die Verantwortung für mein Leben abgegeben, konnte keine Entscheidungen treffen und hatte versucht, mich der Form anzupassen, in die ich gepresst wurde. Ich war eine leere Hülle, eine Marionette, abhängig vom Puppenspieler. So bin ich nicht mehr. Manchmal erscheint mir meine Vergangenheit wie ein Albtraum. Als wäre das alles nicht mir passiert, sondern einer völlig fremden Person. Damals war ich auch nur ein Abzug, eine Kopie, austauschbar und ersetzbar. Erst als ich mich entschloss, ein Risiko einzugehen, konnte ich mein Leben selbst gestalten, eine weiße Leinwand, auf der ich malen kann, was immer ich möchte.

Es wird immer Menschen geben, die einen nicht verstehen. Es wird immer Augenblicke geben, in denen man Schmerz fühlt. Es wird immer Enttäuschung und Wut und Trauer geben. Aber das ist nicht schlimm. Denn diese Gefühle sind echt. Und was ist schon echt? Früher war ich das

Resultat einer Manipulation, nichts war wirklich wahrhaftig. Doch jetzt freue ich mich über jede kleine Emotion, die in mir aufflammt. Über jeden echten, unvollkommenen Weltmenschen, der mir einen Kieselstein in den Weg legt. Diese Kieselsteine erschüttern mich kurz, aber zeigen mir auch, dass ich wirklich lebe. Es gab viele Momente, in denen ich am liebsten aufgegeben hätte. Aber es gab kein Zurück. Denn das war nie eine Option. Ich sage nicht, dass der Kampf leicht war. Es war hart. Noch jetzt ist es manchmal hart. Aber jetzt weiß ich, wofür ich kämpfe. Es ist jede Anstrengung wert. Denn ich kämpfe für mich. Nicht für jemand anderes. Für keine Organisation, für keine Brüder und Schwestern, die am Ende nur fremde Menschen sind, die mich verleugnen, und ebenso wenig für einen Gott, von dem mir Menschen sagen, was er sich wünscht. Nur für mich. Und ich bin den Kampf wert. Und du bist es auch. Nie habe ich eine konkrete Wunschvorstellung verfolgt, das Einzige, was zählte, war, dieses alte Leben hinter mir zu lassen. Alles war besser als das, was ich aufgegeben hatte. Ich hatte keine großen Ansprüche an mein neues Leben. Nur leben. Frei sein. Einen eigenen Willen haben. Mensch sein. Unvollkommen und ohne Druck.

Bist du glücklich? Willst du wissen, was der Schlüssel zum Glücklichsein ist? Ich werde es dir sagen. Der Schlüssel ist Akzeptanz und nicht Resonanz. Dinge und Menschen akzeptieren, so wie sie sind – und das Beste daraus zu machen. Es ist leicht, sich vor dem eigenen Leben zu drücken, indem man anderen die Schuld gibt. Was bringt es aber, einen Schuldigen zu haben? Das Unglück bleibt bestehen. Der Schlüssel für dein Glück liegt also in dir selbst. Du allein hast die Kontrolle über dein Leben. Niemand sonst. Also nimm dein Leben in die Hand, und kontrolliere dein Glück. Wenn ich das kann, kannst du es auch.

# DANKE

Mit diesem Buch ist ein Traum in Erfüllung gegangen. Aber ein Buch schreibt man nicht allein, und ich möchte mich bei all den Menschen bedanken, durch die das überhaupt möglich wurde. Ohne meine Familie und Freunde, die zur Familie wurden, hätte ich diesen Meilenstein niemals erreicht.

Needy, wir haben gemeinsam Höhen und Tiefen erlebt und sind stärker als je zuvor. Wir haben endlose Gespräche über die Vergangenheit geführt, und nur durch dich sind mir viele Sachen wieder eingefallen, die längst aus meinem Gedächtnis verschwunden waren.

Stiefel, du und deine, meine, unsere Familie, ihr glaubt immer an mich und weicht nie von meiner Seite. Ich liebe euch bis zum Mond und wieder zurück.

Maik, du holst mich auf den Boden, wenn ich den Sternen nachjage, und deine Kritik bewahrt mich vor Fehlern. Du bist der rationale Gegensatz zu meinem Temperament, auf dich kann ich immer zählen.

Sarah, trotz deiner grenzenlosen Vernunft hast du jederzeit Verständnis und gibst mir Ruhe und Beständigkeit.

Luisa, deine Intelligenz und dein Humor geben mir Kraft, und was das Leben auch bereithält, dein Glas ist immer halb voll. Du bist verlässlich, ohne Urteil und weißt in juristischen Fragen immer einen Rat.

Papa und Klaudia, bei euch habe ich die Gewissheit, dass ihr immer da seid, wenn ich euch brauche.

Dieses Buch ist für euch alle, und ich bin jedem unendlich dankbar, der an mich geglaubt und mich unterstützt hat. Ihr seid der Grund für meine Stärke und helft mir selbstlos, jedes Ziel zu erreichen und Probleme zu meistern.

Ich bin auch dankbar für all die Menschen, die mir auf meinem Lebensweg begegnet sind, denn nur durch sie konnte ich Lektionen lernen und mich entwickeln. Ohne sie hätte ich nichts erlebt, dass sich zu erzählen lohnt.

Natürlich möchte ich auch der Rauchzeichen Agentur, Franziska Beyer vom Bastei Lübbe Verlag und meiner Lektorin Regina Carstensen danken – dieses Projekt wäre ohne sie nie möglich gewesen.

In den letzten Jahren habe ich viele Menschen kennengelernt, die sich für meine Geschichte interessiert haben oder ein ähnliches Schicksal teilen. Ich bin froh, dass ich eine Community habe, die hinter mir steht. Mein Ziel ist es, etwas zu bewegen und zu verändern, denen eine Stimme zu geben, die selbst keine Kraft haben zu sprechen. Ich bin nur eine von vielen, aber ich genieße euer Vertrauen und euren Respekt, und dafür möchte ich am liebsten jedem Einzelnen danken.